# 一生吉祥的

# 38個

# 祕訣

四明智廣 著

獻給所有傳授智慧給我的恩師們！

獻給辛勤撫育我長大的祖母與父母親大人！

——四明智廣

# 目錄

## 概要 23



## 《吉祥經》的三十八個祕訣 37

# 吉祥經❶

## Discourse on Blessings（Maha-mangala Sutta❶）

## 中英文對照

如是我聞。

Thus have I heard:

一時，佛住舍衛國祇樹給孤獨園。

On one occasion the Blessed One was living near Savatthi at Jetavana at Anathapindika's monastery.

時已夜深，有一天神，殊勝光明，遍照園中，來至佛所。

Now when the night was far advanced, a certain deity, whose surpassing radiance illuminated the whole of Jetavana, approached the Blessed One,

恭敬禮拜，站立一旁。

respectfully saluted him, and stood beside him.

以偈白佛言：

Standing thus, he addressed the Blessed One in verse:

「眾天神與人，渴望得利益，思慮求幸福，請示最吉祥。」

1."Many deities and men longing for happiness have pondered on (the question of) blessings. Pray tell me what the highest blessings are.

世尊如是答言：

「遠離眾愚迷，親近諸智者，尊敬有德者，是爲最吉祥。

2."Not to associate with the foolish, but to associate with the wise, and to honor those worthy of honor — this is the highest blessing.

居住適宜處，往昔有德行，置身於正道，是爲最吉祥。

3. "To reside in a suitable locality, to have performed meritorious actions in the past, and to set oneself in the right direction — this is the highest blessing.

---

註釋：

❶見《小誦經》第五篇及《經集》第四十六頁《吉祥經》。另請參照《本生經》第四百五十二篇《大吉祥本生譚》。
Khp. No.5; Sn.46 under the title Mangala sutta; cf. Mahamangala Jataka No. 452.

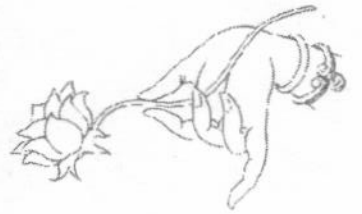

多聞工藝精，嚴持諸禁戒，言談悅人心，是爲最吉祥。

4. "Vast learning, skill in handicrafts, well grounded in discipline, and pleasant speech — this is the highest blessing.

奉養父母親，愛護妻與子，從業要無害，是爲最吉祥。

5. "To support one's father and mother; to cherish one's wife and children, and to be engaged in peaceful occupations — this is the highest blessing.

如法行布施，幫助眾親眷，行爲無瑕疵，是爲最吉祥。

6. "Liberality, righteous conduct, rendering assistance to relatives, and performance of blameless deeds — this is the highest blessing.

邪行須禁止，克己不飲酒，於法不放逸，是爲最吉祥。

7. "To cease and abstain from evil, to abstain from intoxicating drinks, and diligent in performing righteous acts — this is the highest blessing.

恭敬與謙讓，知足並感恩，及時聞教法，是爲最吉祥。

8. "Reverence, humility, contentment, gratitude, and the timely hearing of the Dhamma, the teaching of the Buddha — this is the highest blessing.

忍耐與柔和，得見眾沙門，適時論信仰，是為最吉祥。

9. "Patience, obedience, meeting the Samanas (holy men), and timely discussions on the Dhamma — this is the highest blessing.

自制淨生活，領悟於聖諦，實證涅槃法，是為最吉祥。

10. "Self-control, chastity, comprehension of the Noble Truths, and the realization of Nibbana — this is the highest blessing.

八風❷不動心，無憂無污染，寧靜無煩惱，是為最吉祥。

11. "The mind that is not touched by the vicissitudes of life❷, the mind that is free from sorrow, stainless, and secure — this is the highest blessing.

依此行持者，無往而不勝，一切處得福，是為最吉祥。」

12. "Those who have fulfilled the conditions (for such blessings) are victorious everywhere, and attain happiness everywhere — To them these are the highest blessings."

《吉祥經》英文由斯里蘭卡喜見長老譯

---

❷八風分別為利、衰、譽、毀、稱、譏、樂、苦。該句偈頌指的是聖者阿羅漢的心識狀態。
The vicissitudes are eight in number: gain and loss, good-repute and ill-repute, praise and blame, joy and sorrow. This stanza is a reference to the state of mind of an arahant, the Consummate One.

# 代序：烏都伽瑪長老如是說

《吉祥經》是部非常重要的佛教經典，非常強有力，就像珍寶一樣。

佛陀在經中講述了三十八種生活中怎麼樣獲得吉祥如意的方法，如果我們遵從，就可以沒有憂慮、沒有恐懼。

從出生到死亡，我們該做些什麼？對於這個社會、人際關係、家庭，哪些該做？哪些不該做？在此經中佛陀都做了明確的開示。

如果我們每天早晚在家都能唱誦一遍的話，所有的困難都會結束，所有的成功都會到來，所有的心願都能實現。

實際上，如果我們遵從《吉祥經》所說的方式去做的話，不僅是這一生吉祥如意，而且對來世也是很有利益的。

斯里蘭卡　阿斯羯利派大導師　烏都伽瑪長老

# 序一：學誠大和尚寄語

一生吉祥如意，自古以來就是每個人都希望得到的結果。在經濟高速發展、競爭日益激烈的現代社會，人們對於吉祥如意的渴求也愈發強烈。每個人都以自己的方式在追求屬於自己的吉祥和幸福，但如果不了解什麼是能夠得到吉祥的良好方法，那麼往往可能事與願違。

《吉祥經》是南傳佛教非常重要的一部經典，廣泛流傳於上座部佛法興盛的東南亞一帶。每逢重要的節日或活動，很多信眾便會一起念誦《吉祥經》，以重溫佛陀的智慧，獲得三寶的加持，祈願吉祥如意。經文的內容，就是佛陀對於人們，尤其是在家居士們關於吉祥如意的教導。《吉祥經》的篇幅雖然不長，文字平實，卻從日常生活的多個方面，闡述了如何獲得人生吉祥如意的穩當方法。雖然這是在兩千五百多年前佛陀對於大眾的教導，但對於現今時代，依然具有很高的借鑑意義和指導作用。

四明智廣先生，自幼學習中國傳統文化，於佛教經典也頗具心得。先生長期以來，深感當今社會，如果能輔以傳統文化的宣導和學習，那麼將極大地改善諸多社會現象和問題，所以一直致力於優秀傳統文化的弘揚。《一生吉祥的三十八個祕訣》就是先生對於《吉祥經》而做的講解。

書中首先解釋了什麼是眞正的吉祥，並依據佛經原文，歸納出三十八種獲得吉祥如意的方法，旁徵博引，例舉了儒、釋、道三家經典關於吉祥的論說，使讀者能夠更全面、更廣泛地了解吉祥如意的內涵。讀者若能仔細閱讀本書，並實踐這些方法，那麼，從小而言，有助於獲得個人和家庭的幸福吉祥；從大而言，能對淨化人心、和諧社會起到一定作用，順應佛陀「莊嚴國土，利樂有情」的教導。

中國佛教協會會長 學誠大和尚

# 序二：仲田順和座主序言

距今兩千五百年前，居住於印度中部憍薩羅國舍衛城郊外祇陀林祇園精舍的世尊，與普賢菩薩、文殊師利菩薩爲首的五千名菩薩及舍利弗、目犍連爲首的五百名聲聞和眾王族在一起時，菩薩們爲了能以智慧達成世間眾生所願，向功德圓滿的世尊祈請。由此，世尊向眾人宣說了爲世人的利益與幸福而開啓智慧法門之事。

《吉祥經》即爲其中之一。十二年間，人們持續地在探求何爲吉祥、何爲幸福，卻未能找到可謂幸福之源泉的這三十八種吉祥。世尊以十一偈頌開示了「何謂吉祥」。

《吉祥經》闡明了通過消滅諸惡可得無上喜悅的道理，並且勸導現沙門之身、醫者之身、商人之身等各種身形的菩薩們進入村莊、都市、國家，行照亮一切眾生智慧之菩薩行。

此次，智廣阿闍梨通過對巴利文原典與漢譯本的比照，將此經中尊貴的教誨——三十八種吉祥，用我們現代的語言，將我們自身存在的大問題一項一項生動地揭示出來，並闡明了《吉祥經》所說的利益，歸納成了這本《一生吉祥的三十八個祕訣》。

智廣阿闍梨在文中闡述了「吉祥」的奧祕。

《吉祥經》在精短的篇幅中，記述了達到吉祥圓滿的三十八種方法。若人能夠在全部理解的基礎上加以實踐的話，則人生必定會吉祥圓滿；若我們每個人都幸福的話，則我們的家庭必定幸福；若每個家庭都幸福的話，則這座城市必定幸福；若每座城市都幸福的話，則這個國家也必定會幸福；若每個國家都幸福的話，則這個世界就一定會幸福。

我相信在此悄無聲息地走向崩潰的現代社會中，哪怕多一個人也好，若有更多的人能夠接觸到智廣阿闍梨釋明的《吉祥經》，並實踐其中教誨的話，定會成爲推動社會、國家的強大力量。

總本山醍醐寺第一〇三世座主　仲田順和

# 序二：武覺超長老序言

此次智廣阿闍梨所解說的《吉祥經》，據記載是距今兩千五百年前，釋迦牟尼世尊在印度中部的憍薩羅國舍衛城郊外祇陀林中祇園精舍的開示。

當時，世尊與普賢、文殊師利等五千名菩薩及舍利弗、目犍連等五百名聲聞和諸王族們一起居於祇園精舍。根據經書所言，一位容貌莊嚴的神來到了世尊居處，祈請世尊向所有迷茫的眾生開示什麼是吉祥（幸福）。於是，世尊以十一偈頌開示了何謂真正的吉祥。

這部《吉祥經》，闡明了我們日常生活中必須銘記在心的、必須遵守的、必須做到的及必須做爲目標的事項等諸多活在當下的眞諦。

如今，智廣阿闍梨通過對《吉祥經》巴利文原典與漢譯本加以對比和研究，將十一偈頌中的甚深含義，以三十八種吉祥的形式完美地予以了匯總。

智廣阿闍梨撰寫的此部《一生吉祥的三十八個祕訣》是佛陀世尊所證悟的智慧，同時又是基於佛教深奧的教義精髓，必將成爲我們生命的指標！

在混亂迷茫、痛苦煩惱的現代社會，哪怕多一個人也好，若有更多的人將智廣阿闍梨解說的《吉祥經》的教誨做爲座右銘，實踐於日常生活中，我相信人們獲得身心的安寧、幸福是自不待言，更能夠爲家庭、社會、國家乃至於世界的平安、和平貢獻巨大的力量。

比叡山延曆寺長老　龍谷山水間寺貫主　武覺超

# 序四：第五世華智仁波切丹增曲卻序言

《吉祥經》之功德：

謂：於此世間吉祥、無病，形色美妙悅意，人天有情恆得守護，世事練達，身爲眾人之尊，精進修行正法，信解因果，恭敬三寶、孝敬父母。

簡言之，具辨析世出世間二法之慧眼，功德不可思議。

丹增曲卻❶

二〇一六年七月十二日

❶丹增曲卻堪布為大圓滿龍欽甯提祖庭紮嘉寺寺主，第五世華智仁波切。

# 序五：達瑪揭諦長老序言

智廣阿闍梨為利益普天下眾生，在傳授和修習佛法方面做出了卓越非凡的貢獻，我們有目共睹。我很榮幸能為《一生吉祥的三十八個祕訣》作序。《吉祥經》是由佛陀所宣講的，旨在讓所有民族了悟佛法哲學教義的重要價值。智廣阿闍梨以很大的意樂詮釋了三十八條《吉祥經》的教義。

智廣阿闍梨是位傑出的老師，尤其是在佛法方面。他在佛法和修行上的造詣堪稱一流。他對弟子們關心備至，悉心傳授他們修行知識，利益他們的生活。智廣阿闍梨弟子眾多，在社會上，尤其是佛教界享有崇高的地位。

本序言對《吉祥經》中三十八條教義的緣起故事做一簡略介紹。

《吉祥經》收錄在巴利文古經典《經集》中，其中《經集》是《小部》的第五部分。

《吉祥經》在斯里蘭卡、緬甸和泰國僧眾中廣泛流傳。僧人們在祈福法事中經常念誦該部經文。

經文的第一部分闡明了宣說此經的緣起。在《經集》的注疏及《吉祥經》第一部分，描述了佛陀居住在祇園精舍時，人們就吉祥和非吉祥的事情產生了爭論，他們各執己見、爭吵不休。有人說聽到吉利的聲音就是吉祥，有人說看到吉利的事情就是吉祥。人們對此爭執不下。隨後，爭論蔓延到了天界，天神們也無定論，於是他們向帝釋天請教。帝釋天有些疑惑不解：世間有至高無上的導師佛陀，人們爲何還要把此問題帶到天上？於是他派了一位天神向佛陀請教。天神來到祇園精舍，佛陀因此宣說了能帶來吉祥的三十八種方法。

在佛教祈請護持的唱誦中，《吉祥經》占有重要的一席之地。當僧人以慈悲心向信眾們念誦此經，信眾們會得到外在的加持，幫助他們遠離邪惡，並增長信心。現代科學已證明，誦經產生的振動頻率益處甚多。

但是，若想得到內在和眞正的加持，需要我們對《吉祥經》中闡釋的三十八個教言身體力行。這三十八個教言涵蓋了人們生活的全部。不過，由於人生有不同的階段，不同教言適用於各階段以獲得吉祥如意。這樣，我們的修行會一步步增上。

《吉祥經》中闡釋的三十八種吉祥：

一、遠離眾愚迷，二、親近諸智者，三、尊敬有德者，四、居住適宜處，五、往昔有德行，

六、專心，七、廣學多聞，八、精於工藝，九、嚴持諸戒律，十、言談悅人心，十一、奉養父母親，十二、愛護妻與子，十三、從業要無害，十四、慷慨布施，十五、行為端正，十六、幫助眾親眷，十七、行為無瑕疵，十八、禁止邪行，十九、克己，二十、不飲酒，二十一、於法不放逸，二十二、恭敬，二十三、謙讓，二十四、知足，二十五、感恩，二十六、及時聞教法，二十七、忍耐，二十八、柔和，二十九、得見眾沙門，三十、適時論佛法，三十一、自制，三十二、淨生活，三十三、領悟於聖諦，三十四、實證涅槃法，三十五、八風不動心，三十六、無憂，三十七、無污染，三十八、寧靜。

《吉祥經》中所闡述的三十八種吉祥的先後順序，並非隨意安排。

斯里蘭卡卡特勒格默十號光明山寺現任住持

達瑪揭諦長老（M. Dhammakitthi Thero）

# 莫紮法王題詞

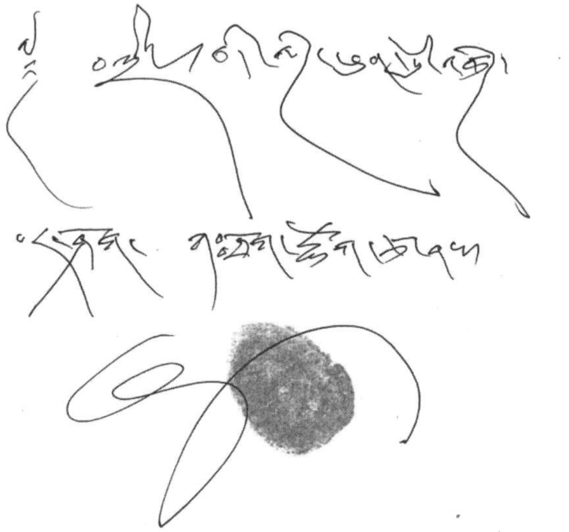

願諸有情吉祥悉圓滿

噶陀莫紮❷題

❷莫紮法王爲藏傳佛法甯瑪派祖庭噶陀寺五大黃金法臺之一。

# 概要

什麼是眞正的吉祥？
怎樣才能得到眞正的吉祥？
佛陀提出三十八種吉祥的智慧方法，
能夠爲我們的生命帶來無上的吉祥，
不靠祈願或等待，
通過實行佛陀所教示的三十八種吉祥的祕訣，
就能得到最大的安穩與幸福。

# 什麼是眞正的吉祥

「吉祥」的巴利文 Mangala，有三個音節：Man 意爲惡道，ga 意爲去，la 意爲截斷，直譯即爲截斷去到苦處的意思，即斷除一切痛苦之因，從而使身心獲得幸福、快樂、安寧。吉祥可分爲因吉祥和果吉祥、世間吉祥和出世間吉祥。正確的、善的行爲即是因吉祥，正確善行所帶來的結果即是果吉祥；世間凡夫所感受的吉祥即是世間吉祥，超出世間的聖人所感受的吉祥即是出世間吉祥。

吉祥的反面就是凶險。每個人都不希望自己遭遇凶險的事情，都希望自己能夠吉祥如意。在人們平常的祝詞中也常有這個「吉祥如意」，希望大家都能夠吉祥如意。但事實上我們很多人都沒有吉祥如意，既不吉祥，也不如意！就像常常看到的一個現象：眾生都希望得到快樂，都不希望得到痛苦，但往往事與願違。這到底是爲什麼呢？因爲我們根本不懂得什麼是眞正的吉祥、如何得到眞正的吉祥。從開始追求的方向就錯了，中間追求的方法也錯了，結果怎麼會得到眞正的吉祥快樂呢？想得到吉祥的果，卻種下凶險的因，怎麼能不感受痛苦呢？

因而，我們首先需要分辨：什麼是吉祥？

有些人認爲賺到了錢就吉祥，然而「窮得只剩下鈔票」的有錢人，肯定算不得吉祥；

有些人說長得漂亮就可以得到吉祥，那麼「自古紅顏多薄命」，卻又訴說著無數美女的悲慘命運；

也有些人認爲有名氣就吉祥，但是「高處不勝寒」的痛苦，卻只有「被架上雲端」的名人自己明白；

還有一些人認爲住在大城市裡是吉祥，認爲住在別墅、豪宅裡是吉祥，到底是不是這樣呢？這都不一定。

什麼才是眞正的吉祥？斷除一切痛苦之因，身心獲得幸福安寧才是吉祥，生活中沒有痛苦才是吉祥。

人人都渴望錢財，但是錢財帶給人們的痛苦也顯而易見：樹大招風，財大招禍。有錢的要防小偷、防家賊……，沒錢的倒可以夜不閉戶；糟糠夫妻富貴了反而分道揚鑣；手足骨肉爲分家產往往反目成仇；面對苦心積累的財富卻時常憂心忡忡！財富到底是不是吉祥？

汽車、洋房、手機、電腦，生活的高檔資具帶來方便的同時，也帶來很多的煩惱：塞車、違章、油價漲、修車、養車、難停車是有車一族爲便利瀟灑所付出的代價，住在霧霾中的洋房裡懷念鄉土的氣息，不斷升級的手機驅散了書信傳遞的眞情，電腦建立的網路世界囚禁了年輕一代的心……。高檔的生活算不算吉祥？

其實，人們所追求的世間快樂，都有其兩面性：既有利的一面，又有弊的一面；既有快樂的一面，又有痛苦的一面。所以這些世間所謂的快樂不能叫吉祥，吉祥就是沒有痛苦、沒有任何副作用，那才能叫吉祥。

而且，世間的快樂都需要依賴外在的條件。

比如特別愛吃巧克力，得到了就特別快樂，得不到就想得難受。你的快樂就得要依賴有巧克力這個條件了。

喜歡住別墅、開好車，享受豪華的生活，一旦破產要啥沒啥了，就感到無比地痛苦。你的快樂依賴著這些外在的物質。

權利、地位、掌聲、鮮花，讓你感到扶搖直上青天的快樂，然而一落千丈時，那份淒涼難以排解。你的快樂依賴著這些外在的虛華。

朋友相聚、戀人相愛、親人團圓，最是人間好時光，然而曲終人散時，卻要獨自品嘗難耐的孤獨。你的快樂依賴著別人的陪伴。

所有生活當中的快樂都要依賴於外在的條件，只要是依賴外在條件的，你就沒有自由。因爲你被它牽著走，就像一頭牛一樣，外部的條件就是這個牛繩。生活中，我們每個人都在被牽著走，我們每個人都沒有自由，因爲我們的快樂依賴於外在的條件。

依賴外在條件的快樂，會有以下問題：

第一，你沒有自主權。快樂不是你想得到就能得到的，它依賴於外在條件，有條件的時候你就快樂，沒條件的時候你就不快樂了。你的快樂被條件所左右。

第二，你的快樂不長久。一切都是有限的，你不可能永遠擁有它，有得必有失，有生必有滅。你無法讓快樂永恆留駐。

第三，外在條件給你帶來快樂的同時，也給你帶來一定程度的痛苦。

其實，人生所有的快樂都是有生有滅的，有開始就會有結束，再大的快樂總是要結束的，都是有限的，而且都是有一定的副作用。任何東西都是一樣，財、色、名、食、睡，人世間所有的享受都是有限，而且是有副作用的。所以，這種快樂只能說是暫時的快樂、有限的快樂、生滅的快樂。

佛陀認爲快樂有兩種：一種是我們人世間有限的快樂。比如說財富、權勢、名聲、健康、美麗、愛情等等。而這些外在條件後的快樂，其實是有限度的，不單有限度，且很可能都有副作用，因爲它給你帶來快樂的同時，會給你帶來更多的痛苦。這個世間的事情都是一體兩面的。

那麼，有沒有一種快樂是完全沒有任何副作用，也不會有窮盡的呢？是有的，這就是佛法裡面所提倡的快樂，這種快樂不依賴於外面的環境，而且是永遠不會窮盡的。它就是我們內心的智慧和覺悟，是開悟的境界，佛法裡面也叫解脫。

如果我們眞的開悟了、解脫了，那種快樂是什麼樣的呢？

首先，不依賴於外在的條件。內心解脫了，隨時隨地都可以得到快樂。今天住在別墅裡很快樂，明天住在茅草房裡還是很快樂；今天吃巧克力很快樂，明天喝苦藥還是很快樂；今天開車很快樂，明天走路也很快樂。我們如果能夠眞正地解脫，獲得了佛法的證悟和智慧，內心的快樂就不會被外境所影響，你想快樂就快樂，再也不用依賴於外界的任何條件。所以，這種不依賴外在條件的快樂，才是眞正的快樂！

而且，因爲這種通過佛法得到的解脫和證悟，會帶來更多的智慧和更高的證悟。你的證悟境界會一直不斷地提升，你的快樂就會一直不斷地提升，所以你可以一直快樂下去。因爲你的修行會越來越好，一層一層地修上去直到成佛爲止，你的快樂就會產生新的、更多的快樂，所以你的快樂會越來越多，不會失去。這種沒有窮盡的快樂才是眞正的快樂！

這種出世間的吉祥，比起世間有限的、暫時的、有副作用的吉祥，當然是眞正的吉祥，但並不是說世間所有的吉祥一定有害。當你能擁有世間吉祥和出世間吉祥，而沒有任何痛苦、只有快樂的時候，那就是眞正的吉祥，也就是佛法裡同樣宣導的「世出世間的吉祥」。

在這一篇佛陀所講的《吉祥經》裡，既告訴我們如何獲得世間暫時的吉祥，也告訴我們如何獲得出世間究竟的吉祥。佛陀並沒有排斥我們獲得世間吉祥，不需要把汽車、別墅送給別人，也不需要破衣爛衫、素面朝天，更不需要拋棄妻子、絕情絕義。其實世間吉祥並不會帶給我們痛苦，之所以享受的同時會帶來副作用，是因爲我們對這些世間快樂的執著！一個放下執著、眞正解脫的人，世間的一切有也好、沒有也好，任何境遇下他都是快樂的。所以佛陀說，我們可以享受世間的快樂，但這不是究竟的，關鍵是我們必須在得到世間快樂的同時，要慢慢地努力走向解脫；反過來說，如果眞正獲得解脫了，也不妨礙我們去享受世間的快樂，因爲在解脫的境界裡，世間吉祥不會產生任何副作用，而且會更快樂，這就是我們從佛法當中所能獲得的。

## 《吉祥經》的緣起

《吉祥經》文字很少，但內容豐富、義理深奧，包括了怎樣獲得世間的幸福吉祥，以及怎樣獲得出世間的究竟吉祥，對我們的生活與工作具有很好的指導作用。如果誰能理解這些內容，並付諸行動，則幸福圓滿一定會來臨。

《吉祥經》是從《南傳大藏經》中譯出的。「吉祥」的巴利文Mangala，直譯即爲截斷去到苦處的意思，即斷除一切痛苦之因，從而使身心獲得幸福、快樂、安寧；「經」的原義是線和貫穿義，引申爲亙古不變的眞理。

《吉祥經》在南傳佛教中非常盛行，係南傳佛教各國及我國雲南傣族地區佛教僧俗弟子日常念誦的經文之一。在這些區域，凡遇盛大典禮或舉辦重要儀式，前面都要念誦《吉祥經》，以祈吉祥如意。

在南傳佛教的國家中，這部經典的教法被併入做人的習慣和日常規矩中，成爲養成好品性與獲得幸福快樂的指引。因爲這部經不難理解，又是佛陀的基本教義，所以在緬甸、泰國和斯里蘭卡的學校中都有傳授。在緬甸，年輕人會參加《吉祥經》考試，通過時，會授予他們文憑或獎賞，以鼓勵他們將經典的學習運用在實際生活中。

在《吉祥經》的開篇文字中，首先介紹了《吉祥經》的來歷。

古代印度，一群智者展開了一場「什麼是眞正的吉祥」的討論，但是，當有人說出一個答案時，其他人又提供了另外的答案。有人說：聞到想要聞的，嘗到想要嘗的，碰觸想要碰觸的，就是吉祥；又有人說：看見瑞相或代表吉兆的景象、聽見代表吉兆的聲音，就是吉祥……，討論到後面變成了爭吵，因爲誰都說服不了誰。最後，他們的爭吵驚動了忉利天的帝釋天主，帝釋天主也對這個問題來了興趣，就在忉利天上也發起「什麼是眞正的吉祥」的討論。最後天人們也吵了起來，因爲，就連天上也找不到一種大家公認的、沒有副作用、永無止境的吉祥。哎呀！究竟什麼是眞正的吉祥呢？天、人都沒爭出個結果，帝釋天主也絞盡了腦汁。後來，他終於想到，有一個人一定知道答案，那就是釋迦牟尼佛，於是，帝釋天主就在午夜時分，獨自前往人間，請教釋迦牟尼佛。

由此——**「時已夜深，有一天神，殊勝光明，遍照園中」**，來到舍衛國祇樹給孤獨園。

當時，佛陀就住在祇樹給孤獨園。這個園子的由來是這樣的：給孤獨長者，看中了祇園幽靜雅致的環境，就想買來供養佛陀及比丘們。祇園主人祇陀太子戲謔地要求，「聽說你的錢很多，如果你能以黃金鋪滿此地就賣給你。」給孤獨長者有很殊勝的福報，他可以看見地下的寶藏。給孤獨長者依其福報，用黃金鋪滿了祇園，祇陀太子爲之感動，說：「既然您買地供佛，地就由您供養，樹就算我供養佛陀吧。」給孤獨長者後來在這塊地上建了一座經堂供養佛陀和僧眾，故此處名為「祇樹給孤獨園」。

那麼，殊勝光明的天神為什麼選擇「時已夜深」，才來請教佛陀呢？是因為午後、傍晚和初夜是僧侶面見佛陀、請教問題的時間；下午則是在家人面見佛陀的時間；而午夜時分，佛陀身邊都沒有人了，那時是天神拜見佛陀的時間。天人非常忌諱到人間來，因為我們人間太臭了，天人在離人間四十由旬的地方就覺得臭不可聞，就像我們遇到鄉下的糞缸一樣，還沒有靠近，就避之不及了。所以，這個天神要等到午夜時才去請教佛陀，因為佛陀有無量的妙香，而午夜時，佛陀身邊正好沒有凡人。

於是，天神——**「來至佛所，恭敬禮拜，站立一旁。」**

在南傳佛教中，有一種說法，認為帝釋天神聽完佛陀說法後就要趕緊回去，所以他不坐著。另一種說法認為帝釋天神的物質特性非常微細，就像柔軟的布料飄落地面一樣，不能著地坐下，所以他站著。不過我們看到經文中說，他非常恭敬地禮拜佛陀，然後站立一旁，請教佛陀。這讓我們想起了《孝經》中記載的，曾子請教孔夫子，也是避席而問，本來坐著的，都要站起來請教問題。其天神、古聖先賢都是如此地尊敬師長，而我們現在很多人不太講禮貌，請教問題還蹺著二郎腿。其實，恭敬的態度是求學的起碼條件，今之學者當從經典中首先學習虔敬的心態、恭敬的禮儀。

**「以偈白佛言：」**

天神請教佛陀時，表達方式也非常有水準，就像中國古代的詩詞一樣，非常簡潔，非常優雅。

**「衆天神與人，渴望得利益，思慮求幸福，請示最吉祥。」**

天神代表一切天人與人類向佛陀請教：人間和天上都渴望得到利益，但就像中國古人講的「有利必有害」，所有能夠想得到的利益，其實都是有一定的副作用。到底什麼是沒有副作用的利益呢？這就是天神代表天人與人類請教佛陀的第一個問題。

**「思慮求幸福。」**每個人都想得到幸福，什麼是眞正的幸福？這也是我們人間爭論不休的一個問題，是到目前爲止還沒有得到正確答案的一個問題。很多哲學家、詩人、文學家都在討論「什麼是眞正的幸福」，我們在網上搜一搜，會搜出成千上萬的文章來，但是也沒有一個最終公認的定論。

最後，天神「請示最吉祥」，不是一般的吉祥，而是最吉祥，請佛陀告訴我們答案。

一般的吉祥都是有副作用的，這些吉祥得到後又會帶來更多的痛苦。所以請佛陀告訴我們，什麼是沒有副作用的、無比的吉祥。

天神問的問題，都和我們每個人息息相關。試問，誰不想得利益？誰不想要幸福？誰不想吉祥如意？所以，這部《吉祥經》多麼重要！能學到這部經，我們還眞得感謝帝釋天神呢！

好比說「君子愛財，取之有道」一樣，每個人都想得到的利益、幸福和吉祥，是否是通過正確的「道」而獲得了呢？事實上，大多數的人都沒有找到這條「道」。

在緬甸，人們認爲貓頭鷹的聲音是吉兆。如果一隻貓頭鷹光臨你的房子，並且發出叫聲，那麼就預示著你將會得到某些吉祥的東西，因此，有些人說這就是吉祥。這樣的迷信思想在各國各地都有。

在中國，有的人特別相信算命和風水，做任何事情先要打一卦算算，到任何地方先要看看風水，甚至取什麼名字都要在網上測一測，看看分數好不好，以爲這樣就可以規避凶險、獲得吉祥。

可事實上，古今中外所有的帝王將相及所有的富翁，有哪一個是靠看風水看出來的？是靠算命算出來的？如果算命先生、風水師能夠讓人吉祥，那他們應該是最吉祥的，可事實相反，往往算命、看相、看風水的，生活都很困難、都會有些缺陷，試問，他們又怎麼能幫別人改變命運呢？

印光大師在《複昆明蕭長佑居士書》中曾經這樣說過：「堪輿家言，何可爲准。若如所說，則富貴之人，永遠富貴，何以高門每出餓殍乎？世之最有力能得好地好宅者，莫如皇帝，何皇帝每多壽短？世人不在心上求福田，而在外境上求福田，每每喪天良以謀人之吉宅吉地，弄至家敗人亡、子孫滅絕者，皆堪輿師所惑而致也。試看堪輿之家，誰大發達，彼能爲人謀，何不爲己謀乎？」大師一針見血地告訴我們，看風水的人非常發達的有沒有？做皇帝的有沒有？一個都沒有。他能夠幫助別人發達，爲什麼不幫助自己發達呢？他能算命、能幫別人預測，爲什麼不幫自己預測呢？所以我們要明白，算命看相並不能幫助我們吉祥。

什麼是眞正的吉祥？怎樣才能獲得眞正的吉祥？這是關乎我們每一個人的人生大事！於是，慈悲偉大的佛陀以無邊的智慧，流露出以下殊勝的教言，每一句經文都包含著無量的智慧。在精要簡短的十一首偈頌中，佛陀告訴了我們三十八種吉祥如意的方法。

本書將要爲大家展開介紹的，就是《吉祥經》中佛陀授予我們吉祥如意的三十八個祕訣。如果能夠去理解、去修持、去落實這些方法，我們的人生就一定能夠吉祥如意。

如果我們每一個人都吉祥了，整個家庭就一定吉祥；每個家庭都吉祥了，整個城市就一定吉祥；每個城市都吉祥了，整個國家就一定吉祥；每個國家都吉祥了，整個地球就一定吉祥！

每一個眾生都唯求離苦得樂。從古到今，諸佛菩薩、古聖先賢、儒釋道三家的聖人，開示了四書五經、《道德經》及佛法八萬四千法門、三藏十二部的經典，都是爲了讓我們能夠離苦得樂。在佛陀開示的八萬四千法門當中，有專門爲出家人開示的解脫之法，也有專門爲在家人開示的解脫之法，這兩條路都同樣通向解脫的彼岸。

佛陀針對在家居士的開示，契合了我們生活在現實社會中的很多實際情況，是爲我們在家生活、工作、修行而開出的特殊祕方。

《吉祥經》就是一部涵蓋在家出家教法的經典，經中所說的每一種方法，都是在幫助我們同時獲得暫時與究竟的吉祥、幫助我們擁有幸福美滿的人生和究竟圓滿的覺悟！

《吉祥經》的智慧告訴我們，不需要脫離工作生活，完全可以用佛法的智慧把工作做得很好，把生活過得很好，並在工作和生活中修證佛法的智慧。

《吉祥經》中揭示的三十八種吉祥的祕訣，概括了做人做事的方方面面，我們依之而行，便無往不勝、無處不安、無時不順。

這些吉祥不會自動或僅僅藉著祈願而來，要靠我們身體力行地去實踐。對於佛陀的每一句教言，我們踏踏實實地「學一句，懂一句，做一句」，最終我們就會持有這些好品行，我們就會擁有這些吉祥。

在漢傳佛教《大藏經》中《法句譬喻經·吉祥品》也有類似的內容。尼犍梵志，來到佛前問了同樣的問題，佛的回答也大致相同。

# 《吉祥經》的三十八個祕訣

# 1 遠離衆愚迷

在南傳佛教中認爲，「眾愚迷」意指那些做壞事、說壞話、存惡念的人，他們不懂善惡，顛倒是非、讚歎惡行、諷刺善行，甚至教唆他人行惡。佛陀告誡我們，不要與他們爲伍作伴。如果遠離他們，我們就不會做出邪惡與無益的行爲。這就是一種吉祥。

**世尊如是答言：遠離衆愚迷，親近諸智者，尊敬有德者，是爲最吉祥。**

世尊開示的三十八種吉祥的祕訣，第一條就是「遠離眾愚迷」。「心隨境轉，是名凡夫。」我們凡夫最大的特點就是沒有定力，容易受環境影響。今天看韓劇就哭得唏哩嘩啦，明天看恐怖片又嚇得毛骨悚然；今天聽到感人故事熱淚盈眶，明天聽說社會不公又義憤塡膺；本來平靜地享受下午茶，來了個朋友訴說煩惱，說到後來，兩個人都煩不可耐。難怪有資料統計，心理諮詢師是自殺率較高的職業，沒有相當的定力，誰的心能長期接受別人倒的垃圾？

古人講：「近朱者赤，近墨者黑。」如果我們常和一些不務正業的人在一起，就很可能走上邪門歪道；如果我們常常和煩惱痛苦的人在一起，就很難喜悅開朗；如果常跟愚癡迷惑的人在一起，我們也會變得愚癡迷惑。所以，佛陀所說的三十八種吉祥如意的方法裡，第一條就告誡我們「遠離眾愚迷」，就是說我們首先要保護好自己，避免受不好的影響。

所以擇友非常重要，和什麼樣的人相處非常重要。在我們自己還是一個心隨境轉的凡夫時，不懂得擇友會非常麻煩。

《弟子規》裡說：「小人近，百事壞。」

《朱子治家格言》云：「狎昵惡少，久必受其累；屈志老成，急則可相依。」

選擇益友，還是損友，這一點至關重要。

如果跟德行智慧超過自己的益友交往，則自己也會「德日進，過日少」；如果每天交往的都是些德行智慧低劣的損友，那我們就會受到不好的影響。

交友應該交什麼樣的人？《禪林寶訓》裡面有專門的開示：

「演祖曰：古人樂聞己過，喜於爲善，長於包荒，厚於隱惡，謙以交友，勤以濟眾，不以得喪二其心，所以光明碩大照映今昔矣。」

譯文【法演禪師說：古時有德行的人，樂意聽別人指出自己的過錯，喜歡做各種善事，能以寬宏的度量去包容一切，能以仁慈厚道的心讚揚他人的好處而不宣揚他人的缺點，能以謙恭有禮的態度待人交友，能勤勤懇懇地幫助他人、匡救時世，而且又不以得失改變自己的心志，所以他們光輝偉大的形象，永遠照映在古今人們的心中。】

「湛堂曰：學者求友，須是可爲師者。時中長懷尊敬，作事取法，期有所益。或智識差勝於我，亦可相從，警所未逮。萬一與我相似，則不如無也。」

譯文【湛堂禪師說：修行人尋求道友，必須選擇品學兼優、足可以爲我效法的良師益友。有這樣的良師益友，理當對他們常懷尊敬，凡待人處事及自身修養等各方面都可以向他們學習，以期使自己的道業有所進益。退一步說，其智力見識稍微勝過我的，也不妨與他往來，以警策自己所不及的地方。如果各方面都與我一樣，甚至比我還差勁，這樣的道友還不如沒有更省事。】

《吉祥經》告誡我們要「遠離眾愚迷」，首先我們要知道愚癡的標準是什麼，什麼樣的人是愚癡的人。

在十惡業裡面，最後三種惡業是貪、嗔、癡，其中癡的定義就是邪見，就是沒有正確的見解。所以，沒有正確見解的人就是愚癡的人。

正確的見解有兩個部分：第一部分是取捨的智慧，就是深信因果；第二部分是洞達事物本質的智慧，就是空性的智慧。

正確見解最基本的標準就是懂得因果、相信因果。不懂得因果就不懂得取捨，不知道什麼該做、什麼不該做，這就是愚癡。比如說，我們爲什麼會抱怨？爲什麼會嗔恨？因爲不懂得因果。我們爲什麼會去傷害他人？也是因爲不懂得因果。不懂得因果就不會正確看待事物、抉擇行爲，就會不斷種下負面的因、痛苦的因，這就是愚癡的人。

如果一個人相信因果，這個人就是有智慧的。因爲他通過抉擇因果，就可以選擇做正確的事情，就可以掌握命運，就可以離苦得樂。智慧的人一定會遵循因果，而不會去傷害任何人。

所以，我們判斷一個人是不是愚癡的人，最基本的就是要看他是否懂得因果、深信因果，具有取捨的智慧。有了這個判斷的標準，心裡就會比較清楚哪些是智慧的人、哪些是愚癡的人。在自己還沒有足夠的定力和影響力時，智慧的善友要多多親近，愚癡的惡友要暫時遠離。

掌握三十八種吉祥的祕訣，最重要的方法就是力行。學習了「遠離眾愚迷」，我們就要謹慎抉擇交友的標準，遠離那些充滿邪見的愚癡人，避免自己和他們一起愚癡、一起墮落。遠離這些不吉祥的源泉，是我們一切吉祥如意的開始。

也許有人會提出質疑：這樣是否不夠慈悲？要知道，佛陀教我們遠離愚者並不是讓我們捨棄慈悲，但眞正的慈悲一定需要智慧。我們無須懷疑佛教的慈悲，宇宙間又有什麼人能有佛陀「割肉餵鷹、捨身餵虎」的慈悲！佛陀以他洞徹宇宙的圓滿智慧，教示我們的三十八種吉祥的方法，每一種都源自對一切眾生的慈悲。

一位智者曾經做過這樣一個比喻：一壺開水想要融化冰天雪地，最後不僅只融化了一小塊冰，而且連自己也結成了冰。所以，慈悲的同時，需要智慧，還需要力量！

對於愚者，遠離他們並不是捨棄他們，也不是對他們沒有慈悲心，這是一種對自己和他人都有的慈悲心。就像兩個水性都不好的人掙扎在苦海裡，難道互相扯著一起沉溺而死就是慈悲嗎？肯定不是！首先我們自己應該努力爬上岸去，然後再想辦法去救同伴，這才是智慧的慈悲。所以我們「遠離眾愚迷」，並不是喜新厭舊，也不是捨棄眾生，而是首先應了解自己的水準。如果自己都還是愚者，怎麼能夠幫助別人？所以首先我們保護好自己，努力使自己先覺悟了，然後才能幫得了別人。

《妙法蓮華經．安樂行品》裡的「第四安樂行」叫「誓願安樂行」，就是說，雖然我們現在還沒有能力去幫助眾生，但是我們要發願，等成佛後一定要去幫助眾生。

對於愚者，我們要心存慈悲、敬而遠之，千萬不要看不起他們，更不要說他們的壞話。愚者並不是本性不好，「人之初，性本善」，每個人都有佛性，我們應該對他們尊敬；但是「人不學，不知義」，沒有善知識的教導，沒有學習智慧，就會變成迷惑顛倒的愚癡人，包括我們也是一樣！所以，我們更要對他們慈悲，要發願等我們以後成為真正的智者，我們一定要去幫助他們。

「遠離眾愚迷」被列入三十八種吉祥的首位，說明這一點極為重要。中國的古人也告誡我們要遠小人、近君子。《弟子規》說：「能親仁，無限好，德日進，過日少。」每天親近德行智慧比我們好的人，就會增上德行和智慧、減少過失和愚癡，我們就和吉祥攜手同行。「不親仁，無限害，小人近，百事壞。」如果我們每天結交那些沒有德行的人、愚癡的人，害處將無窮無盡，事事都會衰敗，我們就會和吉祥背道而馳。

# 2 親近諸智者

「智者」意指做好事、說好話、存善念的人。智者能夠選擇正確的人生道路、懂得什麼樣的行為能帶來今生來世的利益，並且會給我們忠告、引領我們學習成長、幫助我們增上福德。親近智者，我們就不會犯錯誤、造惡業；親近智者，我們就會增長智慧、積累善業、趨向吉祥。

一段普通的木頭順著山間的河流來到了一片旃檀樹林中，日復一日，年復一年，旃檀樹的氣息薰染著這段枯木。若干年後，它的周身從裡到外都散發著旃檀的香氣，終於被人們發現，當作寶貝請出了山林。這個寓言故事似乎就在訴說《吉祥經》中所講的第二種吉祥如意的方法——「親近諸智者」。在佛教中，智者又稱為善知識。

就像一個人生病一樣，如果是水源污染造成的病因，那麼首先要遠離這個污染的水源，先要把病的原因去掉，這就是「遠離眾愚迷」。試想上面的那段木頭，如果不湊巧來到的是糞坑，那它的結局又會是怎樣？所以第一重要的是「遠離眾愚迷」。但僅僅是去除病因、離開不安全的環境還不夠，要想身體恢復健康、保持健康，就必須找到另一股清淨優質的水源，來滋養受傷的身體，這就是「親近諸智者」。清淨的水源可以滋養我們的身體，而眞正的智者可以滋養我們的生命。

既然我們是心隨境轉的凡夫，要想吉祥，就要接受好的影響，我們要多多親近善知識，常常和智慧超勝自己的良師益友在一起。印光大師在《德育啓蒙》中說：「師嚴道尊，人倫表率，道德學問，是效是則。」在親近善知識的過程中，自然而然地就可以「養我蒙正，教我嘉謨」。在善知識的智慧薰陶下，我們也會漸漸成爲有智慧、有德行的人。

「親近諸智者」是我們人生非常重要的一課。首先，我們需要了解什麼是眞正的智者。「智者」必須眞正具足正見。正見有兩種：一種是因果的正見。相信因果，遵循因果，知道什麼事情應該做、什麼事情不該做，這是懂得取捨的智慧；第二種是能夠洞達一切諸法的本質，了達空性的智慧。具足這兩種正見的人，才可以叫做智者。

智者是有標準的，不是誰都可以稱爲智者。在這個世界上，學富五車的學者是不是一定是智者？不一定。要看他是不是相信因果、能不能了達空性。爲人師表的教授是不是一定是智者呢？

也不一定。如果沒有取捨的智慧、空性的智慧，他的生活可能也是煩惱一大堆。

眞正的智者，是能夠通過聞思修行，洞達佛法的正見，了解因果的道理，了解空性的道理，而且能夠去實踐。這種人，就是智者。

當我們自己還不具足這兩種智慧時，會有很多的迷茫和困惑，就像霧裡看花、水中望月一樣，很多的假象在眼前紛紛擾擾，很多條岔路不知去向何方。可能一糊塗、一失足，就會使我們的人生經歷諸多坎坷和痛苦，甚至走上不歸路。如果及時地去請教智者，藉著智者的慧眼，就可以把一切看得清清楚楚、明明白白、眞眞切切。跟隨著智者的腳步，就可以走在人生正確的道路上，一直走向光明和吉祥。

《華嚴經》云：「佛法無人說，雖慧莫能了。」佛法如果沒有人講解的話，我們再有智慧也不可能眞正了解。這就是爲什麼要「親近諸智者」的原因。親近智者可以幫助我們增長智慧，抉擇什麼該做、什麼不該做，幫助我們的人生趨吉避凶。

「親近諸智者」是慈悲偉大的佛陀賜予我們的第二個吉祥如意的祕訣。

但是，要掌握此一祕訣，關鍵還在於「親近」二字。怎麼去親近？這個問題大有學問。

很多人覺得自己和佛法有緣，對中華傳統文化也有興趣，但是卻沒有學習的主動性。早就聽說「孝道」是一切德行的根本，很多人因此走上幸福的通道，可自己卻好像事不關己，只是在一旁觀望。今天碰巧有高僧大德的講法，「去，還是不去？」想想，「反正免費，我又無聊，聽聽也無妨。」這樣的態度是不可能學到智慧的。古人有句話叫「求知若渴」，學習聖賢的智慧要像久旱的大地渴求甘霖般，求道之心愈是迫切，愈是能夠從中汲取到豐富的營養。

中國古代很多的學子、很多的佛弟子，爲了求學求法而踏上征程，千里迢迢，排除萬難，留下了很多尊師重道、勤苦求學的千古美談。唐之玄奘大師「西天取經」，宋之楊時「程門立雪」，禪門二祖慧可大師「斷臂求法」，還有米拉日巴尊者依師苦行等數不勝數的眞實公案，也都在詮釋著「親近諸智者」應有的態度。

所以，「親近」是指我們積極主動地去親近、懷著恭敬渴求的心去親近。

不要期望你閒坐在家裡，佛會來敲門推銷佛法，那是不可能的！佛法是要靠自己去求的。不是佛陀的姿態高，而是佛陀對人性的弱點非常洞悉。如果沒有希求之心，就像房屋緊閉著門窗，即使眞佛在你面前，光明也無法透進一絲。如同你不想要的時候，上門推銷者常常會被拒絕。

人們的通病就是這樣：容易得到的，往往就不珍惜；失去時又追悔不已。這就是我們人性的弱點。

學習佛法，沒有希求之心是無法得到眞實利益的，所以，如果沒有特殊的因緣，佛陀一般不會上門去推銷佛法。佛陀會以各種方式引發我們的希求之心，當我們眞正以希求之心去求法時，才把尊貴的佛法傳授給我們。這時，才能夠眞正去領受、去珍惜，眞正去落實、去修行。如果不是這樣的話，效果就不好。

現在的很多孩子也是這樣，他們不知道父母親爲了他的教育、他的前程，花了多少心血，特別是要進好的學校，要花更多的錢。做父母和老師的，一心就只想孩子好，可是如果孩子不懂得知恩、感恩、報恩，就不會去珍惜，這是非常可惜的事情，白白辜負了父母、老師的心血，白白浪費了大好的時光，這都是沒有智慧啊！如果有智慧，我們就會懂得感激父母親和老師點點滴滴的恩德，就會非常珍惜每一次的學習機會。如果能這樣，學習的效果就會好，最終受益的還是自己。

# 3 尊敬有德者

這裡的「有德者」包括長輩、父母親、老師、善知識，包括我們身邊所有德行智慧超過自己的人，包括佛法僧三寶、歷代聖賢，這些都可以稱為「有德者」。如果我們能尊敬這些具有智慧和德行的人，就可以得到他們所賜予的智慧教誨，我們的人生就可以少走很多彎路。而且當我們禮敬供養佛、法、僧、歷代聖賢、善知識、父母、老師和年長者時，將會在四個方面得到增長：壽命、容色、快樂、力。

一個人有沒有福報，就看他能不能尊敬有德行的人。一個人能夠「尊敬有德者」，他就會得到貴人相助。沒有「有德者」的引領，我們的人生要嘛在激流險灘中摸著石頭過河，要嘛在迷失的森林中摸索出去的路。很多人一生歷經千難、受盡萬苦，最終可能才得到一個經驗；很多人誓願把失敗當作母親，在東西南北牆上撞了一次又一次，最終也沒能撞出成功；還有很多人摸索了一輩子都沒悟出一點人生眞諦，天天活在痛苦抱怨中。而人的一生能承受多少風雨？又有多少年可以荒廢？其實，只要那些有德行、有智慧的人告訴你一句有用的話，就可以少走許多彎路，甚至在很多關鍵時刻，得以懸崖勒馬。所以，是在獨自摸索中迂迴輾轉，還是在明人引路下直踏通途，關鍵就在於你是否能「尊敬有德者」。

當內心生起了對有德者的虔敬尊重之心，我們還要懂得去學習。中華五千年的歷史留下了璀璨輝煌的傳統文化，古聖先賢的教誨凝聚成智慧的寶藏，從中，我們可以學到五千年歷史中得失成敗的經驗，學到蘊含在宇宙人生中不變的規律。但是，在浩如煙海的文化典籍中學海行舟，還必須有引航的燈塔、可靠的舵手，這就是善知識、老師。只有依止他們，才能辨別方向，避過險難，收穫成功，到達彼岸！在如此博大精深的傳統文化學習中，是很難靠自己的力量自學成功的。眞正的善知識，正是從彼岸循原路回來帶領我們的人，沒有什麼可以替代善知識的經驗和力量。

中國有一句古話，「不聽老人言，吃虧在眼前。」如果我們能得到有經驗的長者、有智慧有德行的良師宿德，以及諸善知識、古聖先賢的提攜引領，人生就會少一些彎路，學習就會有很多捷徑。如果都靠自己一步步去做試驗，不僅會費盡周折、痛苦萬分，而且還不一定能得到正確的結果。如果沒有「智者」、「有德者」傳授聖賢智慧，我們的人生要想吉祥如意是很困難的。

由此可知，「尊敬有德者」的確是非常重要的一個吉祥祕訣。我們看到，在其他一些儒釋道經典中，古聖先賢也留下了很多類似的教言。

《文昌帝君陰騭文》云：「善人則親近之，助德行於身心；惡人則遠避之，杜災殃於眉睫。」

《關聖帝君覺世眞經》云：「親近有德，遠避凶人。」

《妙法蓮華經》云：「於十方諸大菩薩，常應深心恭敬禮拜。」

我們爲什麼要孝順也是這個道理，孝順裡面包括孝親、尊師。在儒家的《孝經》、佛教的《地藏經》中都深刻闡述了「孝親尊師」的大智慧。

《地藏菩薩本願經》被稱爲「佛門的《孝經》」。地藏，其實有一個深刻的含義。眾所周知，地球上所有的金、銀、鑽石等最好的寶貝都在大地裡，大地蘊藏著無窮的寶藏，所以稱爲「地藏」。其實，每個人心裡面也都蘊含著無窮的寶藏。《華嚴經》中說：「一切眾生皆具如來智慧德相。」我們每個人都有像佛陀一樣無窮無盡的智慧和功德，但是爲什麼我們現在卻變成迷惑顚倒、輪迴痛苦的凡夫呢？因爲我們內心中無窮的寶藏沒有被開發出來。

《地藏經》裡有一把可以打開我們心中寶藏的鑰匙，這把鑰匙就是「孝親尊師」。做好「孝親」，可以把我們內在的福德開發出來；做好「尊師」，可以把我們內在的智慧開發出來。

一個眞正懂得孝親尊師的人才是最聰明的人！

對於什麼是聰明，現代人的標準都顚倒了。現代人講聰明，往往指心眼比較多。還有些人認爲，智商高就聰明，還有專門測試智商的。但是，心眼多、吃大虧的有沒有？智商高、犯重罪的有沒有？比比皆是！很多所謂的「聰明人」把心眼和智商用錯了地方，不僅危害了社會，也使自己的人生一敗塗地、痛苦不堪，這難道是聰明嗎？

眞正的聰明，中國古人稱爲「耳聰目明」。什麼叫耳聰目明？孔夫子在「君子九思」裡講到「聽思聰，視思明」，是說，君子應該有九種智慧，其中聽思聰是指「聽」的智慧，就是「聽話」要會「聽音」，聽人講話要能聽出他背後的需求。

比如說，我們在家侍奉父母，父親說：「哎呀，我今天腰有點痠。」那我們就要聽出老人家這句話背後的需求，不能聽過就算了。如果有「聽思聰」的智慧，聽了後就會去思考，老人家講這句話代表什麼？是不是累了？是不是生病了？我們應該做些什麼？然後可以進一步關心，老人家這個痠是什麼樣的痠法，是什麼時候開始痠的。如果睡了一覺早上起來還是痠，那就是有病了；如果因爲前面剛搬完東西有點痠，睡一夜第二天好了，那就沒有問題。所以，我們聽了老人家的話，之後會去想、會去做，這個叫聽思聰，這就是真正會聽了。

看也是一樣，要有「視思明」。看到了以後，要會去想、會去做。比如我們要會看父母親的臉色，今天看到老母親臉色很不好，就要想：是不是疲勞了？是不是生病了？是不是碰到不高興的事情？進一步觀察，看看老人家休息後有沒有好轉，如果休息後臉色恢復了，那說明問題不大；如果她休息後，第二天起來臉色還是很不好，就要好好看看是不是生病了；如果發現老人家有什麼心事，就要想辦法開導她，跟她溝通，這個叫視思明。

我們承事師長時，也要「聽思聰、視思明」，用心去觀察師長的需要。看到了、聽到了，要會思考，不能大大咧咧、心粗眼翳。比如說，看到老師寫黑板，都已經寫了滿滿一黑板，找不到寫字的地方了，這時就要想到應該幫老師擦黑板，就叫視思明。

君子之所以能有聽思聰、視思明的智慧，是因爲時時把心放在他人身上，眞正地做到愛敬存心。古人有很多孝親尊師的故事：黃香冬溫夏清，吳猛恣蚊飽血，老萊子戲綵娛親，張良圯上敬履，更有佛陀因地棄捨王位依止阿私仙時，「乃至以身而爲床座，身心無倦，於時奉事，經於千歲。」

如果我們也能這樣「尊敬有德者」，終將開發出內心的無盡藏，人生一定會無比吉祥！

## 4 居住適宜處

這裡的「適宜處」是指有佛法的地方。在那裡你能聞法、行善、禪修，能夠使你增長福德，獲得現世和來世、世間和出世間的利益，乃至得證涅槃，這樣的地方就可以稱為適宜處。對於想修習智慧、獲得吉祥的人，住在適宜處是很重要的。

具足圓滿智慧的佛陀正是看到我們凡夫心隨境轉的特點，所以前三種吉祥都是在教導我們如何遠離壞的影響，主動接受好的影響。儘管在儒釋道傳統的智慧中都非常強調這一點的重要性，然而我們很多人往往在這「吉祥的起點」上就輸了。很多人是輸在對這一大智慧的忽視，還有很多人是輸在對自己的高估。「君子貴在有自知之明，然善知人而不善自知也。」凡夫還有一個共性，就是看得清別人，看不清自己，總以爲自己有超凡的能力，可以嘗試不按聖賢教誨去行事，直到碰得頭破血流、繞了個大彎子回來，才知道東之高閣的原來眞是珍寶。所以《格言聯璧》中說：「以聖賢之道教人易，以聖賢之道治己難。」佛陀已經教給了我們吉祥如意的祕訣，能不能依此而獲得吉祥如意的人生，關鍵是要靠自己去力行。

懂得了「人」這個重要因素對我們的影響後，我們還要了解「環境」因素對我們的重要性。接下來，佛陀爲我們開示了第四種吉祥如意的方法——「居住適宜處」。

「居住適宜處」指的是居住在非常吉祥的地方。既然我們很容易受影響，所以選擇居住的環境非常重要，要選一個好的環境來影響自己。

現在，全世界都在評比哪些地方是最適合人類居住的，還評出了世界十大宜居城市、中國十大宜居城市等等。從什麼是宜居處的定義來看，無論是現代人或古代人，評判的要素無外乎是自然環境和人文環境兩個方面，不過評判的標準可能大相徑庭。

良好的自然環境可以怡養人們的性情，如果能住在山清水秀的地方，不僅對健康有利，心境也會變得清雅愉悅。古代的書院、寺院都是建在靜謐清淨、環境優美的風水寶地。外面是蔥鬱的山林、潺潺的小溪，裡面是園林亭台、鳥語花香，在晨鐘暮鼓、琅琅書聲中，形成一種天人合一的自然環境，在這樣的環境中心情自然就會恬靜開朗，學習起來效果自然也會非常好。從唐宋以來，一些歷史有名的書院不僅培養出很多優秀人才，至今更成爲向人們展示中國古代文化的名勝古跡。比如湖南嶽麓山的嶽麓書院、江西廬山的白鹿洞書院、河南太室山的嵩陽書院等等，人們來到這些青山環抱的書院參觀時，不禁對古人的學習環境心馳神往。而現在的人們大都喜歡居住在高樓林立、霓虹閃爍的繁華都市中，甚至很多學校都建在商舖環繞的鬧市區裡，外面是嘈雜喧鬧的人群和車流，裡面是現代大廈鴿籠一般的教室，在這樣的環境中，學習的心情、效果又會是怎樣？

古代「孟母三遷」的故事，就是在講孟子這位聖人是怎麼培養出來的。孟子有一位好母親，爲了讓他從小的成長有適宜的環境，而不惜三次舉家搬遷。第一次是住在墓地旁，小孟子就天天和小伙伴學著玩哭喪送葬的遊戲，孟母曰：「此非所以處子也。」於是搬去市集，小孟子又學著如何做買賣的樣子，孟母曰：「此又非所以處子也。」於是又搬家，可是不巧鄰居是屠戶，小孟子又學著玩殺豬的遊戲，孟母曰：「是亦非所以處子也。」只好第三次搬家，終於搬到了學宮旁，小孟子從此天天識字讀書、學習禮儀，孟母這才放心地說：「此眞可以處子也。」連孟子這樣偉大的聖賢，小時候都同樣受環境影響，可見「居住適宜處」對我們每一個人來說都不是件小事情。如果我們也能夠選擇「居住適宜處」，則可以培養良善的性情、陶冶高尚的情操，獲得吉祥的人生。

除了自然環境外，人文環境也很重要。前面的三個吉祥都在告訴我們識人、交人的道理，所以，如果我們居住的地方有比較多的良師益友，能常常親近智者、有德者，那麼這就是好的環境、就是適宜處。

《禪林寶訓》云：「是故學者，居必擇處，遊必就士。遂能絕邪僻、近中正、聞正言也。」

【譯文：因此，對於一個學道的人來說，必須選擇有益於自己修學的道場去居住、選擇品學兼優的人交往。這樣才能避免接觸偏邪怪僻的人，得於接近善知識聽聞正法。】

想要讓自己的孩子成爲聖人，選擇居住的地方的確非常重要，但卻並不是我們想住哪裡就可以住哪裡，關鍵還要看自己有沒有福報。只有具足福報，才能隨心所欲、心想事成。福報愈大的人愈有自由，福報愈小的人愈沒有自由。所以，佛經裡講要福慧雙修。只有智慧沒有福報的話，就可能出現這種情況：你明明知道哪些是吉祥的事情，但你就是沒有辦法做到。就像你今天學習了《吉祥經》，已經了解獲得吉祥的智慧，但是能不能做到呢，這也得看你有沒有福報。

所以，「居住適宜處」也不是那麼容易的，要慢慢地朝這個方向努力。比如說，通過自己積累福報，我們能夠更多地跟良師益友在一起。我們不一定能夠長時間跟良師益友居住在一個地方，但是可以努力創造條件，先是一年中能有一天、一星期與良師益友在一起學習，再慢慢爭取一個月、一年……當我們愈來愈有福報的時候，我們就愈來愈能夠有條件「居住適宜處」了。

如果環境很不好，人就會受到不良的影響，所以我們要盡量離開不適宜的地方。《弟子規》說：「鬥鬧場，絕勿近；邪僻事，絕勿問。」特別是小孩子，他們像海綿一樣正在吸收外面的資訊。如果我們給他好的環境，他就會吸收正面的資訊；如果我們給他一個不好的環境，他吸收的就是負面的資訊。在現在這個時代，還有一種影響力非常厲害的東西，就是電視與網路。很多母親都可以效法「孟母三遷」，給孩子創造成長的適宜處，卻無法將電視和網路遮罩在孩子的世界之外。很多孩子沉浸在網路遊戲的虛擬世界中無法自拔，很多孩子被不良網站引上了邪路，很多孩子玩物喪志浪費了時光、消磨了志向，很多孩子受到各種不良資訊的污染而扭曲了人生觀、價值觀……，在現代科技帶來的資訊洪流中，母親們眼看著孩子們沉溺其中卻束手無策。怎麼辦？家裡不裝電視、不開通網路？可是他可以去網吧、可以去同學家，甚至拿起手機一連就連上了整個世界。這個社會，這個時代要想完全杜絕電視網路的影響，實在太難。對於孩子來說，電視網路的誘惑實在太大了，單純靠壓制是壓不住的。

既然無法完全隔絕這些不良的外界因素，那麼我們就要趁早給孩子練就一身「內功」——從小就給孩子培養一些正確的觀念，教會他怎樣去面對電視、怎樣去面對網路。

要給孩子樹立正確的判斷標準，最好的方法就是從小讓他讀聖賢書。讀聖賢書可以讓孩子明是非、懂道理，建立正確的價值觀。在聖賢智慧的引領下，孩子就能自己判斷這個電視節目演的是好事或壞事，這個網站該看或不該看，這個才是從根本上解決問題。否則，人都有好奇心、都有逆反心理，你說不能看，他卻偏要看，管得住他一天，管不了他一輩子。

能夠保護孩子一輩子的就是他自己心中正確的見解。只有他自己明白了什麼是對、什麼是錯；什麼事情可以做，什麼事情不能做，做了會有什麼樣的結果，這樣他才能夠自覺抵禦外界環境的傷害，懂得自己保護自己。所以，爲什麼要帶孩子學習《孝經》、學習因果法則；爲什麼要學習《弟子規》、學習《吉祥經》，就是這個道理。我們要慢慢培養孩子眞正的智慧和德行，讓他自己懂得取捨，學會明辨是非，這才是最重要的。

當孩子眞正明白了《弟子規》中「非聖書，屏勿視，蔽聰明，壞心智」的道理，他自己就會知道，不是宣揚聖賢之道的電視不能看，不是宣揚聖賢之道的網路內容不能看，否則會令自己變得愈來愈愚癡，最後身心都毀壞了；如果學習了《孝經》，孩子對父母的苦心教育就不會一言九「頂」，他就會懂得爲父母著想，爲了不讓父母擔心，而約束自己不去看那些污染身心的東西；如果我們的孩子學習了《吉祥經》，他就懂得遠離不良的資訊、愚癡的損友，懂得如何去親近良師益友、學習智慧來獲得吉祥。所以，如果想要保護孩子，讓他們免於社會大環境的不良影響，最關鍵是要通過聖賢教育讓他明白取捨的智慧、讓他能夠自己抉擇做正確的事。

如果一個孩子從小獲得了這種智慧，做家長的就可以收起遮在孩子頭上的保護傘。因爲他不管走到哪裡去，心中都會有一桿秤、一把傘，即使在不適宜的地方，也能將自己的身心保護在安全的範圍內，這時做父母的就可以安心了。古人講「子孝父心寬」。一個眞正讓父母親安心、放心的孩子，就是眞正的孝子，而當一個人能眞正圓滿孝道時，也就同時圓滿了自己的人生，成爲一個眞正吉祥的人。

# 5 往昔有德行

「往昔有德行」是指過去世在佛陀、獨覺、漏盡者面前聽過正法或積累過福德。因為過去生中修持過這個吉祥，今生就會享受這吉祥的果實。你會降生在吉祥的地方，遇見善知識，享受福報，修行善業。過去生中如果修行過佛法，今生會很容易證悟。

從字面上來理解，「往昔有德行」就是在過去曾經行持善行、曾經積累過善業。這裡的「德行」具體是指哪些善行呢？就是奉行十善業，包括不殺生、不偷盜、不邪淫、不妄語、不惡口、不兩舌、不綺語、不貪、不嗔、不癡這十個方面。這是通往人間與天上的善業，也是成佛的基礎，是通往成佛之路必備的福德資糧。

在南傳佛教當中，也具體談到了十種善行：

第一種是布施，以財物對適當的人做布施；

第二種是持戒，約束自己的語言和行爲，不對他人製造煩惱；

第三種是修行，禪修、誦經、靜坐、閱讀佛教的經典等等；

第四種是尊敬心，尊敬具有美德的人；

第五種是勤奮心，對善業盡力而爲；

第六種是功德的布施，就是回向功德；

第七種是功德的隨喜，隨喜別人所修的功德；

第八種是聽佛法的開示；

第九種是如果有能力，給別人開示佛法；

第十種是糾正錯誤的知見。

這十種善行也可以歸納成三大善行：第一是布施，驅除內心的慳吝，包括回向功德、隨喜功德、給別人開示佛法，這裡包括了財布施和法布施；第二是持戒，防範自己造下惡業，包括尊敬心、勤奮心；第三是修行，令我們增長福德智慧，包括禪修、靜坐、誦經、聽佛法開示等。糾正錯誤知見則包含在布施、持戒、修行裡面。

因爲宇宙的因果規律，曾經行持過的善業，會讓我們未來獲得相應的善果。例如：

如果過去生中不殺生、不危害生命、不虐待動物，我們現在就會獲得健康長壽的果報；

如果過去做過很多布施的善業，那我們現在就會得到富貴；

如果過去能夠經常布施食物，我們的身體就會非常地強壯、有力量；

如果過去生中能夠守持戒律，布施過很多的衣物給眾生，我們現在的皮膚就可以非常地美麗、光滑、細膩；

如果過去經常修持隨喜心，任何人行善，我們都隨喜他的功德，不嫉妒別人，那麼就會得到權勢，而且每個人都會對我們懷有善意，不會有嫉妒之心；

如果過去生中尊敬過很多值得尊敬的人，我們就會生在富貴的門第，得到高貴的地位；

如果過去生中，向很多的智者學習，聞思修行，而且能夠不飲酒，我們現在就可以得到聰明智慧的果報。

「往昔有德行」還會給今生帶來諸多便利的修行條件，例如生於非常好的家庭，居住在有善知識的地方，容貌莊嚴，諸根靈敏，有很好的學佛的環境，有良善的子女，等等。

「往昔有德行」中「德行」的果報，還呈現在以下四個方面：

**第一是心靈方面的果報**。

首先，心靈會更健康。行善的人一般會比較快樂，所謂「助人爲樂」。「德行」的第一種效果就是行善後，內心馬上就會快樂。在這個過程當中，心靈會平靜、沉著、穩健，對他人的讚譽和評語，不會有任何的動心，心胸開闊，輕鬆快樂，內心比較健康，不會有什麼心理疾病。所以，如果有心理疾病就要盡量多去行善，幫助別人。比如布施會「捨一得萬報」，我們今天布施了，不僅未來會得到千萬倍的果報，而且在布施之後的當下，內心馬上就能得到快樂。

其次，心靈會更加有效能。內心會非常地清明，考慮周到，思路敏捷，條理清晰，思想會更加深邃高遠，能夠做出果斷而正確的決定。

我們種下福德以後，在心靈方面馬上就會有效果。愈是行善的人，內心愈是健康、愈是快樂，智慧愈會凸顯。

**第二是在品格方面的果報**。

如果勤於布施、持戒、修行，心就會非常平靜，格外歡喜，睡得特別安穩香甜，沒有憂愁，面目清秀，皮膚健康而有光澤，心中充滿福德，不貪他人之物。

行善的人，貪欲會減少，不會給別人添任何的麻煩，只想幫助別人；行善的人，會擁有自信，品格高尚，行爲端正，無論到哪裡，舉止都非常地適當、得體。

**第三是在人生道路方面的果報**。

我們的人生之路乃「業決定」，都是由前世和今生的善、惡業所決定的。所謂「已造不失，未造不得」，如果我們有非常強大的善業，那麼財富、地位、幸福、快樂都會不求自來。但是，業果的成熟有「時間滯後」的特性，所以在顯現上，善、惡業與果報間的關係是非常複雜的。我們今生做善事、造善業之後，後面的人生之路是否一定會平坦？答案是不一定。因爲今後人生之路是否會非常地順利，仍要取決於過去造過的善業和惡業。

因此，有時候我們眞心誠意地造善業，但是因爲過去惡業的果報成熟了，所以，我們可能也會暫時蒙受他人的污蔑、遭遇天災人禍。如果不明白因果的道理，此時就會覺得造了善業卻得不到好報，可能會對行持善業產生懷疑。其實我們感受到的惡報，是因爲過去世的惡業成熟了，跟現在所造的這個善業並不相關。我們現在的善業並沒有白做，它依然會存在。如果我們眞的有信心，沒有後悔，也沒有產生邪見，那麼所有的善業未來還是會成熟的。

因此，只要我們從此以後非常認眞地去積累善行、積累福德，不再造惡業，那麼惡業的果報一定會愈來愈少，乃至消失，最後我們就會獲得幸福和成功的人生。

**第四是在社會方面獲得的果報**。

當我們盡心盡力去行持善業之後，無論處於哪個社會，善果必會令我們在社會上廣受他人的尊敬，成爲一個口碑非常好的人，並可以影響社會。我們的善行可以引導社會上的人也來行持善法，爲社會帶來繁榮與幸福，這非常重要。因此，一定要不斷地去行持善業。

「往昔有德行」的「德行」非常重要。有德與失德、行善與造惡對我們的身心有巨大的影響。如果我們每天造惡業，心情自然就會混濁黯淡。所有的煩惱就會占領心靈，造成種種傷害。我們經常產生貪嗔癡，尤其嗔恨心生起時，心臟會劇烈地跳動，血液迴圈加速，怒氣蔓延，會使皮膚粗糙、顏值下降。暴怒的人因爲心情煩躁會出言不遜、會喪失理智，容易做出錯誤的行爲。如果情緒不佳，還會引起消化不良。

如果我們經常行持善法、做好事，心靈自然就會清淨、清明，煩惱自然就會愈來愈少。因爲我們有智慧，所以知道取捨，知道什麼該做、什麼不該做。行善的人經常能夠對自己有正確的約束，警惕自己不去行惡，所以心靈就是平靜、清涼的，身體各個器官也能正常地工作，皮膚就會健康、有光澤，聲音悅耳，舉止端正，會對事情做出正確的判斷。因此非常容易獲得幸福和成功的人生。

那麼，既然知道了福德、善行對我們這麼重要，就千萬不能忽略，一定要盡自己的力量，千方百計、持續不斷地積累福德。

今天如果我們一切都很好，說明過去生中積累過福德。但是，過去積累了福德並不代表未來還能夠持續地享受幸福快樂。就像農民，稻子收割了，獲得了糧食和財富，如果不繼續播種耕耘，那未來就不會再有收穫。農民如果要想源源不斷地收穫糧食和財富，就必須持續不斷地去種下新的種子。我們也是一樣，如果想要源源不斷地收穫幸福快樂，就要不斷地行善積德，種下福報的種子。

所以我們要盡量勤奮，不斷地提升自己的智慧、提升自己的德行，積累種種的善行，這樣就會成爲一個福德深厚的人。

在日常生活當中，我們如何來積累福德呢？

第一，每天都要想到行持這些善行，包括以上所說的十善業和十種善行等。

首先，我們每天都要做一些布施。可以設立一個種子箱，發心爲了利益眾生而做布施。如果有因緣，就盡量做上供下施。

其次，我們每天都要守持清淨的戒律，做任何事都能遵循戒律。

再次，我們每天要有一些修行，特別是早上醒來之後及晚上睡覺之前，能盡量地做一些禪修就比較好。當感到比較辛苦和疲勞時，也可以做一些短暫的禪修，也是非常好的。

我們要經常這樣去做，不要害怕任何的困難和障礙，不要因爲有些困難障礙，就不去做這些善行了，要持續地、有耐心地、不斷地去做。那麼，點點滴滴的善行之水，最終是可以將功德的水缸裝滿的。智者如果勤於積功累德，福德自然會漸漸圓滿！

我們行持善法、做好事，就會獲得福德。在南傳佛教當中還講到，「往昔有德行」可以分成兩種：第一是比較遠的福德，第二是比較近的福德。比較遠的福德，指的是我們過去生中所種下的福德；比較近的福德，就是從出生開始，一直到目前所積累的福德。這兩種都叫往昔的福德。

過去生中比較遠的福德，我們已經很難去判斷，但是對於比較近的福德，比如從小行持善法，種下正面種子，認眞學習佛法，結交良師益友，思想、語言、行爲都遵循因果，我們會發現長大以後的人生就會比較好，特別是對後半生會有非常大的利益。

所以從今天開始就必須要勤修功德，未來才能夠結出善果，擁有智慧和福報，獲得光明和幸福的人生。

佛陀也是如此，在過去生生世世當中積累了無量的功德，最後就可以成佛，利益眾生。

所以，「往昔有德行」是一切幸福的來源，會給我們帶來以下利益：

第一，很容易獲得一些財物來做功德；第二，獲得前面所提到的種種好處；第三，會讓福德如影隨形，直至證入涅槃。

所以，「往昔有德行」確實是非常重要！

我們看到有些人總是能夠心想事成，想什麼就成什麼，做什麼就成什麼，這是什麼原因？其實，古聖先賢早已經給我們揭示了答案。「欲知前世因，今生受者是，欲知後世果，今生作者是。」我們現在的結果是由過去的因決定的，未來的人生是我們現在所種下的因決定的。我們人生的遭遇都是有原因的。

由此可以推知，能夠心想事成、吉祥如意的眞實原因就在於「往昔有德行」。佛陀在《吉祥經》中告訴我們的第五個吉祥祕訣，就是讓我們從今生的善惡果報去深刻認識因果的規律。如果能夠深信因果，不斷地去積累善業，就會永遠吉祥。

《周易》云：「積善之家，必有餘慶；積不善之家，必有餘殃。」意思是我們每天積累善業，就會有很多吉祥的事情發生；如果不斷地積累惡業，未來就會有很多不吉祥的事情發生。

因此，當我們了解到獲得吉祥的眞實原因，就沒必要去抱怨人生的種種不如意了。因爲怪不得任何人，我們今天之所以不如意，不是別人造成的，那是因爲自己過去累積了非常多的惡業。

爲什麼我們事事不順利？因爲以前負面的因種得太多了。如果有一種辦法可以讓這些種子不結果就好了，就可以不必感受不順利的苦惱了。可是眞有辦法嗎？答案是肯定的。在這些負面種子成長爲果實之前，其實我們是有辦法把這些種子給挖出來、破壞掉的。什麼辦法呢？就是修持佛法裡懺悔的法門，比如念誦金剛薩埵心咒「嗡班匝兒薩埵吽」。因爲金剛薩埵佛發過願，只要有人誠心向他求懺悔，並念誦這六字心咒，金剛薩埵佛就一定會幫助他淨除所有的惡業。還有八十八佛懺、持誦准提眞言等，都是非常強有力的淨除罪業的法門。《佛說七俱胝佛母准提大明陀羅尼經》中說：「受持讀誦此陀羅尼滿九十萬遍，無量劫來五無間等一切諸罪悉滅無餘。」

當我們修持懺悔的法門，將負面種子都清除了，正面的種子又不斷地種下去，這樣我們就可以愈來愈吉祥。所以，如果現在沒有吉祥如意，那說明我們「往昔沒有德行」，以前沒有積累善業，要好好地懺悔和改過。如果未來我們想要吉祥如意，現在就要積累善業，要多種下正面的因。

《了凡四訓》裡面有這樣一個故事：

從前有一戶人家的女子，非常地貧窮。她到寺院裡聽聞了佛法後，知道現在之所以貧窮的原因，就是因爲過去沒有積累過財富的種子。她聽了佛法後，發心一定要改變人生。因此她到佛寺，想要去做些供養，可惜身上只有兩文錢，就全部拿來供養了。雖然只是微薄的兩文錢，但寺裡的首席和尙竟然親自替她在佛前迴向，代她懺悔。回去後，她果然改變了命運，進入皇宮做了貴妃。她之所以如此快速地改變命運，就是因爲她發心非常猛厲，知道自己過去生中沒有積累善業，所以現在才會遭受貧困。於是她猛厲地懺悔、發願，把身上僅有的兩文錢全部做了供養。這個錢雖然少，但是這個供養其實很大，因爲是她全部的財富。那麼由此，她就會迅速地改變業力，改變命運。

富貴之後，她便帶了幾千兩銀子來寺裡供養。但是這位主僧，卻只是叫他的徒弟替這位女子迴向。這位女子不懂爲什麼前後兩次供養的待遇差別如此之大？就問主僧說：「我從前不過是供養了兩文錢，師父就親自替我懺悔。現在我供養了幾千兩銀子，而師父不替我迴向，不知是什麼道理？」

主僧回答她說：「從前妳供養的銀子雖然少，但是供養的心很眞切虔誠，因此以前兩文錢的供養是非常圓滿的善業，所以非我老和尙親自替妳懺悔，便不足以報答妳供養的功德。現在妳供養的錢雖然多，但是供養的心不像從前眞切，所以叫人代妳懺悔也就夠了。」

這個故事告訴我們，往昔如果我們缺乏善業，今生可能就會遭遇種種的不吉祥。如果明白道理之後眞誠懺悔、努力積福，也會重新改造我們的命運。

我們再來看看，「往昔有德行」的吉祥祕訣在其他經典中有沒有類似的教言？

《周易》云：「善不積不足以成名，惡不積不足以滅身。」

《太上感應篇》云：「故吉人語善、視善、行善，一日有三善，三年天必降之福；凶人語惡、視惡、行惡，一日有三惡，三年天必降之禍。」

古代醫王孫思邈所著《福壽論》云：「福者，造善之積也。」

《關聖帝君覺世眞經》云：「一切善事，信心奉行，人雖不見，神已早聞。加福增壽，添子益孫，災消病滅，禍患不侵。」又云，「有能持誦，消凶聚慶，求子得子，求壽得壽，富貴功名，皆能有成。凡有所祈，如意而獲，萬禍雪消，千祥云集。諸如此福，惟善可致。」

通過「往昔有德行」這個吉祥祕訣，我們了解到命運吉祥與否的眞實原因，即在於是否有「德行」。因此，我們只要持續不斷、積極努力地去種下善因、積累福德，我們就能確信，明天會更好。這就是「往昔有德行」帶給我們的啓示。

# 6 置身於正道

我們應該有合宜的行爲舉止，對於自己的缺點和錯誤，要發願努力改正。一個人應該藉由正確的行爲、語言和心念，讓自己走在正確的道路上。

大家知道宇宙是有規律的。如果我們能夠順應規律，就能吉祥如意；如果我們違背規律，就會遭到不好的結果。就像交通規則一樣，人們遵守它，就會安全到達目的地；如果不遵守，可能就會出車禍，甚至車毀人亡。

佛陀說，要想吉祥，就要「置身於正道」，這個「道」就是宇宙的規律，簡單來講就是因果的規律。如果能夠學習因果規律，遵循因果規律，就能吉祥。我們想要得到什麼，就應該去種什麼樣的因。眞正遵循因果的人會有求必應，眞正遵循因果的人最快樂，眞正遵循因果的人就是讓自己「置身於正道」的人。

道，也可引申爲規則。比如說，我們到了一個地方，要遵守這個地方的規則，這樣就可以和大家和諧相處；到了公司，遵守公司的規則，就可以和同事和諧相處；到了學校，遵守學校的規則，就可以跟老師和同學和諧相處。

我們做任何事情，一定要合情、合理、合法。合情，就是要符合人情；合理，就是符合因果規律；合法，就是要遵守法律法規。這就是「置身於正道」，是我們能夠吉祥如意的第六個方法。

當「置身於正道」時，我們的心就會很安。違法的人看到員警或聽到警車的聲音就會提心吊膽，好像是來抓他的一樣，內心得不到安寧。所以最快樂的事是什麼？就是我們能夠遵循因果的規律、遵守團隊的規則，大家和諧相處。

很多人認爲規則是束縛我們的，有些人說：「我想幹嘛就幹嘛。」這種人快不快樂呢？看起來好像是很快樂，其實一點也不快樂。爲什麼呢？因爲到任何地方都不能與別人和諧相處，怎麼能快樂？不能遵守團隊的規則，就不能與這個團隊和諧相處，誰都不喜歡你，你怎麼會快樂呢？這是不可能的，很多人不懂得這一點。

其實恰恰相反，規則是用來保護我們的。爲了讓我們得到快樂，才要遵守規則，不遵守規則恰恰是不快樂的因。所有人都遵守交通規則，不管到哪裡去，都可以安全、順利地到達目的地。如果亂開車，你會安全到達目的地嗎？不但會出車禍，而且還會害了別人。

所以，到任何一個地方，都要入鄉隨俗，要遵守當地的規則。我們到一個國家，遵守這個國家的法律法規，與這個國家的人和諧相處，你待在那裡就會快樂，這是非常重要的。所以說只有遵守規則才能更加快樂。

佛陀守持清淨的戒律，他是最自由、最快樂的，佛陀得到了徹底的自由、徹底的快樂。我們大家一定要記住，只有遵循「道」，才能夠得到眞正的自由；違背「道」，恰恰是最不吉祥、最不快樂的。

現在的人往往光聽不做，希望大家不是這樣的。今天學了「置身於正道」，就要在日常生活中用起來。

比方說，遵循因果規律，我們在生活和工作中該如何運用它來獲得吉祥呢？

我覺得我的家鄉寧波就有一個很好的風俗習慣，通過「過年吃年糕」的飲食文化來潛移默化地教導人們因果的道理。過年時，人人都喜歡吃年糕，爲什麼？因爲喻意很好啊！吃年糕，年年高，一年更比一年高，多麼吉祥！但是家鄉的風俗規定，吃年糕時一定要和一種叫「虧」的食物一起吃，意謂著「吃虧才能年年高」。因爲「吃虧是福」，有了福，才能年年高，沒有福氣，怎麼能年年高？老祖宗把這種智慧巧妙地隱藏在飲食文化中來教育後代子孫，眞是非常地了不起，對後輩子孫眞是無比地慈悲！所以，我們從小便知道一個道理，就是「吃虧才能年年高」。因此，我們碰到吃虧的事情就高興，因爲我們要年年高了，這個氣就順下去啦，否則就堵在胸口下不去，要煩惱好久。所以，佛法的智慧非常重要。

我曾去山西參觀過喬家大院，門口貼著三個字——「學吃虧」，也是教導自己的孩子要學吃虧。爲什麼要學吃虧呢？如果今天別人占了我們的便宜，按照因果法則——性質相同、方向相反的原理來分析推理，是因爲我們以前占了別人的便宜，現在還回去而已。所以，吃虧應不應該？應該的。

我們不但應該甘心吃虧，而且還要主動吃虧。爲什麼呢？吃虧，說實話這叫還債。還債有沒有功德？沒有功德，你只是償還你的債而已，應該的。但是如果你主動給予，這是布施，就不是還債了。未來你會因爲布施，得到更多的果報。因此，千萬不要等還債時被迫無奈地還，那多痛苦啊！而在他還沒來討的時候，主動出擊，還給他。這樣，他高興，你更高興，因爲你不但還了債，而且種下了好的種子，這多好啊！

所以，因果規律學通了，你會非常地開心、非常地自在。許劭的《予學》裡有六個字，大家一定要記住，就是「予非失，乃存也」。給予不是失去了，就像錢存在銀行裡不僅沒有失去，還有利息，你給任何人錢其實都是在存錢。爲什麼呢？《地藏經》云：「捨一得萬報。」你今天捨一，未來回報一萬倍。投資回報率多高呀！

如果對三種福田——敬田、恩田、悲田投資的話，回報率會更高，那就不是一萬倍了，是無量無數倍，這是不可思議的。所以，當你知道把錢給出去是在存錢時，你還會有痛苦嗎？你不會有痛苦，你會暗自高興。而且你愈給予、愈快樂。

所以，學習了佛法以後，我們的心就會完全轉過來了。眾生是顛倒，佛是覺悟。眾生顛倒，所以就痛苦；佛陀覺悟了，所以「快樂無憂」（引自禪宗四祖道信大師所著《方寸論》：「快樂無憂，故名爲佛。」）。

有位朋友跟我講了一個眞實的案例：有對夫妻，在年紀很輕時賺了一大筆錢，從此就不幹活，退休了。後來實在沒事幹，就跑去做好事，到處布施。到目前爲止，他們是愈給予、愈有錢。他們的豪宅在臺北故宮博物院的那座山上，已經很多年不幹活了，但是卻愈來愈有錢。像這樣印證因果規律的案例，從古到今都有很多很多。

我剛開始學習佛法的時候，年齡很小，才讀初中，還不太懂怎麼做布施、怎麼做供養。在寺院學習時，有位老居士就透露秘密，他說：你到外面去買一包鹽，供養給寺院的廚房，這個功德很大，因爲所有的人都可以吃得到啊！我想這個辦法太好了，買一包鹽才幾毛錢，可是整個寺院所有的僧人都可以吃到，這個功德的確太大了！

佛經裡講，供養僧眾的功德非常巨大。但是供養僧眾，得有本錢啊。古代都是皇帝供養僧眾，我們一般人根本沒有能力去供養僧眾。而且供養僧眾不能只供養一個人，必須供養全體僧人功德才大。佛經裡講，如果你平等地供養一切僧人，不管他修行好不好、莊嚴不莊嚴，你都供養，這樣的話，就會有阿羅漢、佛菩薩來接受你的供養，你就可以得到很大的福報，而且齋僧是現世馬上得福報。並不是所有功德都是現世中馬上得到福報的，有些供養的功德是要在多少劫以後才會成熟。這個道理我是知道的，但是那個時候供不起啊！我們小時候，幾毛錢就是很大的錢了，很多糖都是一分錢一個，那個年代都是這樣的。而寺廟裡僧眾很多，供一次全僧齋最起碼需要好幾百塊錢。所以這位老居士就出了一個這麼好的主意，供養一包鹽，多麼善巧方便！一包鹽沒幾毛錢，但是所有僧眾幾乎都吃到了。我就這樣開始布施，後來布施愈來愈大，福報也愈來愈好。

這位老居士很有智慧啊！一開始時我們心量都很小，福報也比較差。所以，佛菩薩用善巧方便的方法讓你增長福報，從一包鹽開始培福。

遵循因果規律來改變命運可是個高科技的活，弄不好可能還會虧本，這是爲什麼呢？比如說啊，我們都會布施乞丐對不對？不少人看到一個乞丐，心裡想應該布施，然後掏口袋，拿出一張一百塊的，捨不得，放回去了；拿出一張五十塊的，又放回去了；最後拿出一毛錢布施了。我不是在笑話別人，自己以前也是這樣的。這就是因果法則沒學好。爲什麼呢？因爲你拿出一張一百塊的，又放回去，你種下的是吝嗇的因；又拿出一張五十塊的，又放回去，又種下更多吝嗇的因；最後拿出一張一毛錢給他，其實這個財富種子是非常小的，並且在前面已經種了一大堆財富的負面種子，自己還不清楚。有些同學老是有疑問：爲什麼我種財富種子已經半年了，還沒有發財？仔細想想，也許你的負面種子種得比正面種子還要多，沒有虧本已經不錯了，你還想要發財？

所以，因果法則不是那麼容易明白的。想想看，我們一個月當中，有多少個念頭是在想著給別人的，很少的，就那麼幾個剎那是在想著給別人，而且給別人時，跟我剛才講的一樣，前面種了一大堆負面的種子，後面才把錢掏出來。這就是你對因果還不夠相信，還不相信你給出去未來會得到更多。我後來就慢慢開始改變，發願看到一個乞丐，把手伸進口袋裡，掏出什麼東西就給他什麼東西，像賭博一樣，好刺激的。我心臟還可以的，有心臟病的人千萬不要這樣做啊，萬一掏出一張一百塊的可能就昏過去了。其實我們不管是給別人多少，都還是自己的。爲什麼呢？「予非失，乃存也。」哪怕你掏出一萬塊錢給他，其實都沒有任何損失，只是存在他那兒。當錢給出去時，我們是種下了強有力財富的正面種子，一定要有這樣的見解。

我們和任何人相處，要時時刻刻想著怎麼去給予，這樣才能有福報，未來的人生才會更加吉祥。

《妙法蓮華經．普門品》裡有句話講「福不唐捐」，是什麼意思？就是所做的功德、所種下的好的因不會白費的，一定會有結果，而且會有巨大的結果。當眞正了解這些原則，我們對自己的人生就有百分之一百的把握，知道我們的人生會愈來愈好、我們的前途會愈來愈光明。如果現在很快樂，未來會更快樂，這叫做「從光明走向光明」；如果現在很痛苦，但通過眞正地去修行佛法，未來就能得到快樂，這叫做「從黑暗走向光明」。如果我們不修持這些吉祥的智慧來改造命運，那只有兩種結果，要嘛是「從痛苦走向痛苦，從黑暗走向黑暗」，要嘛是「從快樂走向痛苦，從光明走向黑暗」。爲什麼呢？福報消完了，就痛苦了。不要看現在很好，今天所做的任何的惡業，一定會有加倍的果報。

在《寒山拾得忍耐歌》中記載了寒山跟拾得的一段對話：

昔日寒山問拾得曰：「世間謗我、欺我、辱我、笑我、輕我、賤我、惡我、騙我，如何處治乎？」

拾得云：「只是忍他、讓他、由他、避他、耐他、敬他、不要理他，再待幾年，你且看他。」

人生起起落落，我們看到很多身居高位、榮登富豪榜的人，沒過幾年就掉下來了，有的人還掉得很慘，甚至被判刑、坐牢。《周易》講「善不積不足以成名，惡不積不足以滅身」，一個人之所以毀滅，就是因爲積累了太多的惡。那麼一個人怎麼才能成功？那就要從今天開始「置身於正道」，持之以恆地積累善行，就一定會愈來愈好。這就是因果規律。

遵循因果規律即是懂得如是因、如是果，什麼該做、什麼不該做。進一步說，我們還應該要守持戒律。佛法的戒律很多都體現著因果，無論是小乘的別解脫戒——「絕不傷害一切眾生」，還是大乘的菩薩戒——「要盡量去幫助一切眾生」，都是讓我們杜絕惡的因、種下善的因。如果我們能夠守持戒律，所有違背戒律的事情都不做，建立正信，放棄邪見，經常修習布施，放棄自私自利等，讓我們所有的行爲、語言和心念都能夠符合因果規律，這樣我們就是「置身於正道」了。

「置身於正道」，在傳統文化智慧中有什麼對應的教言呢？

《孟子》云：「不以規矩，不能成方圓。」

《文昌帝君陰騭文》云：「作事須循天理，出言要順人心。」

《太上感應篇》云：「是道則進，非道則退。」

《孟子》云：「得道多助，失道寡助。」

在古代的很多經典當中都已經說了相同的教言，可謂「英雄所見略同」。從這裡可以看出，中華優秀傳統文化智慧都非常重視「道」，因爲所有的道無非就是要引導眾生離苦得樂，獲得圓滿的幸福。佛陀在《吉祥經》裡把吉祥如意的方法都總結在一起，按照裡面的方法去修持，我們就能夠得到暫時與究竟的安樂、利益和吉祥。

# 7 多聞

學習並增廣知識在佛教中是被讚許的。「多聞」也就是廣學。學習一部經典或文化知識，對於其中的方方面面，無論它是高深、普通或淺顯的，我們都應該去了解，但並不是全部都要去應用，我們應該只用其中適宜的知識。擁有智慧或知識是一件好事情，能幫助我們了解佛法，並進而修持它；它能幫助我們處理世間的事情，使我們變得成功富足等等。

三十八種吉祥如意的方法裡，第七種是「多聞」，第八種是「工藝精」。「多聞工藝精」這句話就包含了兩種吉祥如意的方法。

《華嚴經．淨行品》裡講：「自皈依法，當願眾生，深入經藏，智慧如海。」

佛教是智慧的教育，就連佛寺的建築都是在表法。就拿漢傳佛寺的建築來講，一進山門，首先就是天王殿，迎面看到的第一尊佛像——化身布袋和尚的彌勒菩薩，代表著我們進入佛門可以學到的第一課——以積極的心態去面對一切。彌勒菩薩的智慧非常深奧，在這裡我們首先要學習彌勒菩薩「大肚能容、笑口常開」的人生態度。爲什麼彌勒菩薩可以大肚能容、笑口常開呢？是因爲他完全了知萬事萬物的本質——空性的道理，了達一切諸法的空性，他就能夠包容一切。

空性的一個重要含義，就是萬事萬物有無窮的可能性，因爲萬事萬物的本質是空性，所以蘊含著無窮的潛在可能性。這就意謂著任何事物都有它的價值，哪怕是看起來不好的事物，都有無窮潛在的價值在裡面。

如果我們有這樣的一種智慧，就能夠在看似毫無用處、甚至有危害的事物中，發掘出它的價值，不好的事情就會變成好的事情，甚至可以轉危爲安。如果一個人在萬事萬物中都能夠看到無窮的潛在可能性，他就不會消極、不會痛苦，無論遇到什麼樣的境界，都能像彌勒菩薩那樣大肚能容、笑口常開。

而我們一般的人沒學習這樣的智慧，雖然也知道要包容一切，遇事也努力練習忍辱，但是忍到一定程度就會「忍無可忍」，終於總爆發，把以前所有強忍的全部抖出來。最後，總帳算完了，也前功盡棄了。這就是我們一般人的包容，沒有看清事物本質的智慧，所以度量有限，就會爆發。

彌勒菩薩不會爆發，因爲他已經證悟空性。因爲空性，所以能夠包容一切，不再會有任何痛苦。因此，要想人生吉祥如意，首先要向彌勒菩薩學習，學習透過現象看本質，看到萬事萬物的無窮潛在可能性，了達一切諸法的空性，那麼我們的人生將不再有悲觀和消極，也不再是狹隘和局限，也就能夠大肚能容、笑口常開了。

進入天王殿，兩邊側立的是高大偉岸的四大天王。四大天王都被稱爲護法神，保護著我們在修行佛法的道路上能夠排除障礙、吉祥順遂。

同時四大天王也各自代表著一種智慧。

第一位是持國天王。持國天王告訴我們的是，做人首先要盡本分、負責任。這是做人的基礎，就像造房子，地基不打牢，上面的房子也就造不起來。

所有的功德，都是建立在賢良的人格之上，沒有賢良的人格，不僅修行上不去，世間的事情也不能成功。所以要想獲得世間的吉祥和出世間的吉祥，首先我們都必須要有賢良的人格。

所謂賢良的人格，就是儒家宣導的「敦倫盡分」。敦倫盡分就是力行五倫的道理：父子有親，夫婦有別，長幼有序，君臣有義，朋友有信。在五倫關係中，每個人都要經營好自己的角色，在各自的身分中，做到盡本分、負責任。如果人人都做到了敦倫盡分，整個社會就能夠和諧。

就像一部機器，每個零件都正常發揮它應有的作用，這部機器就會和諧運轉。如果有一個零件不發揮作用了，整部機器都會壞掉。一個家庭、一個團隊也是一樣，每個成員都能夠盡到自己應盡的責任，這個家庭、團隊就能夠和諧。

儒家講到的五倫關係與佛陀在《善生經》裡講到的六方關係，道理其實都是一樣的。《善生經》也是我們在家居士需要學習的另一部經典，裡面詳細講解了在家居士怎麼賺錢、怎麼理財、怎麼處理好六方面的人際關係等。關於這方面，《吉祥經》沒有講到具體的細節。

第二位是增長天王。看到他，我們就要提醒自己：每天都要有所進步，每天都要有所改善，不能原地踏步，也不能退轉。這就是增長天王給予我們的教導。寶貴的人生不應荒廢，我們的智慧要進步、慈悲要進步、福德也要進步；我們的財富要增長、和諧要增長、快樂也要增長。雖然人生總有起伏，道路亦有迂迴，但是增長天王的智慧鼓舞著我們不斷努力向上。所以，佛法是非常積極的，佛法不僅是讓我們人生的各個方面有所提升，而且是讓我們生生增上。

雖然要有積極努力的精神，但是卻不能夠盲目前行。接下來，後面的兩位天王就會告訴我們，怎樣才能每天都有進步。

多聞天王告訴我們要多聽，廣目天王告訴我們要多看。多聽多看，一個人才能夠長智慧。如果一個人沒有智慧，他就不知道什麼該做、什麼不該做；如果一個人沒有智慧，他就很難處理好面臨的事情，結果就不吉祥了。每個人的吉祥如意來自於自己正確的行爲，而正確的行爲來自於正確的思想，所以一個人是否有正確的見解、是否有智慧，從根本上決定了他是否能夠吉祥如意。但智慧不是憑空而來的，智慧來自於學習，所以「多聞」也是佛陀指導我們的第七個吉祥如意方法。

如果一個人智慧超群、知識淵博，他就有能力正確抉擇自己的行爲，面對任何問題也能夠善巧地解決，結果當然就會吉祥。《朱子治家格言》中也說：「子孫雖愚，經書不可不讀。」我們要通過廣學多聞來提升智慧、擴展知識。

但是廣學多聞的內容是什麼？先學什麼，後學什麼？這卻是至關重要的。如果學反了，恐怕結果會與吉祥背道而馳！

人們往往用浩如煙海來形容文化典籍、知識文庫，如果不懂得如何正確地廣學多聞，那將迷失在茫茫學海中。

其實，廣學多聞無外乎兩個層面：一個是道的層面，一個是術的層面。道和術都要學習，但是首先要學道的層面。道，就是宇宙人生的規律，是不變的法則，是一切的根本。學習掌握了「道」，然後再去學種種的「術」。術，就是文化知識、才情技能、謀略戰術等。

先學道，後學術，這是廣學多聞的重要原則。因爲如果不掌握道，術不一定管用。有位哲人曾說：「術，有用，但，有限。」術不僅作用有限，有的時候還會起反作用，因爲「聰明反被聰明誤」，術用得最好的人往往下場並不好。

從古到今，學兵法的人很多，但是，學兵法的人有沒有子孫昌盛的？歷史上幾乎找不到一個。戰國時代的鬼谷子有兩個最得意的弟子，一個叫孫臏，一個叫龐涓。兩個人都是兵法學得最好的，但是最後的結局都不好，孫臏被廢了雙足變成殘廢，龐涓則被萬箭穿身而死，下場是非常可悲的。所以，沒有道的術反而變成害人害己的利劍。

在現代社會也是一樣，如果一個人精於心計，也不乏才能技術，但卻沒有德行，那這個人往往是危害最大的。現在社會上也流傳著這樣一種評判人才的標準：有德有才是優等品，有德無才是次品，無德有才是危險品，無德無才是廢品。仔細想想，還眞有些道理。這四種裡面最可怕的就是無德有才的危險品，沒有德行，才能卻很高，這種人危害非常大。所謂「知識愈多愈反動」，不是知識不好，而是運用知識的人德行不好，高科技犯罪都是這樣的人。

因此，廣學多聞是要有前提的，一定要先學道後學術。如果先學了道，了解了宇宙人生的規律、因果不虛的法則，我們就能建立正確的價值觀，修養自己的德行，打開自己的心量，然後再去學習各種術，術就可以用來為道服務。這個時候，知識愈多就會愈幸福了，因為利人利己。如果我們沒有學道、沒有德行，有知識、有才能反而會害人害己。

古代有一則「南轅北轍」的成語故事，講的是一個要去楚國的人，準備了精良的馬車，快馬加鞭地一路飛馳。一位同鄉看到他駛錯了方向，就喊道：「哎！楚國在南邊，你怎麼向北跑啊？」他頭也不回地說：「沒關係，我的馬是最棒的千里馬。」半路上，又有一位路人提醒他：「你跑反方向了，楚國在南邊啊！」他又得意地說：「沒關係，我的駕車技術也是最棒的。」我們都知道，如此跑下去，這個人非得繞地球一圈才到得了楚國。

我們的人生之路也不能如同「南轅北轍」的故事般跑錯了方向，若是不按照宇宙人生的大道來把握方向，那麼術學得愈多、愈好，反而會使我們離吉祥如意的人生目標愈來愈遠。

中國古人對孩子的教育，首先是童蒙養正，然後是少年養志。就是從小要培養孩子正確的人生觀和賢良的人格，當他有了賢良的人格，並立志要成為聖賢，這時候他所學到的知識技能愈豐富，就愈能夠爲民造福。如果從小沒有把握好做人和立志的方向，長大後就會才學愈高危害愈大。自古以來，做爲反面教材的奸臣賊子也不乏其人。所以，我們教育孩子的方法也應該要有順序：先學道，後學術。先要培養人格，然後再學習文化知識。這也是自己廣學多聞的步驟。

和教育孩子一樣，我們教育員工首先也應注重培養德行，否則如果只是培養技能，忽略了德行，那麼很可能技能愈好，對公司的危害愈大。因爲「人不學，不知義」，他完全有可能出於自私自利而出賣公司利益，或竊取公司機密跳槽到別的公司，或自己開公司來和你惡性競爭。所以，培養無德有才的人是有很大副作用的。相反，如果培養出有德行的員工，那麼他的才能愈高，對自己、對公司就愈有利益。

中國古人有句話說「女子無才便是德」。很多人對這句話有誤會，認爲是對女性的一種愚化教育。「無才便是德」是不是讓女性什麼都不用學，都變得很愚癡？這種理解是錯誤的。其實，「女子無才便是德」這句話是非常有道理的。這裡的「才」，指的是小聰明；這裡的「德」，指的是大智慧。是說，女子不能夠老是學一些術、一些小聰明，而且心量狹小、斤斤計較，女子要學大智慧。這個大智慧就是德，就是通達了宇宙人生的大道，所做的行爲符合這個道，就叫德。如果一個女人沒有德行，那麼她小聰明愈多，就會愈自以爲是、愈喜歡計較。這樣的人，恰恰是很痛苦的。中國古人希望女性都能夠得到真正的幸福快樂，所以要女子學大智慧，不能學小聰明。

第七個吉祥如意的方法「多聞」，就是要善於學習。無論修身、齊家、治國、平天下，都需要廣學多聞，但必須是先道後術、先德後才，這個非常重要。

# 8 工藝精

當熟練技藝時，你能製作各式物品、從事各種行業，以此維生。所以「工藝精」也是一種吉祥。

第八個吉祥如意的方法是「工藝精」。

前面我們了解「先學道，後學術」的重要性，緊接著，佛陀又特別針對我們在家居士的工作生活，指導了一條重要的吉祥祕訣——必須還要學習一定的工藝技巧。

做爲在家居士，我們不能夠離開社會、離開工作，所以一定要有一門技術。身處世間，如果你什麼都不會，那將寸步難行。古人講「萬貫家財不如一技在身」，再多的錢也會花完，但是如果有一門技術，你就可以養活自己、養活家人。所以，在家居士除了要學習智慧、修養德行外，還要學習世間的技能，這樣才能夠自利利他。

當然，我們學習的技能，前提是不會傷害到眾生。我們不能只爲了謀生，而不加選擇地什麼都學。所以，爲什麼前面強調要先學道？因爲心中有了道的準則，我們就會知道什麼樣的術可以學、什麼樣的術不可以學。古人說：「愼始善終。」如果開始就以智慧來善加抉擇，我們就不會因爲學了不該學的技能、做了不該做的行業，而將自己拖入不吉祥的痛苦境地。這一條是「工藝精」的重要前提。

所有的技能，只要是不傷害眾生、不違背因果的，都可以學。如果我們能有一技之長，並且以菩提心來攝持，就一定能夠利益自己、利益社會。只要是一種能夠自利又能利他的技能，我們都可以去學、去做。無論是在古代，還是在現代，各行各業都活躍著佛陀的在家弟子，他們以自己的技能服務社會的同時，也爲自己創造了修行的條件。技能不僅是安身立命的資本，也是親近眾生、利益眾生的方便。

如果我們一無所長，沒有任何的技藝，那麼在這個社會上就很難生存下去，更難以去利益他人了。

「唯德學，唯才藝，不如人，當自礪。」在家居士要想獲得吉祥如意，每個人都要有自己的特長。我們可以選擇自己喜歡的又可以自利利他的一門技藝來發展自己的特長。當把一種技藝精通到爐火純青的程度，那我們就做到了「工藝精」，這也就是所謂的「匠人精神」。不僅如此，在掌握一門技能的基礎上，還要盡可能地廣學多聞，最好做到既有自己的專長，又有廣博的知識。

做到了學有專攻，你就能夠以此專長來服務大眾，就可以安家立業，就可以利益眾生；做到了廣學多聞，你就能夠掌握更多的知識，遊刃有餘地行走於世間，而不至於會犯很多無知的錯誤；當然如果你能夠一專多能，就更增加了自己立足社會、服務眾生的資本。

在家居士最不可取的就是什麼都懂一點，什麼都做不來，終日碌碌，無以爲生，這樣的人生何談吉祥？也不要只是精通一樣，其他什麼都不懂，那樣也會處處碰壁，又怎能事事如意？所以，既然生活在這個世間，「工藝精」的確也是我們在家居士吉祥如意的重要祕訣。

# 9 嚴持諸禁戒

「嚴持諸禁戒」意指一個人的行爲應該要正確。在家居士要戒除殺生、偷盜、邪淫、妄語、飲酒，要遵循在家人的行爲規範。如果是僧侶，應該遵循僧團的戒律。

我們每一個人生存於天地之間，在社會上與人相處，要知道有所爲、有所不爲。不能想做什麼就做什麼，我們跟人相處要有所禁戒。

現在的人，大多是想做什麼就做什麼，很少去顧及別人的感受，這種以自我爲中心的思維模式是很有問題的。試想，如果別人對你也是想做什麼就做什麼，你受得了嗎？只顧著自己舒服了，問題是別人都不舒服，這肯定是不行的。「以己之心度人之心，己所不欲勿施於人。」小到人與人之間，大到國與國之間，解決和諧問題的關鍵就在於此。在一九九三年的芝加哥會議上，來自全世界的著名思想家、哲學家、宗教領袖們經過反覆論證，最後一致通過，將「己所不欲

勿施於人」這句來自兩千五百年前中國儒家的至理名言做為聯合國的「普世宣言」。如果這個世界，人人都懂得互相為對方考慮，就天下太平了；相反，如果都只為自己考慮，那就天翻地覆了。

所以我們每個人處事做人都不能為所欲為，而是應該有所禁戒。

禁戒，大致說來有兩種：

第一種禁戒最重要，就是在出離心的基礎上，不能夠傷害任何一個眾生，只要是對其他眾生有傷害的事情，一概都不做，這是最低限度的禁戒。對於戒律的作用，古人總結為一句話，「防非止惡。」「防非」就是防止自己做不對的事情，「止惡」就是停止製造惡業。什麼是惡業呢？傷害別人的都是惡業，讓別人損傷的都是惡業。如果我們能夠守持「不傷害眾生」的禁戒，懂得防非止惡，那麼我們不管到哪裡都會快樂。因為誰都喜歡與人為善的人、誰都不喜歡損人利己的人。所以，要想吉祥如意，最低限度的禁戒就是不傷害一切眾生。

第二種戒律的要求更高一層，就是不僅不傷害眾生，還要在菩提心的基礎上，盡量去幫助一切眾生。

第一個層面絕不傷害一切眾生，在佛教裡是小乘的別解脫戒；這第二個層面要盡量去幫助一

切眾生，就是大乘的菩薩戒。

前面一種是最底線，我們一定要做到。因爲只要給出傷害，未來就會有百千萬倍的傷害回到自己身上來，這肯定是誰都不願意承受的。損人利己其實都是暫時的假象，損人的同時種下的必定是自己未來加倍受損的種子。所以，絕不傷害任何一個眾生，這是最低標準，在此之上，還要盡己所能去幫助一切的眾生。不但不傷害眾生，而且還要想辦法利益眾生，這就是「嚴持諸禁戒」的基本宗旨。

那麼具體要怎樣做呢？這裡只簡單介紹第一個層面的戒律——五戒。

佛教裡面的五戒，就是不殺生、不偷盜、不邪淫、不妄語、不飲酒。

「不殺生」就是不傷害眾生的生命。健康長壽是每個人都想得到的一種吉祥，但是很多人都不知道健康長壽的眞實原因是什麼。古人說：「微命必護，壽之本也。」如果能夠不殺生，就可以健康長壽；如果傷害，甚至殺害生命，就會多病短命，這就是因果法則。傷害別人的生命，未來自己的生命就會受到傷害；保護別人的生命，那麼自己的生命就會延長。

「不偷盜」是指不去侵占別人的財物。如果侵害別人財物，未來我們的財物就會被別人侵害。誰都想要財富豐足，但爲什麼有些人做生意老是不能成功，總是會虧本，甚至還會遭遇偷盜、欺詐、搶劫，有時還會莫名其妙地丟東西？這都是因爲過去侵占別人財物而成熟的果報。

第三是「不邪淫」。邪淫就是指除了夫妻之外的所有不正當的男女關係，當然也包括婚前性行爲。佛經裡面講，邪淫的結果就是：第一，不能夠得到滿意的伴侶；第二，婚姻伴侶關係會破裂，伴侶關係會不和諧。當今時代，離婚率愈來愈高，婚姻家庭不幸的案例似乎俯拾即是，這些就是人們過去邪淫的果報。我們要發願生生世世守持不邪淫的禁戒，這樣，未來才能夠順利地找到滿意的伴侶，而且伴侶之間也能夠和諧相處。幸福美滿的婚姻，都是來自於不邪淫而得到的果報。

第四是「不妄語」。妄語會喪失做人的信譽，如果一個人的誠信喪失了，講的話沒有人相信，那麼做事情就不容易成功。有些人講出來的話，哪怕是正確的，都無人聽信，那是因爲妄語太多了。小孩子都聽過「狼來了」的故事，其中的道理是顯而易見的。妄語不僅使我們的語言沒有威力，而且未來還會常常感受被欺騙和誹謗的果報。如果能夠堅決做到不妄語，我們的語言就會非常有威力，大家對你說的話有信心，自己也會感受到一個誠信的世界。

最後一個是「不飲酒」。酒是亂性之物，飲酒會損傷人的智慧，佛經裡講，飲酒得到的果報就是愚癡，科學已經證明了這一點。美國科學家公布一項研究結果，無論輕度或中度飲酒，都不能避免對飲酒者的大腦產生不利影響。根據磁共振成像調查的結果，輕度和中度飲酒者在飲酒後的確會引起腦量的萎縮。酒精可以麻醉人的神經，有些人煩惱痛苦時就用喝酒來麻醉自己，但是「藉酒澆愁愁更愁」！酒精是不可能幫助你斷煩惱的，只能暫時麻醉，但是麻醉完後你的腦細胞已經受損了，只會使你更愚癡、更煩惱！而且，夫婦一起飲酒，生出來的孩子往往都是低能兒。這就是酒精減損人智慧的巨大威力，切莫以輕忽之心而放棄對「不飲酒」戒的守持。

佛教的五戒在儒家裡也有相對應的說法，就是仁、義、禮、智、信，這是人生五種最重要的優秀品質。

仁：是仁愛、仁慈。不殺生就是仁，不去傷害別人就是仁。

義：是遵守道義，不取不義之財。不偷盜就是義。

禮：人與人之間有一定的倫常禮節，如果喪失了禮，人際關係就會混亂。邪淫就是因爲喪失了應有的禮節，所以不邪淫對應的就是禮。

智：就是不飲酒。要想保持清明的智慧，就要不飲酒。

信：就是不妄語，建立誠信。

所以，能夠守持五戒的人，就是具有仁義禮智信的君子。我們每個人都可以拿這個標準來衡量自己。

五戒是禁戒中最基本的要求。佛經裡講，能夠遵守五戒，來世才有可能再做人。如果五戒都做不到，那麼來世想做人的資格都沒有。仔細想想，其實來世要做人也不容易。

所以，不管是爲了今世，還是來生，要想獲得吉祥如意，就一定要「嚴持諸禁戒」。簡單來講，就是盡量按照前面所說的五戒來做。

《禪林寶訓》裡有一段教誨，「衲子守心城。奉戒律。日夜思之，朝夕行之。行無越思，思無越行。有其始而成其終。猶耕者之有畔，其過鮮矣。」

【譯文：法演禪師說：出家人守護道心，如同兵卒防守城堡一樣，不可有絲毫疏忽大意。奉持戒律不能有微細毀缺。心中念念不忘的是佛法，朝夕所行的也是佛法。做到行解相應、言行一致、表裡如一。這樣自始至終保持不變，必有成就。猶如耕田一樣，中邊俱到，就不會有荒廢的過失。】

切記，戒律不是束縛我們，戒律是幫助我們得到眞正的自由、眞正的快樂。戒律是保護我們的盔甲，使我們能夠防非止惡，讓我們避免種下痛苦的種子，讓我們不要受傷害。

有些人一聽戒律就皺眉頭了，當然，你什麼都可以做，不過一定要記住，沒有人逃得過因果，你所有的行爲，未來都會加倍回到自己身上來。想明白了，就知道應該怎麼做了。一個人如果眞的對自己負責任，就知道什麼該做、什麼不該做。

父母親爲了保護孩子，總是不厭其煩地告誡他哪些是危險的、會帶來傷害的行爲。佛陀也是一樣，爲了我們的幸福安樂，慈悲地爲我們開示了「嚴持諸禁戒」的吉祥祕訣。能不能掌握這個祕訣，就看我們自己了。

# 10 言談悅人心

和顏悅色地談話也是一種吉祥。一個談吐和顏悅色的人，說話總是伴隨著善的想法、善的觀念。所以，「言談悅人心」本身就是一個善的行爲，可以帶給人們慈愛。

前面所講的「嚴持諸禁戒」，其實已經講到了居士的五戒，其中「不妄語」針對的是語言方面的惡業。如果擴展到十善業，還有另外三個關於語方面的：不惡口、不兩舌、不綺語，加上不妄語，十善業中，語言方面的就占了四個。而在《吉祥經》中，佛陀也特別叮囑我們要「言談悅人心」。爲什麼語業方面的戒律這麼多？爲什麼佛陀在這裡講完了「諸禁戒」後，還要專門把「言談」這一項提出來？那是因爲我們的嘴巴最難管、嘴巴最容易造業，所以佛陀特別提出要「言談悅人心」，我們講出去的話要讓別人聽了歡喜才好。

古人云：「良言一句三冬暖，惡語傷人六月寒。」語言的正反兩方面作用都包含在這句話裡了。善意、眞誠、和合、柔順的話語，如春風般溫暖，一下就拉近了人心的距離；而惡毒、諷刺、挑撥、詆譭的話語，比刀子更傷人，馬上就能給自己樹立無數的敵人。

《文昌帝君陰騭文》云：「做事須循天理，出言要順人心。」我們開口說話時，一定要想到這個世界的天理就是：你給出去什麼，就會千萬倍地回來什麼。有的時候，我們口無遮攔地將很難聽的惡語隨意就說出去了，像「斧頭幫」一樣，一把把鋒利的斧子「嗖嗖」地飛出去，自己是爽快了，卻把別人弄得遍體鱗傷。接下來，戰爭就開始了，回來的就不是斧子，可能是導彈了。如果我們總是「言談傷人心」的話，到頭來就會身處在唇槍舌戰之中，哪裡還有和諧幸福可言？

關於杜絕惡語的教言，《弟子規》云：「奸巧語，穢汙詞，市井氣，切戒之。」《佛子行三十七頌》亦云：「惡言刺傷他人心，亦失菩薩品行故，莫說他人不悅詞，杜絕粗語佛子行。」大乘菩薩四攝法：布施、愛語、利行、同事。其中，愛語是菩薩行中非常重要的一條，做為佛弟子，一定要杜絕粗語，言談要悅人心。

「讚自毀他」也是人們常常容易犯的一個毛病。豈不知，這不僅會傷及他人，更會自毀功德！《佛子行三十七頌》這樣告誡我們，「以惑談他菩薩過，則將毀壞自功德，故於大乘諸士夫，不說過失佛子行。」《太上感應篇》也說：「不彰人短，不炫己長。」古代藏地大成就者華智仁波切曾留下這樣的珍貴教言，「隱祕自己之功德，隱祕他人之過失，隱祕未來之計畫。」這些話都應該當成座右銘寫下來，放在自己的書桌上、皮包裡，隨時隨地拿出來看一看，隨時隨地提醒自己。最好在手機顯示幕的桌面上設置一句醒目的「言談悅人心」，提醒自己開口和人講電話時，要注意自己的語言和態度。

講話眞不是件簡單的事，有人說講話是門藝術，其實會講話更是一種智慧。怎樣才能夠做到「言談悅人心」？不是僅僅有一顆善心就夠了，有的人以心直口快自詡，有的人很愛給別人提意見，但我們有沒有做到「言談悅人心」呢？不論是講任何話，哪怕是去規勸別人，都要以讓別人聽了舒服的方式去講，這一點非常重要。就像《弟子規》裡講的「親有過，諫使更，怡吾色，柔吾聲」。規過之前，不僅要觀察自己的發心及對方對自己的信任程度，還要選擇合適的時間和地點，規勸時更要注意和言愛語。

我們一定要記得這第十條吉祥如意的祕訣「言談悅人心」。再送給大家《朱子治家格言》中的一句話，「處世戒多言，言多必失。」能做到「說好話」是最好的，如果還不行，不妨先「少說話」吧！

# 11 奉養父母親

奉養父母是人類高尚的品德，佛陀曾多次宣導此一善行。父母親給予孩子生命並養育、培育他們，因此孩子有責任奉養自己的父母親。要供養父母衣食、住所，還要給予關愛，包括幫忙父母做家務，照顧他們的身體健康等。若能勸導父母對佛法建立信心，讓他們能增長福慧、獲得解脫，則是報答父母最好的方法。

在「尊敬有德者」中，我們曾提到了被稱爲「佛門《孝經》」的《地藏菩薩本願經》，對於其中「孝親尊師」的道理，我們重點講了「尊師」的一方面，在這裡佛陀又告訴我們，「孝親」也是一條重要的吉祥祕訣。中國儒家十三經之首的《孝經》，自古以來被認爲是能夠修身、齊家、治國、平天下的一部寶典，也是最多帝王親自註解、親自宣講的經典。爲什麼佛陀和孔子都如此重視「孝」？「孝」爲什麼能夠帶來吉祥如意？「孝」爲什麼有如此大的威力？

在《孝經》開篇第一章，孔老夫子就講，一個字就能「以順天下，民用和睦，上下無怨」，這個字就是「孝」，是古代先王的「至德要道」。大到安邦定國，小到每一個人的「事親」、「事君」、「立身」，都離不開一個「孝」字。

一個人從小在父母身邊能夠學習孝道，能夠按照孝道去對待父母親、奉養父母親，他就從小培養了知恩、感恩、報恩的美德，而且從小就學會了如何爲別人著想。「老吾老以及人之老，幼吾幼以及人之幼。」一個把心放在父母身上的人，就能漸漸突破以自我爲中心的思維模式，漸漸地學習如何與人相處、如何爲別人服務。這樣的人走到哪都會受人尊重和歡迎、走到哪都會吉祥。所以說一個「孝」字，於己可以對治私，達到修身；於家可以敬老教幼，達到齊家；於企業可以和諧上下，達到治企；於社會可以人人愛敬、天下太平。「奉養父母親」實在是一條至關重要的吉祥祕訣。

同時，依靠孝道還可以積累很多的福德。如果一個人不懂得孝順父母，就一定是沒有福氣的人。除了出世間的三寶、善知識以外，世間最殊勝的福田就是自己的父母親。所以，我們能夠孝養父母親，就能夠培養很多的美德、積累很多的福報。

如果一個人所有的事情都非常精通，但是不孝順父母的話，這個人是不會快樂的，因爲他的生命之源、快樂之源已經被截斷了。《孝經》云：「夫孝，德之本也，教之所由生也。」一切德行的根源就是孝，「百善孝為先」。古代的醫王孫思邈所著的《福壽論》中說：「福者，造善之積也。」我們要想有福報，就要知道福報的因是什麼、福報的源頭是什麼？其實福報的因和源頭就在於一個「德」字，而德之根本就是「孝」。古代漢字「德」的通假字就是「得」，有德才能得，德就是福，一個人有德行就會有福報，沒有德行就沒有福報。而孝是一切福德的源頭。因為有了孝，才會有福報；因為有福報，才會幸福快樂。所以，「奉養父母親」是吉祥如意的根本方法。

我們通過孝養父母，可以培養所有的美德、積累很多的福報。進而擴展到尊重師長、尊敬有德，開啓我們人生福德、智慧的寶藏，就能夠獲得幸福圓滿的人生，進而達到修身、齊家、治國、平天下。所以，孝道不單是人生幸福圓滿的源泉，更是修身、齊家、治國、平天下的大根大本，是非常重要的。

關於如何孝順父母，《孝經》及《弟子規．入則孝》裡已經講得非常具體、非常詳細了。這裡，我們再來補充一些佛教裡獨特的教法。

佛陀在《善生經》裡專門講到父母親與孩子之間的關係如何相處。

「善生！夫爲人子，當以五事敬順父母。」

佛陀告訴善生，做爲一個孩子應該以五種方式來敬順自己的父母親。

「云何爲五？」

哪五件事情呢？

「一者供奉能使無乏。」

首先在物質上要滿足父母親生活等方面的需求。

「二者凡有所爲先白父母。」

我們要做什麼事情，首先要稟告父母親，得到父母親的認同後再去做。

「三者父母所爲恭順不逆。」

父母親所做的事情及父母親讓我們做的事情，都要恭敬、順承、不和他們逆反，要恭順不逆。

「四者父母正令不敢違背。」

父母親正確的、符合道義的命令不能夠違背。

「五者不斷父母所爲正業。」

父母親所做的正當事情，不要在我們身上中斷，包括父母親的一些非常好的傳統。所謂的正業，就是正確、正當的職業，父母親正確、正當的職業孩子應該繼承下來。在古代印度有一個傳統：父母親做什麼，孩子也應該做什麼，不斷父母所爲正業。但是，佛陀講的這條有個前提，必須是正業，如果不是正業，那也不用去繼承了。

「夫爲人子，當以此五事敬順父母。」

接下來，「父母復以五事敬視其子。」

父母親要如何對待自己的孩子呢？也有五個方面。

「云何爲五？」

哪五件事情呢？

「一者制子不聽爲惡。」

首先就是教育，父母親不能聽任孩子做壞事、學不好的東西。孩子如果學習不好的東西、做壞事，父母親就要去阻止他。

「二者指授示其善處。」

還要告訴孩子正確的行爲和方法，這也是非常重要的。第一個是阻止作惡，第二個是指明善處，父母親要教育孩子，使其長善滅惡。

「三者慈愛入骨徹髓。」

父母親對孩子的慈愛要非常的深刻，一心只爲子女好，時時刻刻關愛他們，這種慈愛深入骨髓。

「四者爲子求善婚娶。」

孩子長大了，婚嫁的問題需要父母的指導和協助，娶好的媳婦，嫁好的先生，父母親要負指導和協助的責任。因爲孩子缺乏人生經驗和分辨能力，讓孩子自己憑感覺來決定婚姻大事是不太可靠的，現在社會因爲自由戀愛導致離婚率大增就是一個明證。在這裡，佛陀也是要求父母親要爲孩子的婚姻負責任。

「五者隨時供給所須。」

父母親要盡量提供孩子生活、教育等方面的所須。

這十條就包含了「父慈子孝」，子女要如何孝養父母，父母要如何慈愛子女，佛陀開示得非常具體。

《吉祥經》中的第十一條祕訣「奉養父母親」是從站在孩子的角度來講的，而《善生經》則從兩方面講了父母和孩子間應該如何相處，遵循這些珍貴的教導，就能夠獲得吉祥如意。

在盡力讓父母親獲得現世利益的基礎上，我們還要盡力使父母獲得出世間解脫的利益。在《印光大師文鈔》中，印祖說：「而其本則以如來大法，令親熏修。」孝道的根本是以佛陀所傳授的解脫的方法，讓父母親熏修，讓父母親能夠遠離這些生死輪迴的痛苦、能夠永遠獲得解脫。這是出世間的孝一個最重要的特點，它不僅包含了世間孝，而且超越了世間的孝。

印祖還說：「從茲超凡入聖、了生脫死。永離娑婆之眾苦，常享極樂之諸樂。」如果父母親能夠念佛求生西方極樂世界的話，他們就可以超越輪迴、了脫生死，永遠不會再有痛苦，而能在極樂世界享受種種的快樂。

另外，我們也可以從其他經典中學習到更多「奉養父母親」的教言：

《關聖帝君覺世眞經》：「奉祖先，孝雙親。」、「淫爲萬惡首，孝爲百行原。」

《文昌帝君陰騭文》：「忠主孝親，敬兄信友。」

《論語》：「父母在，不遠遊，遊必有方。」

《朱子治家格言》：「重資財，薄父母，不成人子。」

《勸發菩提心文》：「云何念父母恩？哀哀父母，生我劬勞，十月三年，懷胎乳哺，推乾去溼，咽苦吐甘。才得成人，指望紹繼門風，供承祭祀。今我等既已出家，濫稱釋子，忝號沙門。甘旨不供，祭掃不給。生不能養其口體，死不能導其神靈。於世間則爲大損，於出世又無實益。兩途既失，重罪難逃。如是思惟，唯有百劫千生，常行佛道。十方三世，普度衆生。則不唯一生父母，生生父母，俱蒙拔濟。不唯一人父母，人人父母，盡可超升。是爲發菩提心第二因緣也。」

# 12 愛護妻與子

珍愛自己的配偶和孩子是一種吉祥。丈夫應該要照顧好妻子；妻子也應該要支持丈夫；父母親有責任照顧、培育自己的孩子。

「愛護妻與子」這裡可以分成兩個部分：一個是夫婦的關係，一個是父母和孩子的關係。如何愛子？在前面講到「奉養父母親」時，我們引用《善生經》中「父母複以五事敬視其子」，來學習了父母親應該爲子女做的五件事情：阻止行惡，教授善處，愛徹骨髓，求善婚娶，供給所須。

接下來，夫婦關係如何相處，我們還是一起來學習《善生經》中佛陀的教言：

「夫之敬妻亦有五事。」

做爲丈夫，如何尊敬太太呢？也有五件事情。

「云何爲五？」

哪五件事情呢？

「一者相待以禮。」

如果沒有「禮」，就會沒有規矩，講話就會很隨便，就很容易種下不和諧的因，所以中國古人認爲，禮是非常重要的。「禮者，敬而已矣。」內在的尊重體現於外在的行爲上，就叫「禮」。做爲丈夫，必須要非常尊敬自己的太太，一定要有禮貌，不要認爲是家裡人就不用禮節、禮貌了，其實，愈是親近的人愈需要有禮。中國古代「相敬如賓」、「舉案齊眉」等形容夫妻恩愛的詞彙，就在告訴我們，夫妻關係應該怎樣相處才能達到和諧，關鍵就是這個「禮」。如果能夠尊敬對方就像尊敬貴客一樣，就不會有輕慢、放肆，就不會亂講話、亂發脾氣，就不會挑剔、嫌棄，就不會做出種種不尊重對方的行爲。所以丈夫應該怎樣對待妻子？第一條就是「相待以禮」。

「二者威嚴不闕。」

丈夫要得到妻子的尊重，首先自己要尊重自己，所謂「自尊者人必尊之」。一個懂得自尊的人，一定會贏得他人的尊重，而一個有自尊的人，一定是威嚴不闕的。威嚴不是傲慢和凶悍，是內在尊重自己和他人的外在表現，是行住坐臥皆有威儀：站如松、坐如鐘、臥如弓、行如風、言不妄發、性不妄躁，做任何事情都有一定的規矩，不亂來。

人在輕浮的時候會種下很多不和諧的種子，一個輕浮的人很難得到他人的尊重。做爲丈夫，一定要威嚴不闕，做任何事情都不能隨隨便便、都不能輕浮。

很多人在外面是很有威儀的，西裝筆挺，站有站相，坐有坐相，可是回到家裡西裝一脫，往沙發上一躺，就變成一攤爛泥，一點威儀也沒有，這是非常不好的，但很多人都會有這樣的情況。有些人說，家是讓人放鬆的地方，回家就要自由自在，這沒錯！但是家不是讓人放肆的地方，正是懂得了尊重自己、尊重家人，才能創造一個和諧、自在的家。

其實不單單是丈夫，妻子也一樣。中國古代女子四德，其中一德就是「婦容」，是非常重要的。一位妻子在家能保持整潔的儀容，不僅是對丈夫的尊重，也是對自己的尊重。一位母親總是非常的乾淨、非常的莊重，任何時候都有做母親的威儀，從小就在孩子的心目中留下非常莊嚴的形象。女人千萬不要在外面光鮮亮麗，在家就成了一個黃臉婆，穿著隨便，舉止也隨便，坐沒坐相，站沒站相，這樣給家裡人的印象是非常不莊重的，對孩子也會產生不好的影響。《關聖帝君覺世眞經》云：「敬夫婦，教子孫。」我們怎樣才能讓孩子從小有教養、有氣質？父母親就是最好的範本，一個家庭裡父母之間互相愛敬，並且隨時隨地都保持莊嚴，本身就是一種無形的教育。所以父母親都要有這種意識，要做到「威嚴不闕」。

「三者衣食隨時。」

先生對太太，要能夠滿足基本的衣服飲食需求。如果吃了上頓沒下頓，四季更替的衣服也沒有，那就是先生失職了，先生最起碼要滿足太太基本的生活需求。

「四者莊嚴以時。」

先生還要適時地給太太裝扮容貌。佛陀說，丈夫有責任裝扮自己的妻子，要讓她看起來非常的莊嚴。比如可以爲妻子買戒指、項鍊之類的，佛教裡也是不反對的。

「第五委付家內。」

丈夫要把家裡所有的事情都託付給自己的妻子，由她來做主，女子的「婦功」就體現在這裡了。丈夫的工資要交給妻子來打理，孩子的教育要妻子來負責，家裡上上下下、吃穿用度、水電煤等等所有的事情，都要委付給太太來掌管。家裡的事情，太太就是老大。

「夫以此五事敬待於妻。」

丈夫以這五種事情來尊敬對待自己的妻子。那麼妻子呢？

「妻複以五事恭敬於夫。」

妻子也要以五種方式來恭敬自己的丈夫。

「云何爲五？」

「一者先起。」

太太早上要比先生起來得更早，因爲太太要在早上處理很多家務事，包括準備早飯、清潔衛生、孩子的午餐盒等等。還有很重要的一點，就是在家人起來前梳洗裝扮自己的儀容。所以第一件事情就是「先起」。

「二者後坐。」

丈夫沒有坐，妻子不能先坐，這是對丈夫的尊重。

「先起」、「後坐」雖然都只有兩個字，但是背後有很多的含義。

「先起」不只是先起床，還代表著任何事情都要想到前面。先生沒有想到的事情，太太要幫先生先想好、準備好，不單單是早飯，其他所有事情都一樣。先生要出門了，太太要把先生出門要穿的衣服、鞋子先準備好，車匙、提包等所有該準備的事情，太太都要事先準備好。其他的，比如要去拜訪親戚了，太太要把所有該帶的禮物等全部先準備好，不要等先生來吩咐。既然先生已經委付家內給太太了，太太就是家裡的大總管，就要什麼事情都考慮周到。

「後坐」不光指坐座位，還代表著任何時候做任何事情，太太都要學會尊重先生，讓先生在先。比如說走路、吃飯、講話等，都要讓先生在先。做爲太太，一切時處都要把先生放在尊重的位置上，自己則退讓在後，這是人生的一種態度，非常重要。因爲你敬人一尺、人敬你一丈，夫妻之間也是這樣的。

「三者和言。」

「婦言」也是女子重要的一德，要和言愛語、口吐蓮花、「言談悅人心」。做爲妻子，講話時，要如同一朵朵蓮花從口中飛出，那麼家裡馬上就溫馨如春；如果一開口，一把把斧子從嘴裡出來，那家裡馬上就變戰場，受傷的都是自己最親的人。所以妻子一定要做到「和言」。

「四者敬順。」

「敬順」就是尊重、順承。所有不和諧的因素都來自於不尊重。夫妻間雖同處一室，卻更要互相尊重。愈是親近的人愈是要互相尊重，妻子能夠敬順自己的丈夫，不僅能夫妻和諧，而且也是一家之祥。《幼學瓊林》云：「夫婦和而後家道成。」古代「相敬如賓」的典故正是說明了這個道理。春秋時期，晉國大臣郤芮因罪被殺，兒子郤缺被廢爲平民，務農爲生。郤缺不因生活環境和個人際遇的巨大變化而怨天尤人，他一面勤懇耕作、一面以古聖先賢爲師刻苦修身，德行與日俱增，不僅妻子甚爲仰慕，就連初次結識的人也無不讚歎。一次郤缺在田間除草，午飯時間妻子將飯送到地頭，十分恭敬地跪在丈夫面前呈上飯菜，郤缺連忙接住，頻致謝意。這一幕感動了路過此地的晉國大夫臼季，一番攀談，臼季認爲郤缺是治國之才，極力舉薦他爲下軍大夫。後來郤缺立大功，升爲卿大夫。

現代人很多都不懂得夫妻相處之道，對愈是親近的人愈不尊重，互相之間不當回事。認爲反正是自己人，話亂講，形象不顧，行住坐臥也沒有任何威儀，這就是很多人夫妻關係搞不好的一個原因。更有甚者，如《太上感應篇》所描述的「男不忠良，女不柔順，不和其室，不敬其夫」。如果夫妻之間相處成這樣，那眞是家之不祥了。

無論是丈夫，還是妻子，在任何時候都不能種下這種輕浮、放逸、不尊重的因，時時刻刻都要像孔老夫子所說的「戰戰兢兢，如臨深淵，如履薄冰」，惟恐種下不和諧的種子，要時時刻刻保持自己莊嚴的形象、恭敬的態度、柔和的語氣，給對方始終留下這樣一個印象：我的先生、我的太太是非常莊重的一個人、是彬彬有禮的一個人、是可親可敬的一個人。這就是夫妻雙方都要努力去做到的。

很多人婚前覺得對方很可愛，都是優點，婚後就全是缺點了。為什麼會這樣？就是因為結了婚大家都太隨便了，自己的很多惡劣習氣都不控制了，隨便就展露出來。這樣既沒有照顧配偶的感受，也沒有尊重自己的人格，對辛辛苦苦構築起來的婚姻家庭更沒有用心去好好珍惜。

夫婦關係是社會的核心，因為夫婦同處一室，一室不和諧，一家就不和諧；一家不和諧，一國就不和諧。只有夫婦的關係和諧了，家庭才能和諧；家庭和諧了，社會才能和諧。

所以，敬順非常重要，因為尊重，才會順承。在夫婦相處時，愛敬存心是非常重要的。

「五者先意承旨。」

先意：就是任何事情都能幫先生事先想到。承旨：就是遵從先生的意旨。太太要特別善解先生的心意，不等先生開口就能按照先生的心意去做，而且不能夠任著性子擅作主張，做任何事情都要和先生商量，遵從先生的意旨。這個也很重要，就像我們對父母親、對老師一樣，這都是尊重的一種表現。

尊重並不是一個抽象的概念，它是由很多具體的行為來表現的。比如先起、後坐、和言、敬順、先意承旨等，都是尊重的外在表現。如果一個太太對先生愛敬存心，所表現出來的就是任何事情先為先生考慮到；做任何事情都把先生尊為上首、自己在後；對先生和言愛語、態度恭順；

先生吩咐的事情盡量去辦到，有什麼事情都要尊重先生的意見，不自做主張。

眞正有德行的女子，都是非常謙卑、恭順的。既然丈夫已經委付家內，自己就更要尊重丈夫的意見，這樣才能考慮得更加周全，把整個家庭打理得更好。畢竟每個人都有考慮不周全的地方，所以虛心請教別人才是最智慧的方法。不要說經營一個家庭，哪怕是國王治理國家，也要多聽從別人的意見，才能把國家治理好，所以妻子對丈夫要「先意承旨」是非常重要的。

佛陀在《善生經》中將父母與孩子的關係及夫妻相處的關係都講得很具體了，對於我們學習「奉養父母親」和「愛護妻與子」這兩條吉祥如意的方法，是很好的補充。

# 13 從業要無害

「從業要無害」是指要從事不傷害他人、不傷害眾生的正當職業。它不會帶來災害，因此也是一種吉祥。

世間人的生活大多都離不開家庭和事業，所以人們對於吉祥如意的期望也往往離不開這兩方面。前面的「居住適宜處」、「奉養父母親」、「愛護妻與子」等吉祥祕訣大多是關於安家的。接下來，佛陀又賜予我們一個立業方面的吉祥祕訣——「從業要無害」。

一般生活在世間的人，包括在家居士總是要謀生的，每個人都要有工作、有事業。然而，選擇工作、選擇行業卻是一個很大的學問。俗話說：「男怕入錯行，女怕嫁錯郎。」這可是關係到每個人一輩子的事情。

這裡，我也根據古聖先賢的教言給大家一些建議：

第一，選擇的工作要有意義。如果我們所從事的工作是自利利人的，不僅對自己，而且對眾生都是有好處的，不違背因果法則，不傷害眾生，不會種下負面種子，那麼這個行業就是有意義的正業。就像我們在「廣學多聞」裡強調的一樣，一定要先學習宇宙人生的規律、因果不虛的法則，建立正確的價值觀，修養德行，打開心量，然後再學習各種術，術為道服務。學習是這樣，擇業也是這樣，一定要做符合聖賢之道、不傷害眾生、最好還能夠利益眾生的正業，這一條始終都是最重要的原則。所以佛陀也給我們指出，「從業要無害」才能吉祥如意。

第二，要選擇自己非常喜歡的工作。在選擇正業的前提下，還要選擇自己有興趣的工作。興趣會產生動力。如果不喜歡而勉強去做的工作，也是很難做好的，只有自己特別喜歡、有興趣的，才會努力想要把它做好。

第三，最好是自己擅長的工作。當然這第三條必須放在前兩條之後來考慮，因為擅長只是個學習和鍛煉的過程，如果這個工作非常有意義，同時又是自己很喜歡的，那麼只要肯專心致志地勤學苦練，假以時日，最後一定會擅長的。相反，如果是不符合因果法則的惡業，那麼就算是本來很擅長的，都不能選擇，否則你的擅長就是把自己送入火坑的罪魁禍首。

這三條標準給大家做為參考。古人說：「慎於始。」選擇行業是一件人生大事，應該慎重考慮、詳細觀察之後，再做決定。否則，本想通過事業來達到幸福吉祥的，最終卻因一個錯誤的開端而導致人生的慘敗。

那麼如果已經開始了一個錯誤的行業，該怎麼辦？如果我們觀察到自己所從事的行業違背聖賢之道、因果法則時，該怎麼辦？那麼就一定要想辦法改行了，這是毋庸置疑的，只是你可以給自己一些時間來過渡。千萬不要心存僥倖、蒙頭前進，因爲因果法則對每個人都是公平的，「不是不報，時候未到」。如果在賺錢的同時又在種下很多負面的因，那麼這些果早晚會回到自己身上來，最後一定是得不償失的，所以如果是惡業，一定要盡快轉爲正業。現在這個社會，負面的行業非常多，殺盜淫妄酒等，大家要非常地小心，不能去參與這些害人害己的行業。有些人擔心已經做開了、賺錢了，如果轉行會不會賺不到錢？這種擔心是因爲對財富眞正的運作規律還不夠了解。如果你有財富的因，就一定會有財富的果，工作只是幫助你兌現財富的一個條件。從事正業不僅可以兌現財富，還能利益他人，種下正面的種子，進入良性迴圈；從事惡業卻在兌現財富的同時傷害他人、種下負面的種子、走向惡性循環，最終將付出慘重的代價。所以，我們應該對自己的未來負責，堅定不移地做到「從業要無害」，就一定會創造吉祥如意的人生。

中國古代的教育非常重視道，人們從小會立下這樣的志向：不爲良相，則爲良醫。良相也好，良醫也好，其實都是利益人民大眾的一種職業。良醫可以利益一方百姓，良相可以利益一個國家。

如果我們能夠選擇到一個很好的職業，不但能夠養家餬口、創造財富，還可以利益社會、利益眾生。不僅爲自己，也能爲子孫、爲整個家族積累福報，正如《周易》所說：「積善之家，必有餘慶；積不善之家，必有餘殃。」對於擇業入行一定要愼而又愼。

最後，我們引用印光大師的一段話，來回顧和思考前面學習到的吉祥祕訣，「念佛之人，必須孝養父母、奉事師長，慈心不殺，修十善業。又須父慈子孝、兄友弟恭、夫和婦順、主仁僕忠，恪盡己分，不計他對我之盡分與否，我總要盡我之分。能於家庭及與社會盡誼盡分，是名善人。善人念佛求生淨土，決定臨終即得往生，以其心與佛合，故感佛接引也。若雖常念佛，心不依道，或於父母兄弟、妻室兒女、朋友鄉黨不能盡分，則心與佛背，便難往生，以自心發生障礙，佛亦無由垂慈接引也。」

這是印光大師的開示，與《吉祥經》裡佛陀給予我們的教導是一樣的。

# 14 如法行

南傳佛教認爲，「如法行」是指符合十善業道的清淨的行爲，包括一個人正直的品行、合宜的行爲舉止。

「如法行」在另外一個《吉祥經》的譯本中翻譯成「淨行」，即清淨的行爲。「如法行」廣義地來講，就是大乘佛法所指清淨的、完全符合因果、符合菩薩道的行爲；狹義地來講，就是小乘佛法所指的十善業。

從大乘來講，只要是符合菩提心的行爲就是清淨的行爲。具體可以參考《華嚴經・淨行品》（見本書附錄2）和《入菩薩行論》，因爲這兩部經論篇幅較長，我們就不在這裡詳述。《華嚴經・淨行品》和《入菩薩行論》是大乘佛法中非常重要的兩部經論，如果能夠學習並按照這兩部經論所說的去做，就能讓我們的身口意沒有污染、沒有過失，完全符合「淨行」、「如法行」，最終就一定會吉祥如意。

從小乘來講，只要是符合因果的行為都是清淨的行為，具體可以分為十善業。十善業裡，身的善業有三種：不殺生、不偷盜、不邪淫；語的善業有四種：不妄語、不兩舌、不惡口、不綺語；意的善業有三種：不貪、不嗔、不癡。十善業的前四條跟五戒是一樣的：不殺生、不偷盜、不邪淫、不妄語，我們在「嚴持諸禁戒」中已經學習了，下面我們來看後面的六條。

第五，不兩舌。

「兩舌」又叫「離間」，就是挑撥別人的關係，說讓別人關係破裂的話語。「兩舌」種下的是非常嚴重的和諧負面種子。如果我們所說的話會破壞別人的人際關係，那麼未來自己的親友、團隊等的和諧關係就會遭到破壞。所以，遇到他人有什麼矛盾，要盡力撮合，要說令他人和合的話語，促進團結。這樣，未來我們自己的團隊及家庭就會和諧、團結。

《文昌帝君陰騭文》中這樣告誡世人，「勿唆人之爭訟，勿壞人之名利，勿破人之婚姻。勿因私仇使人兄弟不和，勿因小利使人父子不睦。」

在「兩舌」惡業中，特別嚴重的是破壞別人的婚姻。有的人自以為「好心」，當朋友哭訴婚姻如何痛苦時，就給她出主意說：「既然這麼痛苦就離婚算了。」或者對別人的離婚表示贊同和支持，還自認爲是在幫助別人解脫痛苦呢，卻不知這樣做的後果非常嚴重。要知道，兩個人有婚姻的緣分，那都是過去生中注定的：要嘛討債，要嘛還債；要嘛報恩，要嘛報仇，一定是有因緣的。哪怕他們之間的關係非常不好，你都要勸和，盡量讓他們雙方都懂得如何去做好自己，如何去體諒、包容對方，懂得感恩，慢慢去調和他們的關係。其實，任何的因緣都有業力的關係，如果債沒還清，即便離婚了，也只是暫時的逃避，這個債還留著以後繼續還。我們知道，從因到果，時間愈長利息愈高。好事有利息，壞事也有利息，懂得這一點，就應該在每一個當下去承受、去懺悔、去改善、去重新種下和諧的因。所以做爲旁觀者，我們只能勸婚姻中的夫妻雙方要互相珍惜、互相包容，一切的因緣也都是無常的，通過雙方不斷地改善關係、不斷地種和諧的因，以後總是會愈來愈好的。相反，如果我們去勸別人分開、離婚，這個過失非常大，會給自己帶來非常嚴重的後果。

在古代，浙江寧波有這樣一個代人寫離婚書，功名被削盡的故事：

四明葛鼎鼐，在學宮讀書時，每天上學都要經過土地廟。有天，廟祝夢到土地神告訴他說：「葛狀元每次經過這裡時，我都得起立向他致意，希望你能爲我築一道小牆以便遮蔽。」廟祝就照著土地神的意思，開始準備建築一道小牆。剛剛才找好了工人，就又夢到土地神托夢給他說：

「不用建小牆了，葛鼎鼐替人家寫休書，他的功名已經被上天一筆削盡，所以我不用再向他起立致意了。」原來當時有位鄉人，準備要拋棄妻子，但是他不會寫字，於是就請葛鼎鼐代筆幫他寫了休書。葛鼎鼐聽了廟祝的話，大爲後悔，就盡全力挽回鄉人夫婦的婚姻。後來他只考中了鄉榜，也就是省裡面所舉辦選拔舉人的考試，官也只做到了副使的職位。

葛生只是幫別人寫了一封休書而已，功名就被削掉了，他造下的就是離間語罪。夫妻不和，理應勸他們和好，幫寫休書（離婚書）實際是贊成和支持他人家庭破裂，這樣的結果對於夫妻雙方都會帶來痛苦，所以極損福德。本來，葛生有考中狀元的福德，土地神不得不起立致敬，但是寫休書之後，功名削盡，土地神也懶得理他了。如果不是廟祝告訴葛生，他可能永遠不知道悔改，也永遠不知道他曾經的狀元福是怎麼樣被折掉的。因果規律雖然看不見，但是感應卻是迅速的，一言一行都有因果。人能積德行善，就會變得愈來愈尊貴，而造惡損人，就會變得愈來愈卑賤。

看了這個故事，可能不少人都會後悔不迭。「離婚算了」這句輕飄飄的話，可能已經把自己好幾個狀元福都折完了。這可不是開玩笑的，古人有句話講「寧拆十座橋，不拆一椿婚」。這種破人婚姻的罪過實在太大了，如果以前做過這種事、說過這種話，一定要好好懺悔。

夫妻關係是五倫關係中的核心，兩個人結婚並不僅僅是兩個人的事情，其實是兩個家族的結合。每一個人並不是獨立的個體，後面都有著很多的人際關係，一旦走入婚姻，後面牽扯的關係是非常複雜的，如果有了孩子，那就更複雜了。所以，離婚傷害的不只是夫妻兩人，而是非常多的人，包括孩子、雙方的父母、兄弟姐妹、親朋好友等等，凡是有關係的人都會受到牽連、都會受到傷害。

古人講「一家興，一國興」、「家和萬事興」，所以在中國古代，家庭的和諧是非常重要的。而家庭和諧的核心就在於夫妻的和諧，如果夫妻不和諧，家庭是不可能和諧的。婚姻爲什麼被稱爲人生大事？它不是一個人的人生大事，而是整個家族的大事。《關聖帝君覺世眞經》裡說要「敬天地，禮神明，奉祖先，孝雙親，守王法，重師尊，愛兄弟，信朋友，睦宗族，和鄉鄰，敬夫婦，教子孫」。這裡所有提到的其實都是一個整體，是不能分開的。如果夫妻不和睦，首先「敬天地」就沒有做到了。古代結婚首先要拜天地，感謝天地的養育之恩。夫妻如果不和睦，首先就對不起天地了。「舉頭三尺有神明」，夫妻不和，痛苦不堪，諸佛菩薩看了都會悲傷落淚。《普賢行願品》云：「若令眾生生歡喜者，則令一切如來歡喜。」怎樣才是眞正的「禮神明」，不一定是在佛陀面前磕多少頭、供多少水果就是「禮神明」，更重要的是要聽從佛陀的教言。如果能夠對眾生有慈悲心，眞正去力行孝道、力行因果法則、力行聖賢之道，讓所有與你相處的人都非常開心，讓他們能夠漸漸地破迷開悟、離苦得樂，這就是對諸佛菩薩最好的禮敬。

這裡需要特別強調的是，做爲佛弟子，「禮神明」唯一就是皈依佛、法、僧三寶。很多人在神明面前供豬頭，這樣做，神明肯定是不會歡喜的。因爲所有的神明都是有慈悲心的，沒有慈悲心是不可能成爲神明的。每天供豬頭，請來的絕不是神明，而是沒有慈悲心的羅刹、惡鬼、妖怪。我們一定要記住：如果心正，請來的就是正神、善神；如果心邪，請來的都是惡鬼、羅刹、妖怪。

夫妻之間能夠和睦相處就是最好的禮神明。那麼夫妻之間要怎樣才能和睦？《弟子規》裡講要「抱怨短、報恩長」，可是有些夫妻卻偏偏「報恩短、抱怨長」，別人對自己的好很快忘記，別人對自己的不好卻刻骨銘心，吵起架來都是抱怨和數落，這樣對彼此的感情是很大的傷害。

「守王法，重師尊，愛兄弟，信朋友，睦宗族，和鄉鄰，敬夫婦，教子孫。」這些都是建立在夫婦和睦的基礎上。因爲這個世界上所有的關係裡，夫婦的關係是最親密的。因爲夫婦叫「室」，同處一室，這個是最小的單位，然後是「家」，最後是「國」。所謂修身、齊家、治國、平天下。試問：室不和，家會和嗎？家不和，國能夠和嗎？毫不誇張地說，夫婦的和睦關乎天下的太平。如果夫婦不和睦，家庭就難以和諧；家庭不和諧，天下就不能太平。爲什麼破壞夫妻關係的罪過這麼大，就是這個道理。夫妻關係是整個倫常關係的核心，室的關係破了，家的關係也破了，國的關係也破了，所有一切的關係都破壞了。很多人沒有看到夫婦關係的重要性，任意地快速結婚、快速離婚，這都是沒有智慧、不負責任的一種表現。

所以，其他夫婦之間的關係不好，一定要想盡辦法以各種各樣的方法來勸和，千萬不能夠贊同離婚，這個罪過很大。古代那位書生，只是贊同和幫助別人離婚，並沒有主動挑撥、勸別人離婚，而且後來還悔過、彌補了，但功名還是被削去很多，官階也小了很多。這說明破壞別人婚姻關係的惡報非常大，大家一定要非常地小心。

如果以前已經做過「兩舌」，甚至「破人婚姻」的事該怎麼辦？那就好好懺悔，並且發願：從今天開始，生生世世不去破壞別人的關係、不去贊同別人離婚，一定要想盡辦法維護所有夫妻關係的和睦，幫助所有人際關係的和諧。這樣，未來我們自己才能夠有和諧的關係、和諧的婚姻。如果不及時地這樣去改正，早晚有一天，所做的一切都會加倍地回到自己身上來，要知道，沒有人可以擋得住業力的報應。

第六，不惡口。

什麼叫惡口？惡口就是講讓別人聽了不舒服的話。罵髒話、諷刺、挖苦、「形人之醜、訐人之私」等等，凡是講讓別人聽了很不舒服的話，都是惡口。佛門講，一個人要學習愛語、和語、雅語。愛語，就是充滿慈悲、慈愛的語言；和語，就是能促使別人和諧的語言；雅語，就是高雅、藝術的語言。

「不惡口」和前面所學的「言談悅人心」其實是一個意思。前者是強調我們的語言要杜絕那些讓人不舒服的話語，後者是教導我們要說讓別人聽起來很歡喜的話語。有的人認為說話直爽是一種正直、眞誠的表現，甚至還標榜心直口快為自己的優點，其實這是一種認識上的偏差。難道正直、眞誠就一定要心直口快，甚至出口傷人嗎？即使是一句眞實的話，為什麼不考慮好時間、場合及說出後的結果再說出去呢？同樣是一句眞誠的話，為什麼不能以別人歡喜舒服的方式來說呢？當我們想說就說、不顧別人感受時，有沒有想過這樣的一些話回到自己身上會是什麼滋味？刀子傷人，疤痕尚能癒合，話語傷人，這留在人心上的傷痛就很難忘懷了。為什麼說「病從口入、禍從口出」？有時候，就是一句口無遮攔的話，斷絕了多年的交情，更有甚者，還會給自己帶來殺身之禍。不僅古代如此，現代社會也是一樣。我們從一些新聞中痛心地看到，有些人只是在街頭、超市發生衝突，就由語言的傷害，快速升級到身體的傷害，甚至鬧出了人命。如果大家都能管好自己的嘴巴，不說惡語，盡量都說愛語、和語、雅語，那這個世界該多麼美好！

《了凡四訓》和《俞淨意公遇灶神記》都是古代改造命運的眞實案例。兩篇文中的主人公袁了凡先生和俞淨意公，都是通過改惡從善、修身養性而改變了自己的命運，獲得了人生的幸福和成功，其中都不約而同地談到了兩人在語言方面的反省和修正。袁了凡先生認識到自己「直言直行、輕言妄談」都是「薄福之相」，而在雲谷禪師面前反省，發願改過。俞淨意公之前一直以「語言敏妙，常令談者傾倒」而自恃，雖「心亦自知傷厚」，但總是「隨風訕笑，不能禁止」，後經灶神點化，方知自己「舌鋒所及」早已「觸怒鬼神，陰惡之注，不知凡幾」。從中我們看到語言的作用有多大。有人把嘴巴比作開關，如果我們講妄語、兩舌、惡口、綺語的話，那就等於打開了這個開關，流出去的全都是自己的福氣。這個比喻還是很有道理的。古話說：「片言必謹，福之基也。」眞正有福氣的人講話都非常謹慎，三思而言，而且講話也都非常地講究藝術。

特別是在中華優秀傳統文化智慧「女學」裡，也講到女子四德：德、言、容、功。其中的「婦言」就是指女子講話的藝術。我們想想看，一個開口扔斧頭的女子和一個口出蓮花的女子，哪個更受人歡迎？更能團結和諧整個家庭？誰都不希望被斧頭砍傷，所以我們千萬不要把斧頭扔出去傷人。特別是女孩子，講話更需要藝術，一定要和言愛語，不能夠惡口。

第七，不綺語。

綺語的定義就是沒有意義的話，只要是不符合聖賢之道的話都是綺語。這個對於現在的社會來說，基本上每個人都難免，兩個人在一起聊天只要超過半小時，裡面肯定會有綺語。那是不是說綺語的現象很普遍，就不需要太在意了呢？讓我們來了解一下綺語的危害，自會做出抉擇。

綺語的危害非同小可。其一，綺語讓我們的心會變得很散亂。佛陀在《遺教經》中說：「制之一處，無事不辦。」如能專心致志做一件事情，沒有什麼事情做不到；如果心不能專注，什麼事情都做不成功。修行更是需要「制之一處」。修行時，心要非常地清明、專注，才能有好的效果，才能獲得最終的成就。菩薩的六度：布施、持戒、忍辱、精進、禪定、般若，是層層遞進的，沒有禪定是不可能最終獲得般若智慧、破迷開悟的。所以，無論世出世間，要想獲得成功，專注都是不可或缺的一種能力。但是綺語卻會讓你漸漸喪失這種能力，你會心不由己地散亂，會發現自己思想無法集中，記憶力愈來愈不好。這就是平常愛說無意義的話所導致的結果。

其二，綺語會引發別人的貪嗔之心，造成對他人的傷害。比如說，我們聊天聊股市，說到股票行情好啊、哪支股票漲勢好啊，這很容易引發別人的貪嗔之心：這麼好，我要不要也買一點？哎呀，又漲了，我要不要再多買點？馬上就被貪心所控制了；如果接下來跌了、賠錢了，馬上嗔恨心又起來了。還有，談論房產，講買房子很賺錢啊、房產還要漲價啊，這又會引發別人的貪心。有人聽了蠢蠢欲動，錢不多也要想辦法貸款多買幾套，沒錢也要想辦法先挪用公款買一套，各種各樣的罪惡就出來了。如果最後還不起貸款、還不上公款，走投無路、跳樓跳河的，這些都是貪欲惹的禍啊！

中國古人有句話叫「欲令智迷、利令智昏」。欲望導致我們迷惑，利益導致我們昏頭。不要認爲只是談股市、談樓市而已，其實已經在種下無窮的惡業。如果一個人的貪欲心、利益心被引發起來了，智慧就降到零了。有利必有害，一個人在利益面前就會頭腦不清醒，只看到利益，看不到危害。《妙法蓮華經》云：「諸苦所因，貪欲爲本。」大家要了知貪嗔之毒所帶給人的傷害，盡量避免在一起說那些引發別人貪嗔的綺語。

我們所有的話語最好都是能符合聖賢之道的、眞正有意義的話。那麼是不是不能談利益、說賺錢?也不是。但一切的利益必須是在道義的前提下，賺錢也一定只賺符合道義的錢。《關聖帝君覺世眞經》中有一句話講得非常好，「但有逆理，於心有愧者，勿謂有利而行之。」如果違背天理、違背因果法則，哪怕有利也不能做，這就是「不取不義之財」；「凡有合理，於心無愧者，勿謂無利而不行。」如果符合道理的、符合因果法則的，哪怕沒有利益，我們都應該去做，這就是重義輕利。

不義之財取了以後，總有一天會加倍吐出來，而且會吐得很痛苦。《關聖帝君覺世眞經》後面講到「生敗產蠢」，這是說多行不義之人將會得到的一種果報。「生敗」就是生一個敗家子，「產蠢」就是生一個癡呆的孩子。如果取不義之財，哪怕是賺了很多很多錢，都會有其他的不吉祥，甚至會有「敵人」打入內部，來幫助消耗這些財產。

所以，大家在一起時最好就是學習分享古聖先賢的智慧。佛經中說，最大的一種功德，就是有人在講法、有人在聽法。何必要去說那些引發散亂和貪嗔的綺語呢！

第八，不貪。

貪，就是過度的欲望，超過了生存需要，還想再得到，就是貪。一個人的生活，能夠生存就夠了，這個是你需要去爭取的。但是當我們已經沒有生存問題了，卻還總想著好了還要好，那就是一種貪心。

「知足者富」。眞正的富是懂得知足，眞正的富是內心的富足。有些人雖然有很多錢，但他老是覺得不夠，內心總是在匱乏、渴求的心態中，這就說明他內在還是個窮人。而有些人，無論他有沒有很多錢財，就是覺得自己的生命已經夠富足了，不需要再多東西，還想要分享給他人，這個人是眞正富有的人。什麼樣的心態就決定什麼樣的命運，匱乏的心態決定了窮困的命運，富足的心態決定了富有的命運。

以前有一個笑話我們應該記住，可以幫助提升自己的正知正念。

這個笑話是說：有兩個人，因爲造惡業下了地獄，終於有一天能從地獄解脫出來時，閻羅王對他們說：「你們兩個人，現在可以去投胎做人了。但是，你們必須要做一個選擇題，可以搶答，一共有兩個答案，每個人只能選擇一個答案。」

於是閻羅王開始出題，「你們中的一個人，必須有一個一生當中一直要收穫……」題目還沒出完呢，其中一個人馬上站起來搶答，「我要一生都收穫！」他怕別人搶走。

然後，閻羅王繼續說：「另外一個人必須一生中一直要付出。」另外一個人沒辦法，只能要一生中一直付出了。

最後兩個人就投胎去了。

結果是，一生當中一直要收穫的那個人做了乞丐。因爲他老是要去收穫，所以就挨家挨戶、五分一毛地每天去收穫，一生中一直都在乞討。

一生中一直要付出的那個人就變成了大富翁，錢實在太多了，所以只能到處去捐款。每天想著這錢太多怎麼辦呢？每天都在安排捐錢的事，一生中一直都在付出。

聽到這個笑話，我們每個人問問自己，如果是你，你會選哪一個答案呢？

我們可不要把這個故事僅僅看成是一個笑話一笑了之。其實我們每個人每天都在做這個選擇題，考試的老師倒不一定是閻羅王，考我們的人非常多，只要有利害得失的時候都在做選擇題，你是選擇付出還是選擇收穫？

我們學過因果法則的人都知道，付出時其實就是在種未來收穫的種子。而收穫時，其實是在消耗自己過去的種子、是在折損自己的福報。所以，不管到哪裡去，你可以選擇總是「放債」，老是讓別人欠你的，換句話說就是不管到哪裡去，你總是去付出。中國古代經典著作《予學》裡說：「予非失，乃存也。」「予」並不是失去了，而是存在那裡，未來會得到更多的果報。所以，我們如果經常讓別人存在我們這裡，那就要小心了，並不是不用還的，總有一天得加倍還回去。懂得了這個道理，我們不僅不要去占別人的便宜，還要多多地付出才對。「多予不亡，少施必殃」，給予不會讓我們窮盡，少付出才會導致遭殃。所以愈是吝嗇的人愈會遭殃，愈是慷慨的人愈會興旺。

這就是「不貪」的道理，愈貪就愈索取，愈索取就債務愈多，最後就不得不天天被業力追債；愈不貪就愈付出，愈付出就存款愈多，最後就天天享受送上門來的福報。所以，爲什麼有些人，不管到哪裡都會有很多的順緣，不管到哪裡都有貴人相助，那是因爲他曾經付出了很多；而有些人不管到哪裡都處處碰壁，做什麼都不成，那是因爲他過去總是愛占便宜。一切都是自己的因果，想要的幸福吉祥都掌握在自己的手裡，祕訣就在於遇到得失利益的選擇題時，千萬別選錯了答案。《文昌帝君陰騭文》云：「救人之難，濟人之急，憫人之孤，容人之過，廣行陰騭，上格蒼穹，人能如我存心，天必賜汝以福。」、「濟急如濟涸轍之魚，救危如救密羅之雀。矜孤恤寡，敬老憐貧。措衣食周道路之飢寒，施棺槨免屍骸之暴露。家富提攜親戚，歲饑賑濟鄰朋。」、「印造經文，創修寺院。捨藥材以拯疾苦，施茶水以解渴煩。或買物而放生，或持齋而戒殺。」《關聖帝君覺世眞經》云：「創修廟宇，印造經文，捨藥施茶，戒殺放生，造橋修路，矜寡拔困，重粟惜福，排難解紛，捐貲成美，垂訓教人。」

感恩佛陀、古聖先賢給我們揭示了這些亙古不變的宇宙規律，今天我們能夠聽到這樣的智慧是非常有福報的。現在社會上很多人爲了尋求幸福之道而去上一些課程，但是很多的課程並沒有告訴大家眞正符合幸福規律的智慧。相反，有些課程分明是在引導不幸，他們要大家「勵志」，把別墅的圖片、BMW的圖片貼在牆上每天看，天天告訴自己：我要BMW！我要別墅！天天夢想金錢如潮水般向自己湧來……這叫「勵志」嗎？這是在「勵欲」，激勵欲望，讓大家都「欲令智迷，利令智昏」，最後只能是金錢如退潮般遠離自己。

我們當然需要勵志，但要懂得什麼才是志。志不是私欲、不是爲自己。「先天下之憂而憂，後天下之樂而樂。」心懷天下，想著天下百姓那叫「志」；「讀書志在聖賢」，一心要「爲往聖繼絕學，爲萬世開太平」那叫志。想著自己那叫自私、那叫欲，根本談不上志。爲自己的都是欲望而已，爲別人的那才是志向。

「少年養志」，教育孩子，千萬不能夠鼓勵他的欲望，而要鼓勵他的志向，要把他的心量放大。一個人從小的心胸氣度，決定了他未來人生的格局，決定了他未來一生的成就。

在中國歷史上有兩個家族世世代代興旺，第一個是孔老夫子的家族，興旺了兩千多年；第二個是范仲淹的家族，興旺了九百多年。這兩個家族一直到現在還是非常興旺。

范仲淹的母親教育他從小立志「不爲良相，則爲良醫」，所以他長大以後成爲一代名臣。他的謚號叫文正，那是在他逝去後皇帝給他的一個稱號。謚號文正的人非常少的，從古到今沒多少人，這個謚號就是對范仲淹一生最好的評價，說明他一輩子走的完全是聖賢之道。爲什麼他能夠成爲聖賢？是因爲從小立志「不爲良相，則爲良醫」、「先天下之憂而憂，後天下之樂而樂」、

「居廟堂之高則憂其民，處江湖之遠則憂其君」。他在朝廷做官時每天想著百姓，被流放到很遙遠的邊疆時，每天想著皇帝是不是英明、是不是疼愛百姓。聖賢的存心絲毫沒有爲了自己，一心只爲天下蒼生，所以他家世世代代都非常興旺。

相反，「勵欲」不可能造就成功，貪欲只能讓你所有的願望都不能滿足，這就是因果的規律。什麼樣的心能夠讓我們心想事成呢？就是不貪。對任何的東西都沒有了貪心，恰恰就是能夠吸引所有的東西向著你來的方法、就是能夠讓你心想事成的方法。佛陀已經完全斷除了貪心，對一切都不貪，所以佛陀是全宇宙最富貴的人。

佛陀的淨土全都是七寶所成。在阿彌陀佛的西方淨土中，鋪路、造房子的建築材料全都是金銀、琉璃、硨磲、瑪瑙。我們的黃金要鎖在保險櫃裡，而在佛的淨土，黃金是用來鋪地的，而且是百分之百的金，沒有任何雜質，非常地柔軟。我們這裡的黃金、七寶都是硬邦邦的，因爲純度不夠，而在佛陀的淨土裡，所有的黃金、七寶都是非常純淨、非常柔軟的，雖然是七寶爲地、黃金爲地，但是踏在上面很柔軟、很舒服，而且，所有的七寶都有非常芬芳的香味。

極樂世界有「七寶蓮池」，是七寶做成的。蓮池的水底鋪的是純金的沙子，裡面是八種功德的水，只要在裡面洗洗澡就可以消業障。在那裡洗澡，你想要水溫多少度，它馬上就變成多少度，隨你的意念控制，而且無論有多少人同時在七寶蓮池裡，每個人感覺的都是自己所規定的溫度，互不妨礙；更神奇的是，水還會隨著每個人不同的想法，提供不同的水流方向和水位高低，完全順應每一個人的心意；而且，水流的聲音都是在講經說法，你想要聽什麼經，水流的聲音馬上就給你講什麼經。

極樂世界所有的房子全都是由柔軟的七寶所構成，而且能夠隨你的意願而變化。今天你想要北京故宮的樣子，它馬上就變成故宮；明天你想要美國白宮的樣子，它就變成白宮。你想要什麼樣的都可以，而且每天都可以換。

所以說，無論如何一定要去極樂世界，到了極樂世界一切都可以隨心所願。爲什麼會這樣呢？就是因爲極樂世界的菩薩都沒有貪心，所以一切都可以隨心所欲。

極樂世界裡，你想吃什麼，馬上在你的面前出現一個「七寶缽」，你想要吃什麼美味佳餚，馬上就來什麼美味佳餚。而且無論你怎麼吃，肚子都不會脹，可以一直吃，吃上兩天兩夜，還是很舒服。不像我們這裡，再好吃的東西多吃一點肚子就脹了，再吃就吃壞了，快樂就變成痛苦了。在娑婆世界，所有快樂都是有副作用、都是有限的。

極樂世界裡，各種美味佳餚不管你怎麼吃，肚子都不會脹，而且還沒有大小便，不需要上廁所。如果你吃完了，不想吃了，七寶缽就自然消失，還不用洗碗，所以去了極樂世界，就不用每天爲誰洗碗吵架了。還有更好的，如果你不想吃飯，可以三天三夜不吃飯，一點都不會餓，你覺得吃飯太麻煩了，就可以一直不吃。所以，佛陀的淨土功德不可思議啊！

穿衣服也是隨心所欲的，不用出錢去買，甚至不用伸手去穿，想穿什麼名牌都沒問題，只要想，它們就穿在身上了。如果你想換別的，它馬上消失，換一件新的，就這麼簡單，而且不用洗衣服。

極樂世界的「六時雨花」，一天二十四小時分成六次，每四個小時下一次雨，但下的不是水，是鮮花。大家都知道南京有個雨花臺，雨花臺是怎麼來的呢？相傳南朝梁天監六年（西元五○七年），金陵城南門外高座寺的雲光法師常在石子崗上設壇說法，說得生動絕妙，感動得天雨妙華，天上竟落花如雨。所以，那個地方就被稱爲雨花臺。在極樂世界，一天六次下花雨，花雨下到地上後就自動排列成漂亮的圖案，整個大地全都是鮮花組成的各種圖案，踏在上面就像踏在美麗柔軟的地毯上，非常舒服。而且，一點都不會被踩壞，腳抬起來後，花馬上又恢復如初。過了四個小時後，前面的花自然消失，又開始下新的花雨，眞是美妙絕倫。

以上所說，都是在《無量壽經》和《阿彌陀經》裡記載的。娑婆世界的人，如果沒有佛陀給我們講說，根本無法想像佛陀的淨土究竟有多好。從古到今，爲什麼這麼多的高僧大德都發願要往生到極樂世界？極樂世界不僅有種種的好，更重要的是，這些好能夠爲我們提供一切的修行便利，讓我們的修行沒有後顧之憂。

我們在娑婆世界修行太不容易了。爲了吃飯穿衣、住房買車、養兒育女、升官發財……每天忙得要死，哪還有時間修行？沒有空閒怎麼能很好地學修佛法呢？所以，娑婆世界的人非常痛苦，想要學習佛法，卻有非常多的障礙，好不容易有條件修行了，家人又不支持；家人支持了，身體又出狀況……種種的障礙、種種的違緣太多了。而且短暫的一生很快過去，每個人都逃不過死亡。

到了極樂世界，所有的這些問題都沒有了。每個人都是金剛那羅延身、都是金剛不壞身，從來不會生病，也不會老，每個人都是青春永駐，永遠都是十六歲的樣子。而且每個人都是非常地漂亮，每個人都是八萬四千種相、八萬四千種好，都漂亮得無以復加，我們根本想像不出來，只有自己去了淨土才知道。當你去了淨土，會發現，不單佛是如此的莊嚴，自己也會變得和佛一樣莊嚴。不像在娑婆世界，有的人漂亮，有的人醜陋，人心就不平衡。到了極樂世界，每個人雖然還是不一樣，但是漂亮的等級是一樣的，都是八萬四千相、八萬四千好，都極其地漂亮，而且青春不老。每個人都無量壽，不會無常，所以非常地殊勝。

爲什麼極樂世界這麼美好呢？是因爲阿彌陀佛的大願，希望每個在淨土的人都能夠好好地修行、都能夠早日成佛，然後再到其他世界去度化眾生。

我們爲什麼要去極樂世界？並不是去享受，而是去到那邊向阿彌陀佛學習、向觀世音菩薩學習、向大勢至菩薩學習。早日能夠像這些偉大的佛菩薩一樣，具有無上的智慧、慈悲和力量，再回娑婆世界來幫助其他眾生。極樂世界是一個大學校，阿彌陀佛就是校長，觀世音菩薩、大勢至菩薩就是老師，清淨大海眾菩薩都是我們的同學。我們想要具足的一切美好和豐富，阿彌陀佛都早已爲我們準備好了。

佛陀的淨土之所以如此美好，就是因爲佛陀斷盡了貪欲，具足了圓滿的福慧。大家要明白，一切的豐富都來自於沒有貪心。當你的貪心完全斷除的時候，你的世界就會變得無比美好，你一切的願望都可以實現，想什麼就會實現什麼。只要內心中還有貪欲，那麼外境就會有匱乏。內心的貪婪導致匱乏，內心的富足帶來心想事成。

所以眞正要成功應該怎麼做？應該減少自己的欲望。我們愈是減少自己的欲望愈是能夠心想事成。我們經常要跟自己講一句話，「我什麼都不要。」爲什麼？因爲你知足，你覺得生命已經很豐富了，應該要去分享給別人，而不是老想著應該怎麼去得到。如果你老是想著要得到，那你就選擇了做乞丐。如果總想著「我什麼都不要，我還有很多東西可以分享給別人」，那你就選擇了做富翁。就是這樣，這一點非常重要，我們自己一定要調整自己的心態，不能夠有貪心。

有些人說：「哎呀，這次賺錢的機會實在是太好了，我如果不去賺，太可惜了！」其實你不會有任何的損失。舉個例子，比如說有一筆生意可以賺二十萬，但是你今天放棄了，那你會不會損失二十萬呢？不會的，因爲只要是你的福報，終究還是記在你的因果裡面，不會被別人搶走的。而且你愈是不去賺，它愈是會不斷增大。所有的福報都是如此，你只要不去享受它，它就在不斷地增長；你享受了，它就沒有了。這就是因果律，就像你種的瓜被吃掉了一樣。別擔心你的福報不用會消失或爛掉，你愈不用它長得愈大。

所以，「機會失去了以後就再也沒有了」這話不完全正確。只要是我的因果，一定會回到我身上來的，絕對不可能掉到別人身上去。今天不賺我放著，哪天想賺了我一定可以賺回來，因爲這是我的業力、這是我的福報。如果這個不是我的福報，就算看上去是絕好的機會，就算我削尖腦袋、想盡辦法都不可能賺到這個錢，而且還有可能虧本，這種現象也是有的。在生意場上常常有這樣一種情況：同樣一個項目，有人去做賺錢了，有人去做就虧本了，因爲每個人業力不一樣，和項目、機會都沒有直接的關係。如果一個人眞的有福報，他做什麼都會成功；如果沒有福報，做什麼都不會成功，再多的機會也沒有用。

一個人的一生如果不修行，其實福報是有定數、是有限的。一輩子能賺多少錢，是以前的業力決定的，以前種下多少因，現在得到多少果。所以大家千萬不要急，在名利的路上，你完全可以大方一點，不用急的。如果你有福報，但是你懂得因果的法則，慢一點去兌現，懂得退讓，你未來就會有大財。

舉個例子，一個蘋果還沒熟，你摘下來了，可能只是一個小蘋果、酸蘋果，而且吃完後就沒有了，種子已經兌換成結果了；你如果不去摘它，哪天這個蘋果成熟了，照樣會掉在你頭上，不會掉到別人頭上。因爲種子成熟，一定會有果的，不是你要不要的問題，你如果提前去摘，反而收穫不大。所以我們應該懂得知足。今天有，就夠了，不要再去求。哪怕人家給我，都要盡量地不去享用。用了，就把你的福報兌換出來了；不用，它還是存著。不但存著，利息還在增長。《弟子規》云：「凡取與，貴分曉，與宜多，取宜少。」所以爲什麼盡量地不去要，而且還要多給予別人，這就是我們修行人應該懂得的一個道理。

第九，不嗔。

瞋恨心就是希望別人不好。如果內心中有這樣的念頭產生，一定要記住，這就是未來痛苦的種子。「出乎爾者反乎爾」，出自於你的，必將返回於你。你希望別人不好，就是未來自己有不好結果的一個原因。所以有句話說：「這個世界上所有的快樂都來自於希望別人快樂，這個世界上所有的痛苦都來自於只希望自己快樂。」自私地只想著自己都是痛苦的根源，不要說發瞋恨心去希望別人不好了。所以佛陀告誡我們一定要「不瞋」。

瞋恨的心態有時在我們心裡表現為「幸災樂禍」。聽說自己的某個怨敵碰上倒楣的事情，不禁喜從中來：哈哈！總算輪到他了，誰讓他過去對我不好，報應來了吧！太好了！不要以為你只是「哈哈」兩聲，這個果報可大著呢！以後碰到困難時沒人會幫你，人家也會幸災樂禍，看著你死。種種子不光是做出去的行為和說出去的話，起心動念都會種下強烈的種子，這個種子不是種在別人那裡，是種在自己的心田裡。當我們在心裡發起瞋恨、仇恨的心念時，你就在創造一個充滿傷害和敵意的世界，這就是你未來的世界。心念的力量是無比強大的，我們詛咒他人或祝福他人，並不一定能對他人造成什麼影響，這取決於他人的因果，但是一定會給我們自己造成不可磨滅的影響，哪怕是一剎那的瞋恨或慈悲，就已經決定了我們未來是痛苦還是快樂，再細微的因果都絕不會空耗！

再者，有一種情況是我們學佛人容易經歷的，就是明白了一些因果法則之後，以爲自己懂了很多，就到處去看別人毛病、揭別人傷疤。看到別人遭遇不幸，就說：「你看，這就是你惡業成熟了。」這句話對不對？是對的。但是哪樣事情不是因果成熟了而發生的呢？還要你來講？本來他已經很痛苦了，這時我們應該將心比心地去同情別人、關心別人、安慰別人，千萬不要說這種揭人傷疤、令人更痛苦的話。比如人家生病時，我們應該想怎麼去照顧他，爲他尋醫問藥，而不是在別人痛苦時還說：「這就是你的惡業成熟啦，你得好好修金剛薩埵懺悔才行啊！」雖說人人都在自己的報應中，但是誰都不願意聽別人說自己自作自受吧？你這句話講出來，就如同鹽水潑在他傷口上一樣，不僅非常地不慈悲，也是非常地沒有智慧，不僅會馬上破壞兩人的和諧，當下也給自己種下了痛苦的種子。你可以換位思考一下，如果是你在遭受極大痛苦時，願意看到有個人冷眼旁觀地說「都是自己的惡業啊，懺悔吧！」？所以，大家一定要記住，我們學了因果法則，不是用來判斷別人，也不是用來去給別人下定義的。每個人都有惡業成熟的時候，這也沒什麼特別。做爲佛弟子此時應該做的就是去關心他、安慰他、想辦法減少他的痛苦，這才是最重要的。藏地公認的大成就者阿秋法王在遺教中說：「大家都是凡夫時，哪有對和錯，不過是無明對無明、可憐對可憐。何況對任何人的指責和抱怨都是嗔恨的一種，會毀了自己的善根和福報。佛

弟子要和睦相處，牢記啊！牢記。」

《佛子行》中也有這樣一段對治嗔心的教言，「自嗔心敵若未降，降伏外敵反增強，故以慈悲之軍隊，調伏自心佛子行。」嗔恨最後得到的結果就是自己會很痛苦、會受到很多的傷害，這就是我們矛頭對外的結果。其實眞正的敵人並不在外面，眞正的敵人就是我們內在的無明。我們只有把嗔恨心轉換爲慈悲心，以慈悲的軍隊來向內調伏自己的煩惱，才能眞正滅除所有的怨敵，這就是儒家所說的「仁者無敵」。

但是這並不容易做到。雖然很多佛弟子都知道「一念嗔心起，火燒功德林」，但是對治嗔心卻是個很艱苦的長久戰，因爲我們的習氣太重，因爲我們還不夠明理，對傷害我們的人，不但不嗔恨他，還要慈悲他。很多人想不通也做不到，但其實這是很合理的，因爲的確不是我可憐，而是他可憐。如果有個人嗔恨我，甚至害我、打我、罵我，其實是把我過去曾經恨人、害人、打人、罵人的果報轉換消失了，我的負面種子因此提前兌現，不會隱藏在那裡等以後更強烈、更加倍地呈現出來，所以對於我來說其實是件好事，所謂「吃苦了苦」了。但是對於他來說卻種下了負面的因，未來會感受加倍的痛苦，他才是眞正可憐的。

所以，當別人對我們不好時，不但不能夠生氣，反而應該慈悲地對待別人。如果我們生氣，甚至反擊，那很顯然又種下了一個新的惡因；如果我們能反省到這是曾經給出去過的惡業回來而已，進而慈悲地對待傷害我們的人，那就是我們結束痛苦的迴圈、重新進入快樂迴圈的開始。

以前有位朋友對我說：「老師，對好人要慈悲，這個我想得通，對壞人您讓我慈悲，這個我就想不通了。」其實這個道理很清楚，如果今天你是一位母親，有兩個孩子，其中一個非常聰明、乖巧，而且有福報，自己就能搞定一切，那你需不需要照顧他？肯定不需要了，因爲他自己已經很成功、很幸福了；而另外一個孩子卻是一個精神病患者，每天控制不住地傷害自己，甚至傷害他人、傷害你，那麼你做爲母親會嗔恨或捨棄這個生病的孩子嗎？不，你只會給這個孩子更多的慈悲和關愛。

我們與人相處也是一樣，如果一個人品行高尚、知書達理，我們不需要去慈悲他，因爲他比我強、比我好，應該他來幫助我，我去向他學習；但是如果一個人非常地惡劣，蠻不講理，處處害人，這才是特別需要我們慈悲的，因爲他就像精神病患者被病所逼無法自控一樣。所謂的壞人也是被業力所迫，身不由己。誰不想做個好人？誰不想要幸福和諧？但是很多人根本不知道怎樣獲得幸福，而且不停地在種下痛苦的因，難道不值得我們去慈悲嗎？「可憐之人必有可悲之處」。愈是惡劣的人，其實我們愈是要對他生起慈悲心，他們才是最可憐、最可悲的。《佛子行》

中說：「吾如自子愛護者，彼縱視我如怨敵，猶如慈母於病兒，尤爲憐愛佛子行。」所以不管是爲了自己還是爲了他人，都不能夠有嗔恨心。

第十，不癡。

最後一個，就是我們不能夠有愚癡之心。什麼叫愚癡呢？愚癡就是不懂得宇宙人生的眞相、不懂得因果的規律、不懂得一切空性的道理。不知道事物的規律和眞相，這就叫愚癡。愚癡會讓我們產生邪見，進而導致我們身、口、意方面種種的錯誤行爲，給我們的人生帶來痛苦和黑暗。我們一定要學習掌握眞正的智慧，眞正的智慧就是正見。主要指：一是因果的正見，相信因果，遵循因果，知道什麼事情該做、什麼事情不該做，這是懂得取捨的智慧；二是能夠看到萬事萬物的無窮潛在可能性，能夠洞達一切諸法的本質、了達空性的智慧。只有不愚癡，具足正見，才是最根本的幸福吉祥的源泉。

15

# 布施

藉由布施，我們將得到功德。而且當我們布施時，也正是在修持慈悲與不執著。

第十五種吉祥如意的祕訣是「布施」。布施在佛經裡分成三種：財施、法施、無畏施。《優婆塞戒經》云：「樂施之人可獲五種利益：一、終不遠離一切聖人；二、一切眾生樂見樂聞；三、入大眾時不生畏怖；四、得好名稱；五、莊嚴菩提。」

財施就是錢財、物質的布施，幫助解決他人財物上的需求。布施財物可以幫助我們破除內心的慳貪和吝嗇，培養慈悲利世之心。我們在上一個吉祥祕訣中了解到，要想吉祥如意，我們要做到「不貪」，但是「貪嗔癡慢嫉」這殘害我們的五毒，每一個都要下一番苦功才能對治。怎麼對治對於財物的貪執呢？「布施」就是一劑對症的良藥。「得失之患，啓於不捨」，患得患失的心態，是因為不捨、不布施。如果懂得布施、常做布施，就不會有得失之心，就能免於貪執對自心的折磨。把布施當作對治內心慳貪的一種修行，不僅能獲得不貪所帶來的吉祥和自在，而且你會親身感受到愈布施愈富足的眞實果報。「捨得捨得，不捨不得。」其實我們在捨的時候，就是在得了。還記得嗎？「予非失，乃存也。」布施財物就是未來可以獲得財富的因，我們要想變成一個富有的人，要想成爲一個財富豐足的人，就一定要做財物的布施。布施財物不僅可以饒益他人，而且可以對治自己的貪心，培養富足的心態、慈悲的心態，同時還在積累自己的財富種子，眞是一舉多得的吉祥祕訣，何樂而不爲呢？

法施就是以智慧來布施、以佛法來布施。一切的痛苦都來源於愚癡和無明，就是因爲不了解宇宙人生的眞相和規律，人們才會做出種種與幸福吉祥背道而馳的行爲。能夠治癒眾生無明大病的就是佛法、就是智慧。當我們有能力做「法布施」時，不僅能夠幫助他人去除內心的無明和痛苦，自己也會得到更多的智慧，「分享智慧，得到智慧」，法施將會給自己帶來光明智慧的果報。

既然智慧能夠帶給人們幸福和吉祥，那麼施予智慧的人當然也會得到相應的吉祥，所以佛經中說，講經說法會有以下五種果報：

第一種果報是長壽，第二種果報是富貴，第三種果報是和諧，第四種果報是誠信、好名聲，第五種果報是智慧。

因爲講經說法時勸導別人不殺生，別人聽後力行不殺生，就會得到健康長壽的果報，所以講法的人也能夠健康長壽；說法勸別人不偷盜、勤行布施，聽法者因此而得到富貴，說法者也可以得到富貴；說法勸別人不邪淫、勸別人不要種下不和諧的因，聽法者因爲明理而能守持清淨的戒律，維護了伴侶關係的和諧，講法者也種下了眷屬和諧的因；講經說法勸別人不妄語，聽法者依教奉行而獲得誠信，說法者也同樣會得到美好的名聲、誠信；講經說法勸別人不飲酒、不抽菸、不去做愚癡的事情，聽法者聽後能戒除這些對智慧有極大傷害的行爲，講法者因而也會得到更多的智慧。給出什麼得到什麼，講經說法直接給出了智慧，間接給出了健康長壽、富貴、和諧、誠信等等，所以得到的果報也非常地殊勝。

但是，要想能夠做佛法的布施，還是比較困難的，因爲如果講錯了法，誤導了人，過失也是很大的。所以，講經說法必須要有個前提，就是一定要講得正確。有大德說：「懵懂傳懵懂，一傳兩不懂，師父下地獄，弟子往裡拱。」所以講錯法的下場非同小可，大家一定要謹慎小心。

在佛教的傳統中，一個人是否具備講經說法的資格，是一定要經過善知識的考核鑑定的。考核合格了，才能去講，如果沒有得到善知識的開許，就不能夠傳法。這是對佛法負責，對眾生負責，也是老師對學生負責。傳法是非常有難度的事情，如果我們對佛法理解得不正確、做得不夠好，就沒有資格去給別人傳授。我們是否有足夠的智慧傳講佛法，這一點必須是由我們的善知識來鑑定。

觀察一位善知識是否可以隨學，非常重要的就是看他的師承，他是跟誰學的。他如果跟隨過真正的高僧大德學修，而且得到這些高僧大德、善知識的開許，那麼就比較可靠。如果有些人是「自學成才」，沒有老師，那我們要敬而遠之。因爲你不知道他講的是對的還是錯的，誰能證明他的理解是對的呢？所以一定要得到善知識的印證、開許，才能夠去傳法、去講經說法，這是一個很重要的標準。所以，佛法的布施不是那麼容易的。

不過，我們可以做間接的法布施，比如說，請老師到家裡來講經說法，請很多同學一起來聽。雖然法不是我講，但講法的老師是我請來的，所以講經說法的所有功德我都有，這樣間接的法布施比較安全。如果我們沒有得到善知識開許，就直接去做法布施，萬一講錯了，可就是害人害己，罪過是很大的。

還有一種間接的法布施，就是印一些好的經書送給別人，或者幫助流通經書，這也是一種法布施。但是做這種法布施也要小心，現在外面的書籍良莠不齊，有好的，也有不好的，萬一你送出去的書誤導了人，在因果上你也將難逃其咎。

有一種方法非常保險，就是贈送佛陀所說的經典，那肯定是沒有問題的。最好這部經典能在《大藏經》裡找到原文，而且不要有解釋的，因爲後人的解釋我們難以判別對錯，但是贈送佛經的原文一定是有功德的。

如果我們要贈送除了佛經以外的其他好書，建議大家在送給別人之前，一定要得到善知識的鑑定和認可。這個時代的書眞的很難說，有些書看起來很好，裡面卻是有問題的，這樣的書非常多。所以我們寧可不送，也不要憑自己的感覺去亂送。佛陀在《四十二章經》中說：「愼勿信汝意，汝意不可信。得阿羅漢已，乃可信汝意。」佛陀說，不要相信你自己的思想，你的思想是不可信的。因爲凡夫的思想很多都是顚倒、錯誤的，除非證得阿羅漢以上的果位，就可以相信自己了。因爲阿羅漢已經證得「人無我」的境界，所以他基本上不會有錯誤。

以上是做法布施特別要注意的地方。

無畏布施是指我們關心他人，消除他人的恐怖、畏懼與不安。《優婆塞戒經》云：「若有情怖於王賊及水火等，施以無畏，能於種種極怖中，隨力濟拔，此則爲無畏施。」在眾生身心不安、恐怖害怕之時，無畏施能夠幫助他消除內心的恐懼與驚慌。社會上有很多人內心中有恐慌、有不安、有很多心理問題，我們去安慰他、幫助他，讓他們能夠離苦得樂，這就是無畏布施。

特別值得推薦給大家的一種布施就是放生。一次圓滿的放生可以具足以上所說的三種布施：首先，大家出錢買生命，就是財物的布施；接著，在放生時給這些生命念誦經典、稱念佛號等，就是在做法布施；我們把這些眾生從將要被殺的恐怖當中解救出來，又是一種無畏布施。尤其是放生直接能解除生命身體的痛苦、延長它們的壽命，所以參與放生的人都能得到健康長壽的果報。《大智度論》云：「知諸餘罪中，殺罪最重；諸功德中，不殺第一。」

佛陀在很多經典裡都談到布施的殊勝功德，我們還需要了解的是，布施的對象不同，得到的果報也會相差很大。布施就像種種子一樣，種子播種在什麼樣的田地裡最好，會長得最快最大？佛經中把三種最殊勝的布施對象比作最肥沃的福田，它們分別叫做恩田、敬田和悲田。

第一，恩田。恩田指的是父母師長。父母親和善知識是對我們恩德最大的，因爲他們直接給了我們生命和智慧，是我們生命之河的源頭，所以是恩田。

第二，敬田。敬田就是諸佛菩薩、佛法僧三寶，也包括所有的古聖先賢，都是敬田。因爲這些都是宇宙間最值得我們尊重的物件，他們的恩澤普被一切眾生，拔苦予樂，賜予福祉，是一切眾生恭敬、禮拜、供養的物件。

第三，悲田。悲田就是正在遭受痛苦的眾生，最需要我們去悲憫和幫助的眾生。比如說，天災人禍中的受難眾生，飢寒交迫的苦難眾生，遭受殺戮的悲慘眾生等等，都是需要我們去關愛和幫助的悲田。

因爲這三種對境非常強烈，所以是三種最肥沃的土地，是布施的最好對象。我們如果能夠對恩田、敬田和悲田這三種對象經常做布施的話，福德的增長會無比的迅猛，我們會變得非常有福報，做任何的事情都會吉祥如意。

傳統的智慧中非常重視福報，一個人如果福報不夠，做什麼事情都不會成功。我們想要的一切吉祥順遂其實都離不開福報。俗語說「一福壓百禍」，又說「吉人天相」、「福人居福地」等，都顯示出如果一個人福報足夠大，那他就能消除很多災難、障礙，並且總是能心想事成。

從出世間法的修行證悟來說，福報也是一個先決要素。有些修行人只重視開智慧，而忽略修福報，殊不知如果沒有福報的累積，開智慧也是非常渺茫的事情。在《金光明經》中說：「福資糧圓滿，生起智資糧。」就體現了福報和智慧間的關係。禪宗也講一個人要開悟，要大徹大悟，需要具足「七朝皇帝福，九代狀元才」。要有做七次皇帝的福報、做九次狀元的智慧，福報和智慧都到了相當大的程度，才能夠眞正地開悟。古代民間也有「福至心靈」的說法，就是說一個人的福氣到了，心就開竅了，本來聽不懂的，能聽懂了；本來想不通的，也能想通了，可見福報對於開啓智慧的重要性。大家所熟知的大乘菩薩的六度，布施度爲第一，其密意就是如果沒有布施而累積的福報，則後面五度都無法達成，由最初的布施度，而能引發後面的五度。

《大寶積經》云：「吾不捨財，財將捨我，我今當捨，令作堅財。」這「堅財」就是福報，無論對於世間的成功和幸福，還是對於出世間的證悟和成就，積累福報都是至關重要的。因此，我們應該非常重視勤修布施。

對於布施的理解，很多人以爲只有給出錢財才是布施，沒有財富的人似乎就做不了布施。這是一種狹義的、錯誤的看法。在佛經裡面講，任何形式的付出都可以是布施，我們有錢的時候可以出錢，沒有錢的時候，可以布施衣服、飲食、藥品等。還包括出主意幫別人解決難題、出體力幫別人搬運東西等，這些都是在做布施。用身外之物幫助他人叫外財布施，用自己的智慧體力幫助他人叫內財布施。所以布施是非常廣義的一個概念，乃至於在緊要關頭勸別人一句好話都是布施。

除了財施、法施、無畏施以外，佛陀在《雜寶藏經》裡還特別講到「無財七施」——七種不用花錢就可以做的布施。雖然沒有付出錢財，但是獲得的果報卻非常地殊勝，而且人人都能去做。是哪七種布施呢？

佛說有「七種施」，不損財物，獲大果報。

「一名眼施：常以好眼，視父母、師長、沙門、婆羅門，不以惡眼，名爲眼施。捨身受身，得清淨眼。未來成佛，得天眼佛眼。是名第一果報。」

我們要用非常慈愛的眼神去看父母師長，去看一切眾生，如果用這種眼神去看別人，這就是眼施。不用花一分錢，你只要以慈愛的眼神去看任何眾生，特別是自己的父母、師長，未來成佛的時候，就可以得到天眼、佛眼！佛陀在《觀世音菩薩普門品》中這樣讚歎觀世音菩薩，「具一切功德，慈眼視眾生，福具海無量，是故應頂禮。」觀世音菩薩是過去早已成佛的正法明如來，爲救度眾生而現菩薩相，他永遠都以「慈眼視眾生」，是無數眾生心目中最親切、最慈悲的菩薩。我們大家都要向觀世音菩薩學習，一定要用慈悲、慈愛的眼神看一切的眾生，千萬不要用眼睛瞪別人、白別人，否則以後可就變成水泡眼、白眼狼了。所以說「勿以善小而不爲，勿以惡小而爲之」，小到一個眼神都可以爲我們帶來吉凶完全不同的結果。可能在這之前，大家還眞沒關注過自己的眼神，從今天起就要注意了，給出慈愛的眼神，將來就能得到天眼、佛眼。這樣殊勝的布施一定要做，實在不熟練，不妨先在鏡子前多練練吧！

「二名和顏悅色施：於父母、師長、沙門、婆羅門，不顰蹙惡色。捨身受身，得端正色。未來成佛，得眞金色。是名第二果報。」

第二種叫和顏悅色施。就是對著別人時，你的表情和臉色要和顏悅色，不要總是一副不高興的樣子，臉色特別難看，臉拉得老長老長。你想想這副樣子讓身邊的人會多麼難過，你希望別人將來也都沒好臉色給你嗎？所以，一定要和顏悅色，任何時候都要保持溫和、微笑，讓所有看到你的人都感覺很舒服、很愉悅、很安心，尤其是對著父母師長的時候。《論語．爲政第二》中說：「子夏問孝，子曰：『色難。』」大意是說，子夏問什麼是孝，孔子說：「色難。」就是說子女在父母面前經常有愉悅的容色，是件難事。孔子認爲，孝不僅僅是替父母做事、把父母供養好，更重要的是「色難」。就是即使自己很累或心情很不好，在父母面前也要和顏悅色，保持愉悅的神情。如果我們能夠對所有的人都和顏悅色，未來我們生生世世都會相貌端正、非常漂亮，而且將來成佛時，整個身體都會是眞金色，就像釋迦牟尼佛一樣的莊嚴。所以大家以後不要花錢去整型、美容，萬一整壞了後悔都來不及，還是多多布施「和顏悅色」吧，美容效果超好，而且絕對沒有副作用。

「三名言辭施：於父母、師長、沙門、婆羅門，出柔軟語，非粗惡言。捨身受身，得言語辯了，所可言說，爲人信受。未來成佛，得四辯才。是名第三果報。」

言辭施就是我們講話要柔和、婉轉，不要粗口、惡言，言談要悅人心，尤其對境是「父母、師長、沙門、婆羅門」的時候。如果能夠這樣的話，未來會有很好的口才，我們講的話，別人願意聽受。將來成佛的時候，會成就四種辯才。

如果講話的語氣很生硬，別人就不愛聽，有道理別人也接受不了。很多人就虧在這個毛病上，好心是有的，講的話也是對的，但就是因爲語言不夠柔和，所以別人就是不願意聽。《妙法蓮華經》中有一句話，「言辭柔軟，悅可眾心。」如果言辭柔軟，就能讓大家聽了感覺很舒服、很愉悅。現在的社會有一種非常不好的觀點，就是認爲人一定要剛強，不能夠柔弱，每個人都要做強人，所以我們看到「女強人」愈來愈多。「強人」是什麼？《水滸傳》中說：「這裡正是強人出沒的去處。」在古代，強盜才叫做強人。雖然我們不能說現在的女強人也是這個意思，但是女子到底需要剛強，還是柔弱？到底是做個爭強好勝的「女強人」好，還是做個溫柔如水的「智慧女人」好？我們不妨來看看《道德經》裡是怎麼說的。

老子《道德經》的境界超過儒家的境界。儒家的境界都是「有爲」，但是《道德經》講「無爲」。儒家要剛正，所以最後有些人被砍頭了，因爲太剛正不阿了，不懂得以柔克剛；《道德經》卻教我們不是要剛正，而是要柔和。憨山大師云：「從來硬弩弦先斷，每見鋼刀口易傷。」

剛硬、剛強、剛正的都容易折斷、折傷；柔軟、柔弱、柔和的才能夠長久，才能夠取得最後的勝利。

《道德經》中說：「上善若水。水善利萬物而不爭，處眾人之所惡，故幾於道矣。居善地，心善淵，與善仁，言善信，政善治，事善能，動善時。夫唯不爭，故無尤。」唯有與世無爭，才不會招致怨恨、憂患。人爲什麼會有很多的煩惱憂愁，就是因爲跟別人爭。「水善利萬物而不爭」，所以水沒有憂，水最自在，我們要向水學習。老子說水性「幾於道」，水基本上和宇宙的道是一樣的，萬物都離不開水，但水從來都只是利益萬物而不與萬物爭。「處眾人之所惡」，眾人都不喜歡的位置就是低下卑微，而水都是往低處流的，別人不去的地方它去，它處在最低的位置。但我們人卻都愛往高處走，爭先恐後的，所以就有競爭、就有煩惱、就有憂患。「夫唯不爭，故無尤」。怎樣才能無憂？就要向水學習。

那麼是不是謙卑、低調、柔弱就意謂著失去、失敗呢？肯定不是，老子認爲恰恰是「柔弱勝剛強」。他在《道德經》中這樣闡述這個道理，「天下柔弱莫過於水，而攻堅強者莫之能勝，以其無以易之。弱之勝強，柔之勝剛，天下莫不知，莫能行。」老子說，柔其實能夠勝剛，弱能夠勝強，天下沒有人不知道，但沒有人可以做到。爲什麼？其實恰恰是這個「柔弱」需要更多的慈悲、智慧和力量才能夠做到！老子又比喻說：你看我滿口的牙齒因爲剛強都掉了，但是這個舌頭很柔弱，還在。太極拳也是一樣，蘊含的就是這個「以柔克剛」的道理。

所以說，逞強、爭強、剛強都不是眞正的強大，那什麼是眞正的強大呢？《道德經》中說：「守柔曰強。」能夠守住這份柔弱，就是強大。別怕自己柔弱，就怕是做不到，守不住柔弱，能夠做到、守住柔弱的人才是眞正強大的人！你看，滴水可以穿石。石頭是很剛強的，但總有一天會被水滴穿，然而卻沒有任何堅硬的東西能夠把水割開來。如果我們想成爲一個內在有力量、強大的人，就恰恰要學習柔弱。

特別是在佛教裡，剛強恰恰是一個貶義詞。《地藏菩薩本願功德經》裡有一句非常著名的教言，「南閻浮提眾生，舉止動念，無不是業，無不是罪。」爲什麼會這樣？因爲「南閻浮提眾生，其性剛強，難調難伏」。所以「剛強」不是一個褒義詞，「剛強難化」說明這個人的心像石頭一樣，很難被感化，很難被教好。所以，我們不要學剛強，要學柔軟才好。

而且，從自然界的現象上看，柔軟是生命的表現，僵硬是死亡的表現。《道德經》裡說：「人之生也柔弱，其死也堅強。」活著的人都是軟的，死了就變成硬邦邦的了。樹木、花草也是一樣，活著的草木都是有彈性的，死了以後就乾枯了，一折就斷。到底是柔和好，還是剛強好？

老子說：「故堅強者死之徒，柔弱者生之徒。」看看我們每個人愈是年輕，身體愈柔軟；愈是年老，身體愈硬，最後死了就徹底硬了。所以柔弱代表生存的意思、剛強代表死亡的意思，那你是要學柔的還是學剛的呢，自己選擇吧。

所以，喜歡做「女強人」的要好好學習學習《道德經》中柔弱、謙卑的智慧，「強大處下，柔弱處上」。現在很多女人也喜歡強出頭、占強勢。其實當你逞強、剛強的時候，已經在下風了，眞正占上風的是柔弱，柔弱才是最厲害的。

這就是中國傳統女學的精髓，女子最強大無比的祕密武器就是溫柔。現在很多人都把這個強大的祕密武器扔掉不要了，而去學習如何剛強，如何死得更快，眞的是太可惜了。

「女學」可不是一般人能看懂的大智慧。如果不明白因果，不明白中國優秀傳統文化智慧，不明白《道德經》，就看不懂「女學」，不理解爲什麼要女子處於低下，爲什麼要女子卑微柔弱，其實這都是《道德經》裡的高深智慧。人們向來喜歡把女人比作水，做爲女人，你一定要學習水的品質：處下、柔順、利萬物而不爭……，只有這樣，你的福報才能更大；只有這樣，你才能夠無往而不勝。「抽刀斷水水更流」，水雖然柔弱，但再厲害的利器也無法對付水，所以溫柔是最厲害的。

女學的智慧同樣值得男人們借鑑，如果男子溫文爾雅、言辭柔軟，一定也會使人生歡喜心。所以這第三言辭施，就是要求我們能夠講話柔和、不說粗語。只有這樣別人才能歡喜信受，而我們自己也會因此得到辯才無礙的果報。

「四名身施：於父母、師長、沙門、婆羅門，起迎禮拜，是名身施。捨身受身，得端正身，長大之身，人所敬身。未來成佛，身如尼拘陀樹，無見頂者。是名第四果報。」

第四個是身施，就是以我們身體的「起迎禮拜」來向別人表示恭敬。當我們看到父母、師長，包括其他的眾生時，我們要起來迎接他，恭敬地禮拜他。

這就是《善生經》裡的「先起」「後坐」，看到老師、父母親進來我們要趕緊站起來，等老師、父母親坐下了，我們才能夠坐下。先起後坐的其中一個意思就是「起迎禮拜」，是一種非常重要的身體布施。

「起迎禮拜」在《弟子規》裡面也有非常詳細的描述，「路遇長，疾趨揖，長無言，退恭立。」、「騎下馬，乘下車，過猶待，百步餘。」、「長者立，幼勿坐，長者坐，命乃坐。」怎麼對長輩，怎麼對父母？長輩來的時候我們應該起立；長者坐下了，讓我們坐，才能坐下；長者要走的時候，我們要恭敬地站在那裡遠遠地目送，目送到看不見的時候，才能夠回去。不要長者剛走，反身你也走了，或者「咣」地一聲把門關了，這都是非常沒有禮貌的行爲。不僅對父母長輩，對任何人都要做到「起迎禮拜」。

如果我們能夠以這樣的身施來恭敬別人，未來必定會身材端正、長得高大。所以，要想孩子長高，很簡單，就讓他從小學習《弟子規》，從小練習「起迎禮拜」，對待每個人都謙卑、恭敬，那他未來就會長得端正挺拔；相反，愈傲慢無禮就會愈長不高。有些過去生中非常傲慢的，這輩子就會長得很矮。而且「敬人者人恆敬之」，我們以身施恭敬別人，未來別人就會尊重我們。更殊勝的是，未來我們成佛的時候，能夠具足無見頂相。

「五名心施：雖以上事供養，心不和善，不名爲施。善心和善，深生供養，是名心施。捨身受身，得明瞭心，不癡狂心。未來成佛，得一切種智心。是名心施，第五果報。」

前面講的是眼神、臉色、語言、身體，現在要講的是心。佛陀說，雖然你眼神、表情看上去很和善、和顏悅色，語言、身體也表現得很恭敬，但是如果你的心不善，就不是眞正的布施。

前面所有這些恭敬的行爲，都必須由心而發，如果我們內在沒有恭敬心，那表現在外面的就不叫禮儀，叫虛僞。有些人對中國優秀傳統文化的智慧不了解，認爲傳統文化虛僞，一定要這樣、一定要那樣，多麼虛僞，其實不是這樣的。中國優秀傳統文化智慧裡所有的禮節都必須是由心而發的，內在的恭敬心表現在外面才能叫禮；如果內在沒有恭敬心，外在看起來很有禮節，那叫虛偽。眞正的禮是一個人內心虔敬的自然流露，是我們對他人愛敬存心的外在表達，眞正的禮節都是由內而外的。

當我們內心生起眞誠的慈悲心、感恩心、恭敬之心、供養之心時，所做出的行爲才算是心的布施。做任何事情一定要反觀自己的內心，是眞的有感恩心、恭敬心、利他心，還是欺騙心、虛榮心、私利心。如果我們是由眞誠的善心出發，那就是一種殊勝的布施。

以這種善心供養，我們未來可以「得明瞭心、不癡狂心」。癡，就是白癡；狂，就是狂亂。有的人爲什麼會變成白癡、精神病？都是因爲以前內心當中不善的原因。如果我們能夠以這種善心供養，未來就會得到佛陀的一切種智，一切的智慧我們都會得到。佛陀的一切種智也是來自於「心施」，所以，擁有一顆和善的心多麼重要！

「六名床座施：若見父母、師長、沙門、婆羅門，爲敷床座令坐，乃至自以己所自坐，請使令坐。捨身受身，常得尊貴七寶床座。未來成佛，得師子法座。是名第六果報。」

床座施就是看到父母師長，要準備很好的座位給他們坐，或者讓自己的位子給父母師長坐。我們在公共汽車上或是到一些公共場所，看到長者、父母、老師，乃至任何一個人，讓位置給他們，這叫床座施。未來會得到尊貴的七寶床座，成佛後就能夠坐在獅子法座上講經說法。這就是床座施的果報。

「七名房舍施：前父母、師長、沙門、婆羅門。使屋舍之中，得行來坐臥，即名房舍施。捨身受身，得自然宮殿舍宅。未來成佛，得諸禪屋宅。是名第七果報。」

我們經常提供房子給父母師長來用，提供房子給大家來用，這就叫房舍施。現在很多人的房子都比較大，甚至不止一套，如果能盡量給父母師長提供方便，請他們住宿，這個功德非常大，「捨身受身，得自然宮殿舍宅」，未來會有更多的房子、更好的房子。

這樣實際的案例在我們身邊比比皆是。

有些人特別喜歡給父母親安置好的住所，有些人經常請善知識到家裡住，甚至有些人送房子給父母師長，後來發現這些人的房子愈來愈多。佛經中說：「捨一得萬報。」你今天給出的是空間、住所，未來自然會得到更多的空間和住所。所以我們看到這些人住的房子愈來愈好，本來很小的房子，後來換很大的房子，最後換別墅了。這些都是我們布施房舍帶來的果報，不僅如此，而且「未來成佛，得諸禪屋宅」。

所以，如果有人覺得房子不夠大或不夠好，那麼最好的方法就是多請客，請父母師長來家裡住。不住的話，來坐坐也好，你未來就會得到更大更好更多的房子。

「是名七施，雖不損財物，獲大果報。」

這就是「無財七施」，我們的眼神慈善、表情和顏悅色、言辭柔軟、身體恭敬起迎禮拜這都是一種布施；我們內心和善，給別人讓座，提供住宿，提供活動的場地，都是一種布施。這些都不用花錢，但同樣可以得到殊勝的果報，一定要盡力地去做。

布施的學問非常大，如果布施做到圓滿，就是登初地的菩薩。初地菩薩的標準是能現見法性、斷除三結。而且他可以布施自己的身體，頭目腦髓、身肉手足都可以布施給別人，如果能做到這點，就是布施波羅蜜圓滿，這是初地菩薩的境界。

釋迦牟尼佛的前世，曾做到「捨身餵虎」、「割肉餵鷹」。

有一世，釋迦牟尼佛是位王子，他在山間看到一隻母老虎生了一窩小老虎，由於體力不支沒辦法去覓食，眼看著母老虎和小老虎就快要餓死了。王子悲從中來，就從山上跳下去，因爲母虎連吞食他的力量也沒有，王子就用竹子刺破自己的血管，讓母虎舔舐他的鮮血恢復體力後，再用自己整個的身體來餵母虎，以自己的生命換回老虎母子的生命。

這件事情發生在以前的尼泊爾，現在那裡還有一個「捨身餵虎」的紀念地，這是釋迦牟尼佛的前世，願意把自己的生命布施給眾生。

另一世，釋迦牟尼佛做國王，發願絕不傷害一切眾生，要保護一切眾生。有一天，突然飛來一隻鴿子，這隻鴿子非常恐慌，因爲一隻老鷹緊跟著飛過來了。老鷹要抓鴿子，國王趕緊把鴿子保護起來。但是老鷹說：「你不讓我吃鴿子，那我餓死了怎麼辦？你不能只慈悲鴿子，不慈悲我呀！」

國王想：我發願不能傷害一切眾生的，那怎麼辦呢？看來只能捨棄我自己了。於是，國王對老鷹說：「這樣吧，我從身上割下與鴿子同等分量的肉給你，應該可以了吧？」於是他就把鴿子放在天平的一邊，然後從自己身上割下肉來放在另一邊。可是無論割多少，他這邊總是比鴿子那邊輕，一直割啊割，直到身上的肉都割完了還是沒有鴿子重。

這時老鷹說：「你後不後悔？」國王說：「我雖然渾身顫抖，但是我內心裡沒有一絲後悔，爲了救護眾生，我寧可捨棄自己的生命。」說完，他就整個人跳到了天平上。這時候，鴿子、老鷹都消失了，帝釋天王現出了身形。

帝釋天王就是這樣，經常會來考驗修行人。特別是號稱登初地，或者號稱已經具有菩提心的人，帝釋天王就會來考你，看看你有沒有這個境界。

國王馬上就明白了，他非常禁得住考驗，考試通過了。

帝釋天王說：「你有什麼願望，我可以幫助你實現。」

國王說：「我希望能夠早日成就無上菩提，度化一切眾生。」

帝釋天王說：「對不起，這個願望我幫不到你，我還沒有成佛，沒有辦法幫你成佛。如果你希望身體馬上恢復如初，我可以幫你。」因爲此時國王的身體已經割得血肉模糊了。

但是國王說：「這個不用你幫忙，我自己的願力就可以做到。如果我的菩提心是眞實的，希望我的身體馬上恢復如初。」剛一說完，國王的身體就恢復如初了。

眞正的菩提心是非常厲害的，如果一個人有眞正的菩提心，他所講的話就都會實現。

西藏有位高僧大德，在一次洪水爆發時，站在洪水將要衝過來的路上，拿著一顆小石子說：「如果我的菩提心是眞實的，洪水到這裡就會停止。」然後他把這顆石子往面前的路上一放，果眞，洪水到這裡就眞的停止了。

所以，眞正的菩提心，力量是非常巨大的，可以感動天地。但是，這個不能亂試，萬一你的菩提心還不夠，人就被洪水沖走了。包括初地菩薩能做的布施自己身肉手足的事情，凡夫也不要輕易去嘗試，否則難保你不後悔。俗語說：「獅子跳得過的懸崖，兔子不能跟著跳。」修行布施波羅蜜多也要根據自己的根基，一步一步修上去，愈修愈有福報，愈修境界愈高，總有一天一定會圓滿的。

《吉祥經》三十八種吉祥如意的方法，我們已經學了十五種，每一種學了以後就要盡力去做，這個是最重要的。學習傳統文化也好，學佛也好，最重要的關鍵就是「學一句，懂一句，做一句」，這樣才能得到這些偉大智慧的眞實利益。

就像上面我們講到要和言愛語、和顏悅色、恭敬有禮等等，這些都是馬上可以去做的事情，慢慢養成一種習慣後，不僅未來會愈來愈吉祥，而且很快你會發現自己變得愈來愈莊嚴了。古人說：「三日不讀聖賢書，面目可憎。」又說：「相由心生。」所以，用聖賢之道來美容是最好的美容。大家以後要多多親近善知識，聽了法之後好好地去力行，那就省得去美容院了。

# 16 幫助衆親眷

布施先從家人開始，先滿足父母、妻兒的需求，然後如果你能力做得到，還應該幫助親屬、朋友、鄰居等。

如果一個家庭中父慈子孝、兄友弟恭、夫義婦德，那就是這個家庭的吉祥；而在自己的家庭之外，還能夠去幫助親眷、和諧鄰里，那麼吉祥如意的範圍就更廣了，快樂當然也就更多。所以佛陀又爲我們開示了第十六個吉祥如意的祕訣，就是「幫助眾親眷」。

佛陀在另外一部對在家居士開示的經典《郁伽長者所問經》裡講到：

「複次，長者，在家菩薩若在村落、城邑、郡縣、人眾中住，隨所住處，爲眾說法。不信眾生，勸導令信；不孝眾生，勸令孝順；若少聞者，勸令多聞。慳者勸施，毀禁勸戒，嗔者勸忍，懈怠勸進，亂念勸定，無慧勸慧。貧者給財，病者施藥。無護作護，無歸作歸，無依作依。彼人應隨如是諸處，念行是法，不令一人墮於惡道。長者，如是菩薩一一勸導，乃至第七，欲令眾生住於德行。如不能令住，而是菩薩於此眾生，應生大悲，作如是言：我若不調是惡眾生，我終不成無上正眞道。長者，若菩薩在如是城邑村落中住，不教眾生令墮惡道，而是菩薩諸佛所訶。長者，是諸菩薩應當如是莊嚴：我今應當修行是行，住在城邑村落郡縣，不令一人墮於惡道。長者，猶如城邑有善名醫，令一眾生病毒而死，多眾訶責。如是，長者，若是菩薩隨所住處，不教眾生令墮惡道，而是菩薩則爲諸佛之所訶責。長者，在家菩薩住在家地，如佛教行，得增勝法。」

佛陀在這裡打比喻說，如果一個村莊有個好醫生，那麼這個村莊裡如果有人生病而死，這個醫生就會受到眾人的訶責。同樣的，做爲一位在家菩薩，如果所住地區的眾生有一個人墮入了三惡道，那就是這位在家菩薩沒有盡到責任，也會受到諸佛的訶責。

我們不是只想自己解脫的小乘行人，而是爲了讓一切眾生都成佛、發了廣大菩提心的大乘菩薩。我們不能自私自利地只考慮自己和家人的解脫，而應「心包太虛」，將無邊無際的一切眾生時時刻刻放在心中，爲一切眾生的解脫成佛而努力。菩提心不僅是要爲如虛空般的眾生發願，更要爲身邊的每一個眾生而行願。做爲大乘行人，應責無旁貸地擔當起六親眷屬、親朋好友和鄰里鄉親，盡一切努力去幫助他們，讓他們獲得世間的吉祥及出世間的解脫成佛。要做到這個當然很不容易，但這是我們的菩提心、我們的志向，我們要朝這個方向前進。

當然，眞正做起來，還是先要從自己開始。如果我們自己沒有覺悟、沒有解脫的話，內心還是一片無明，又怎麼可能幫得了別人？雖然我們的願很大，要度化一切眾生；志很高，要成就無上菩提，但是我們的行卻要踏踏實實從自己做起、從腳下啓程。否則不要說能讓別人不墮三惡道了，到頭來恐怕是泥菩薩過江，連自身都難保。

只有我們自己實踐佛法，親身體驗到了佛法的眞實利益，獲得了幸福吉祥，獲得了解脫自在，那我們才能成爲一個榜樣、才能有力量去幫助眾親眷都獲得幸福和解脫。否則，自己煩惱一大堆，親友們是不會相信我們，和我們一起走上解脫之路的。這就是佛法中所說的「自覺方能覺他，自利方能利人」。

《關聖帝君覺世眞經》也說要「睦宗族，和鄉鄰」。從自己的家庭到六親眷屬、到所有的鄉鄰，我們都應該盡自己的能力去幫助他們。

怎麼樣用傳統文化的智慧來「幫助眾親眷」呢？這不僅需要愛心，更需要智慧。

首先還是要從孝道開始。「孝是人道第一步」，這是我們共同的一個價值觀，無論種族，無論國界，所有人都不會反對孝道。再壞的人，如果罵他是不孝之子，肯定生氣，如果讚揚他是孝子，還是會高興。沒有人會接受不了孝道，沒有人會去反對對自己的父母好。

雖然利他的心是快樂的源頭，而破除我執才能徹底解脫，但一下子要做到這些是不可能的。我們只有先從孝養父母開始，讓自私狹小的心能多容納父母在裡面，再從兄友弟恭、夫義婦德、君仁臣忠開始，一步步擴大自己的心量。所以，弘揚中華優秀傳統文化智慧，要從儒家的《孝道》《弟子規》開始，讓大家先成爲一個孝順父母的人，然後再更上一層樓，這樣循序漸進，人們就比較容易接受。《弟子規》中說：「事諸父，如事父。事諸兄，如事兄。」先教導人們孝敬慈愛自己的父母兄弟，再推而廣之到對一切眾生恭敬慈悲，這就是引導眾生、幫助眾生的方法。

我們要幫助眾親眷，但千萬不能急，不能一上來就講出離心、菩提心、空性見，直接就講大乘佛法，那你可能會遇到像《妙法蓮華經》中常不輕菩薩一樣的遭遇。人家不僅聽不進去，還會用棍棒打你、石頭扔你。世尊當年講《妙法蓮華經》時很多人不理解，剛開了個頭就有五千人退場。「世尊默然而不制止」，並說「退亦佳矣」。因爲《妙法蓮華經》太高深了，佛陀在世時「尚多怨嫉」，何況在末法時代的今天。

講大乘佛法不是那麼容易的。我們不能光有一片好心，卻沒有圓融的智慧，對別人處在什麼階段、什麼程度不詳加觀察，硬拉著別人學佛、修高深大法，這樣的結果可能適得其反。和讀書一樣，要先讀一年級、再讀二年級，先讀小學、中學，再讀大學，不要一下就讓人讀博士，那誰也受不了。我們自己不也是先從賢良的人格、孝道開始，一步一個臺階慢慢前進的嗎？

在《藥師琉璃光如來本願功德經》中，藥師琉璃光如來所發的第十一大願，「願我來世得菩提時，若諸有情，饑渴所惱，爲求食故，造諸惡業。得聞我名，專念受持，我當先以上妙飲食，飽足其身；後以法味畢竟安樂而建立之。」我們幫助眾親眷也要像藥師琉璃光如來那樣，先以飲食衣服等盡力幫助他們；然後再引導他們通過孝道和因果的學習而獲得世間的安樂；最後才能讓他們眞正走上解脫的道路，獲得究竟的安樂。所以說，說明眾親眷需要耐心和恆心、需要智慧和方法。

當我們慈悲地「幫助眾親眷」時，其實也是在耕耘自己吉祥如意的福田。

「幫助眾親眷」不僅會帶來人際關係的和諧，而且也種下了幫助別人的種子，未來就會有更多的人幫助我們，這就是吉祥如意的方法。這裡所說的「幫助」，包括關懷和友善、寬容和忍讓，還有前面所講的財布施、法布施、無畏布施等等。如果你想在危難時有人伸出援手、在困難時有人雪中送炭，那你首先要樂於助人、寬以待人，盡力去善待和幫助身邊每一個人。

春秋戰國時期，有次楚莊王大宴群臣，大家興致很高，一直喝到天黑。這時突然一陣大風，吹滅了所有的蠟燭，之後聽到楚莊王的王妃一聲尖叫。黑暗中，王妃對楚莊王說：「大王，有人趁蠟燭滅了調戲我，我把他的帽纓拉下來了，你趕緊命人點燈，一看就知道是誰。」但楚莊王卻寬容地說：「是我讓他們喝酒的，醉後失禮情有可原。」並且馬上命令群臣說：「大家都把帽纓扯下來，一醉方休。」等大臣們都把帽纓扯掉後，才又命人點上燈繼續喝酒，因此自始至終都不知道那個調戲王妃的人是誰。三年後，晉國與楚國交戰，有位大臣奮勇爭先，五場戰鬥都衝殺在最前面，首先殺敗了晉軍。楚莊王感到奇怪就問這位大臣說：「我的德行不夠高，從來沒有重視過你，你這次爲什麼奮不顧身呢？」這位大臣說：「我罪當死，上次宴會上調戲王妃的就是我。大王您寬宏大量不治我的罪，因此我一定要爲您肝腦塗地、衝鋒陷陣。」這就是有名的楚莊王絕纓的故事。

楚莊王能寬容對待一個羞辱了自己的人，還智慧地保全了對方的面子，因此換來了一顆甘願爲他捨身報國的心、換來了楚國的強盛。這個故事告訴我們應如何與家親眷屬、宗族鄉鄰們相處。做人一定要寬容，「退一步海闊天空，忍一時風平浪靜」，沒必要爲了利益得失而與親眷鄉鄰斤斤計較。要知道，人心的規律都是這樣，你敬他一尺，未來他敬你一丈。如果我們能夠處處爲別人著想、時時替他人考慮、盡力去幫助他人，那麼未來在關鍵的時刻就會有人來幫助我們，這也是因果的規律。

「幫助眾親眷」符合了因果的規律、人心的規律，因此一定會帶來眞正的吉祥。

17

# 行爲無瑕疵

「行為無瑕疵」指的是那些不存邪念、不傷害一切眾生、不違背戒律的行為。

記得有一首老歌中這樣唱道：「幸福不是毛毛雨，不會自己從天上掉下來。」想想真是很有道理的，哪怕多麼令人喜出望外的好事臨門，或者多麼讓人難以預料的大難臨頭，都不是沒有來由的。儘管我們肉眼看不見，但宇宙間的每一件事都有著它運行的軌跡，無論好事、壞事，從它被上膛發射就已經確立了目標。它可能會走很久，也可能轉眼就到；它可能長大無數倍，也可能消失殆盡。但有一樣是確定無疑的：上膛發射的那個人，永遠都是最終接收的那個人。

這個規律早就被很多智者發現了，中華優秀傳統智慧告訴我們「君子有造命之學」。這命怎麼造？誰來造？幾千年來無數的人們已經印證了：種什麼因，得什麼果，命運就掌握在自己手裡！

人人都想得到吉祥如意，關鍵要在因上下工夫。也就是說你在上膛發射時，就要想好了這是不是自己想要的，因爲今天你給出的任何快樂或痛苦，未來都會由自己接受。

這就是佛陀爲什麼告訴我們第十七種吉祥如意的方法——「行爲無瑕疵」。這絕對不是道德說教，這與我們的命運息息相關。

瑕疵是指玉的斑痕，用來比喻人的過失或事物的缺點。如果我們的行爲多有瑕疵，那麼毫無疑問，未來我們的命運也是多有坎坷的。那什麼樣的行爲才是沒有瑕疵的行爲呢？

「行爲無瑕疵」主要有兩個標準：第一是內心當中不存一絲邪念；第二是外在的行爲沒有傷害一切眾生。

我們是通過身、口、意的行爲來種下善惡之因的。意念雖然看不見，但哪怕再細微的一念都會在我們的心田上留下印記、播下種子，而且所有的語言、行爲都是由意念而產生的，所以看護好自己的心非常重要。如果內心當中不存一絲邪念，就不可能有負面的行爲；如果內心當中充滿了愛敬、慈悲，那麼行爲上就不會有過失。

凡是傷害眾生的行爲都是會帶來惡果的行爲，所以首先不能傷害一切眾生。我們身體所有的行爲不去傷害眾生、口裡說出的語言不去傷害眾生、內心當中的思想不去傷害眾生，做到了這些，就可以稱爲「行爲無瑕疵」。

如果我們心裡有很多的邪念、外在有很多傷害眾生的行爲，那麼未來一定會成熟強大的負面結果。《地藏經》裡講「捨一得萬報」。春種一顆瓜籽，秋收滿藤果實，而一個果實裡又有多少顆新瓜籽？因果的規律和大自然的規律是一致的，大家千萬不要輕視了「勿以惡小而爲之」這句話。很多人不明白因果不虛的道理，平常的行爲都是在自私自利當中，很少去顧及其他人、其他的眾生。殺生、偷盜、邪淫、妄語、惡口等等，只圖自己的一時快樂，想怎麼做就怎麼做，看上去好像挺自由、挺快樂，但是要想獲得長久的幸福吉祥是絕不可能的。未來當惡果成熟、厄運降臨時，再怎麼怨天尤人也是沒有用的。就像《俞淨意公遇灶神記》中所說的「如種遍地荊棘，癡癡然望收嘉禾，豈不謬哉」。

所以我們最低限度先要做到「行爲無瑕疵」，這樣才能止惡於當下、防患於未然。繼而再去盡力行善，種下吉祥的種子，這樣我們的人生才能遠離凶險和災禍、才能充滿幸福和吉祥。

要做到「行爲無瑕疵」，就要時時刻刻觀照好自己的身口意，所謂「看好心，管住嘴，修好行」。如果我們能夠做到守身如玉、守口如瓶、守意如城，那麼應該就可以稱爲「行爲無瑕疵」。

在這裡還要提醒大家，千萬要把握好方向，是向內看好自己、修好自己，而不是向外去看別人、管別人。藏族人有句話說：「別人身上像針一樣的毛病你都看得很清楚，自己身上的毛病像犛牛一樣大都看不見。」這其實是大多數人的通病。眞正想要改變命運的人還是多多反觀內省，把力氣用在修正自己身上好些。因爲正己方能化人，自己都做得不好，想要改變別人也是不可能的。

其實《吉祥經》中的每一句教言都是「行爲無瑕疵」的具體標準，只要一條一條實實在在地去力行，行爲都會是善妙的、高尚的。我們能做到一條，吉祥如意就會多一點，如果全部做到了，所有的痛苦就沒有了。

我們都應該把《吉祥經》背熟，經常思維其中的每一句教言，把三十八種吉祥如意的方法，每一種都努力地去做、去落實。這樣，生活就一定會變得非常幸福，生命就一定會充滿光明，從世間暫時的、有局限的安樂吉祥，到出世間究竟的、沒有局限的安樂吉祥，最終我們一定會像佛陀一樣，獲得無盡的吉祥和圓滿的覺悟！

# 18 邪行須禁止

內心避免惡的念頭生起，努力斷除意惡，並在內心發願遠離惡行。

雍正皇帝是歷史上難得的一位開悟的皇帝，他曾引用過一句古語，「以佛治心，以道治身，以儒治世。」為什麼佛法的重點在於「治心」？有一個來自《華嚴經》的四句偈非常有名，也被稱為是破地獄偈，功德非常殊勝，這就是「**若人欲了知，三世一切佛，應觀法界性，一切唯心造**」。佛教唯識宗的智慧揭示了世界萬象皆是我們心的投射、心的化現，所以佛法的修行最強調的就是「觀心為要」（引自蕅益大師所作《淨社銘》），向內求，在心地上下工夫，因為只有這樣才能從根本上解決問題。

世尊在這裡為我們傳授「邪行須禁止」的吉祥祕訣，其關要也正是從根源——我們的內心上來避免惡。如果內心當中有邪念，外在就會有邪行、就會有種種傷害眾生的行為，那麼未來就會感受種種的惡報和痛苦。

所謂邪，剛好是與正相反的。邪行來自於內心的邪念，而邪念又是如何產生的？我們爲什麼會有邪念？是因爲內心的邪見。邪見就是無明、就是愚癡，它和正見剛好對立。而正見的定義有兩種，就是深信因果和了達空性。如果我們能夠了解因果、相信因果，那我們的所作所爲就會合於正道，獲得想要的吉祥如意；如果我們能夠了達無我的空性，那就能夠破除無明我執，獲得最高的吉祥。

如果我們不相信因果，不能夠了達萬事萬物的潛在可能性，不能夠證悟無我的空性，那就是我們還有無明和愚癡，也就是邪見。因爲這種愚癡、邪見，我們就會產生不正確的邪念，所產生的行爲就會與世界的眞相、宇宙的規律相違背，這樣的邪行會讓我們種下無數負面的種子，會讓我們與我們嚮往的吉祥如意、幸福快樂背道而馳。

所以我們要停止邪行，首先就要轉邪見爲正見，斷除意念上的惡業。這就需要我們能夠時時刻刻觀照自己的內心，保持清醒的覺知，這樣才能夠消除很多的過患、少犯很多的錯誤。人爲什麼會犯錯誤？就是因爲不明是非因果，或者失去了覺照。如果對自己的心念沒有去覺照，我們就無法控制自己的這個心。

中華優秀傳統文化的智慧都教導我們向內反省、修正自己，遭遇逆境一定要「反求諸己」，好好回頭看看自己的內心，是不是自己有一些很不好的思想根源，而不是把眼睛看著別人、看著外面。因爲，思想決定行爲，行爲決定結果，內在有不好的思想，外面一定不會有好的結果。

要知道，如果我們內心當中沒有任何缺點，外面就不可能有障礙。外面的所有問題，都是來自於內心某些負面的心態和思想，還有就是過去種下的不好種子。

就像《俞淨意公遇灶神記》裡講的，俞淨意公成立「文昌社」，做了很多善事，但是命愈來愈不好，爲什麼呢？都是虛假的善，不是眞心眞意的善。

怎麼善都成了虛名和假善了呢？俞淨意公也曾這樣怨天尤人，「聞冥冥之中纖善必錄，予誓行善事、恪奉規條久矣，豈盡屬虛名乎？」幸好他遇見的是「舉頭三尺有神明」的灶神，幾十年來的意惡和邪念絲毫未能隱藏，被灶神一一點破。

俞淨意公自認爲終身無邪淫，但是灶神說了，「邪淫雖無實跡，君見人家美子女，必熟視之。心即搖搖不能遣，但無邪緣相湊耳。」什麼意思呢？你雖然沒有發生邪淫的事情，但是，你看到長得漂亮的美女，眼睛馬上就直了，心也搖擺蕩漾，開始胡思亂想。只是你沒有這個緣分而已呀，如果碰上不好的緣分，就會犯邪淫的錯誤了。這就是《太上感應篇》裡講的「見他色美，起心私之」。所以心中如果有邪念和意惡，那麼儘管形象上看起來是一個正人君子，但是負面的種子已經在不斷地播種了。因果律不僅僅關乎你的行爲，在你起心動念時，因果律就已經發生作用了，而且這個意念是起最主要作用的。

俞淨意公爲什麼落魄幾十年？你看他「但於私居獨處中……，貪念、淫念、嫉妒念、褊急念、高己卑人念、憶往期來念、恩仇報復念，憧憧於胸，不可紀極」。

就是因爲他的意惡很重，忽略了對自己內心的覺照，以爲所言所行都是在行善積福。哪裡知道，天地神明一目瞭然，都不是眞實的善，哪裡會積福呢？功名福壽早就被大量地折損了。

「暗室虧心，神目如電。」、「人間私語，天聞若雷。」我們造了任何的惡業，不要認爲沒有人知道，諸佛菩薩全部知道，護法龍天全部知道，玉皇大帝、日遊神、夜遊神每天都會來巡邏視察，這一點是儒釋道三家共同承認的。

《金剛經》云：「如來滅後後五百歲，有持戒修福者，於此章句能生信心，以此爲實。當知是人不於一佛、二佛、三四五佛而種善根，已於無量千萬佛所種諸善根。聞是章句，乃至一念生淨信者，須菩提，如來悉知悉見，是諸眾生得如是無量福德。」我們所做的一切的善業，布施、持戒、修持佛法，如來悉知悉見。哪怕你在房間裡沒沒無聞地修行，好像誰都不知道，不用擔心，所有的諸佛菩薩全部清清楚楚。

我們凡夫最大的毛病就是腦子裡有很多很多不好的念頭，所以中國古人說「君子愼獨」。什麼叫君子？哪怕一個人在房間裡面，他都會非常謹愼，不會讓自己的思想、語言、行爲有任何偏差，完完全全以君子的標準來要求自己。這也是我們自己要不斷修行達到的一個目標。就像這個古代的俞淨意公，經過灶神點撥教導，後來非常猛厲地懺悔改過，並爲自己改號爲「淨意」。他眞心實意地精進勤修，甚至達到了「動即萬善相隨，靜則一念不起」的境界，最終命運得到了完全的轉變，也成爲後人學習的修行榜樣。

當然「邪行須禁止」的祕訣不僅僅在於深信因果，還教導我們要對治我執。如果進一步，我們能夠證悟無我的空性，那就會消除種種不正確的思想、語言、行爲，讓自己的身口意安置於正道上面。

是不是努力地斷惡修善、反省改過，就一定會幸福快樂呢？也不一定，要想眞正調伏自己的內心，解脫一切的煩惱，最終還必須要面對那個頑固的「我執」，去除這個無明的根本。

佛法講，所有痛苦的源泉就是我執——不了解人身乃五蘊假合，把假我當作實有。如果我們內心當中已經證悟了無我的眞相，那就沒有任何人可以傷害我們。爲什麼會痛苦？爲什麼不自在？就是因爲有個「我」在作怪，就是因爲我執沒有被消除掉。

這個世界所有的快樂、所有的痛苦，是誰在感受？不就是自己在感受嗎？但是這個「自己」眞的存在嗎？佛法的無上殊勝就在於揭示了「無我」的眞諦，這不僅是過去、現在無數佛菩薩、阿羅漢、修行人所實踐和證悟的，也是佛法將帶領我們親自去驗證的。

凡夫就是因爲執「我」爲實有，所以才感受種種的痛苦、快樂，如果我們內心完全通達了無我的空性，就會超越所有的痛苦和暫時的快樂，就會獲得眞正的解脫和究竟的快樂，就會獲得全然的自在和圓滿的幸福。

輪迴痛苦的根源就是我執，這是我們對宇宙眞相的無明和迷惑，以爲有「我」，所以爲了「我」而起貪嗔、爲了「我」而造下種種的業。造惡業感召苦苦，造善業感召變苦，最終都是在輪迴的痛苦中，這就是無明我執所導致的「因惑造業，因業受苦」，這就是一切痛苦的根源。

我們要消除痛苦，就要杜絕造業；要杜絕造業，就要消除迷惑。一個人只有不迷惑，才能夠做出正確的行爲，只有正確的行爲才能夠得到快樂的結果。要獲得世間暫時的快樂，就要消除負面的惡因，種下正面的善因；要獲得出世間究竟解脫的快樂，就一定要消除無明我執的迷惑。這就是「邪行須禁止」的深層次含義。

佛法之所以能解決一切煩惱，就是因爲是從根源上下手。無論什麼煩惱，尋根究柢就是來源於我們的迷惑，迷惑消除了，就不會去造業，不去造業，未來就不會受苦。因爲我們有了因果正見和空性的智慧，我們的身口意種下的全都是正面的因、全都是快樂的因，未來就可以得到幸福和快樂。學了《吉祥經》，我們就懂得了如何避免不吉祥的因，多多播種吉祥的因，未來我們就可以得到眞正的吉祥如意。眾生都是求樂避苦的，最根本的方法就是要消除痛苦的原因——我們內心的迷惑。佛法說：「破迷開悟，離苦得樂。」

道理是很簡單的，消除迷惑、破除我執、證悟空性就可以徹底消除痛苦，但是要做到這點談何容易？就算告訴你，你現在在做夢，醒得過來嗎？所有的感受都是那麼眞切，怎麼看也看不到空性。雖然理論上知道「我」不存在，但是痛徹心扉的感受還是無人能替。古往今來，的確有不少證悟空性、解脫輪迴、成就佛果的聖者，但是和無邊無際的茫茫眾生比起來，還是如鳳毛麟角般極其稀有難得。

說總是比做容易得多，別說是證悟空性了，就只是要做到《吉祥經》中的幾條吉祥祕訣，也不是學了馬上就能做到的。所以，衷心祝願大家都能好好珍惜這些寶貴的智慧，踏踏實實地修持這些吉祥的祕訣，一步一步向幸福圓滿的人生邁進。

# 19 克己

**從行為和語言方面戒除惡業，不造殺生、偷盜、邪淫、妄語等傷害眾生的惡業。**

前面兩個祕訣「行爲無瑕疵」「邪行須禁止」都是在告訴我們，如果想要獲得吉祥如意，就不能放任自己的行爲，對於善、惡、正、邪要能夠明辨，並且能夠管理好自己的身語意，杜絕一切邪行、惡念，讓我們的言行舉止、起心動念都沒有瑕疵。

這一章節「克己」則進一步教導我們控制自己的「身」和「語」，杜絕在行爲和語言上造作惡業。首先要聽聞佛法，知道哪些是會給自他帶來傷害的語言行爲，然後在心裡下定決心，不做這些負面的行爲，進而在曆緣對境時，要盡力控制自己，不讓自己的身和口去造作這些惡業。最主要有這樣幾大類負面的言行：殺生、偷盜、邪淫、妄語、兩舌、惡口、綺語。這些在前面的「嚴持諸禁戒」和「如法行」中已經詳細介紹過了。

這樣克制自己是不是不容易？是的，「從善如登，從惡如崩」，從善如登山般舉步維艱，從惡只需要一失足便成千古恨。「克己」乃勇者所爲，需要強大的心力和持久的毅力。

這樣克制自己是不是很辛苦？的確，「戰戰兢兢、如臨深淵、如履薄冰」般謹愼護持自己的言行，肯定比放任自流要辛苦得多，但是墜落深淵、沉入冰窟的滋味卻更要痛苦千百倍。所以，「克己」是智者所行，看清了方向，苦行也是快樂。

眞正能夠做到了「克己」，不僅能給我們帶來吉祥如意，而且能讓我們徹底解脫輪迴。

我們都知道寺廟裡的大雄寶殿，裡面正中間供奉著佛陀。爲什麼把供奉佛陀的殿堂稱爲「大雄寶殿」呢？世間人把戰場上英勇殺敵、戰無不克的勇士稱爲英雄，把武林中無人能敵、所向披靡的武俠稱爲英雄，但是他們都不能被稱爲「大雄」，因爲就算他戰勝了全世界，但是他還有一個人戰勝不了，那就是他自己。再厲害的人都很難戰勝自己、很難克服自己內心的煩惱和痛苦。眞正的大英雄並不是戰勝別人的人，而是戰勝自己的人，所以佛陀被稱爲「大雄」，因爲佛陀是這個宇宙間徹底戰勝了自己、解脫了一切煩惱的人，是眞正的大英雄！「克己」不僅僅是戰勝自己的煩惱、克制自己的惡習、調伏自己的心，而且還要破除我執的迷惑、證悟無我的空性，這才是眞正徹底的「克己」。一個人，只有徹底戰勝自己，才能夠得到解脫和自在。

儒家的治世之道也是「克己」為先。孔子說：「君子求諸己，小人求諸人。」孟子說：「行有不得，反求諸己。」都是在說做任何事情一定要懂得反省自己、改正自己。儒家講的是方法，佛家講的是根本，殊途同歸，都是教給我們真正解決煩惱，獲得幸福的智慧。

大多數沒有學習傳統文化的人在生活中遇到逆境和痛苦時，要嘛選擇對抗，拚命想要改變別人、改變環境；要嘛選擇逃避，有人頻繁跳槽，有人常換伴侶。這些都不是解決問題的方法，因為自己的內心沒有改變，走到哪裡，外境總是會上演同樣的逆境、同樣的痛苦。

我們要學會把逆境當作提醒自己反省的老師，即使是遭遇誹謗和冤枉，也要認識到這是因為自己過去種下過誹謗冤枉他人的種子，趕緊懺悔自己才重要。如此以智慧來抉擇自己面對逆境的態度，不僅暫時獲得了平和的心態，而且長久來講是真正剷除了禍根，為自己創造了未來的幸福。所以，「克己」是吉祥的源泉，「克人」是痛苦的源泉。因為今天你戰勝了別人，別人更加地仇恨你，敵人永遠是打不完的，除非你徹底戰勝了自己的內心。「反省」、「克己」、「行有不得，反求諸己」都是非常殊勝的智慧，是我們為人處世非常重要的原則。

但是要做到這些是非常不容易的。大多數人碰到問題都是找藉口為自己開脫、找理由責怪別人，很少去反省自己、去看自己的問題，這是大多數人不能夠獲得快樂非常重要的一個原因。如果一個人老是逃避自己、責怪別人，那麼他永遠不會進步、永遠不可能獲得眞正的自在和解脫，因爲他每天都在自己騙自己。一個人應該眞誠地面對問題、面對自己的內心，能夠找到自己身上的缺點並認眞改過，才是眞正地善待自己，也才會眞正地獲得自在和快樂。

《了凡四訓》的作者袁了凡先生之所以能夠心想事成、有求必應，最終改變了自己的命運，就是因爲他掌握了三個很重要的祕訣：

第一個就是改過。了凡先生認爲「今欲獲福而遠禍，未論行善，先須改過」。他每天晚上反省自己，以「恥心、畏心、勇心」來直面自己的過失，及時懺悔和改正自己。

第二個是積善。他每天記「功過格」，積極地積累善業，種下很多正面的因。了凡先生完成過一千善、三千善，甚至一萬善。

第三個是念准提神咒，祈禱准提觀音的加持。

通過這三個祕訣，袁了凡先生所有的心願全部都實現了，無論是求官還是求子，甚至他沒有求的壽命，都延長了二十多年。

不僅了凡先生極爲重視改過，歷史上還有許許多多古聖先賢嚴於律己的故事，以及關於反省改過的教言。孔夫子最讚歎的弟子顏回以「不貳過」名垂千古；以孝子著稱的曾子「吾日三省」

成爲後人效仿的榜樣；開創了「貞觀之治」的唐太宗李世民加強「三省制約制度」。其中一條規定就是自己口述或草擬的詔書，也必須由門下省副署後才能生效，以防止他自己發出決策失誤的詔書。唐太宗虛心納諫的胸懷感召了長孫皇后、魏徵、房玄齡等人的忠心輔佐，留下了許多千古美談……。

古人尚且如此，何況生於末法時代的我們。如今人們的煩惱日漸熾盛，世界各地的天災人禍頻繁猛烈，這些都是眾生共同的惡業導致的。在這樣的時代，我們每個人唯有勵力反省、精勤克己、努力改過，才能消除自己負面的因，才能夠消除痛苦、免於災禍。同時，我們還要積極努力地行善，多種下正面的因，才能給自己創造眞正的幸福快樂和吉祥如意。

更爲重要的是祈求諸佛菩薩的加持，這也是了凡先生之所以改命成功的最關鍵要訣。很多人學習《了凡四訓》恰恰就是忽略了這一點，所以感覺收效甚微。的確也非常努力地改過遷善了，但好像還是諸多不順、事與願違。其實這很正常，因爲所有的種子成熟都有時間滯後性，而且做爲凡夫，改過行善的力量又非常薄弱，改過時屢懺屢犯，行善時一曝十寒，煩惱的心也很難調伏，想要很快見效當然很不容易。所以，除了自己要努力以外，一定要祈求諸佛菩薩的加持。大家如果了解了准提神咒的功德，就會明白爲什麼袁了凡能在短時間內所求皆遂，使自己的命運有了翻天覆地的變化，持誦准提神咒就是了凡改命的「助跑器」。有了諸佛菩薩的加持，無論消除負面種子，還是成熟正面種子，都會快速達成，自己斷惡修善的心力也會非常強大。在此末法時代，如果沒有諸佛菩薩的加持，我們是很難獲得進步的。

所以，我們一方面要明理，明理之後努力去落實這些道理；另一方面一定要祈求諸佛菩薩的加持，沒有諸佛菩薩的加持，光靠自己的力量是不行的。

在古代，有位那先比丘，非常有學問。一天，彌蘭國王對那先比丘說：「你們沙門說，有人在世間造惡業一百年，臨終前在短暫的時間裡念佛懺悔就能獲得解脫，我不相信這種說法。你們沙門還說，一個人平時沒幹過什麼壞事，僅僅殺害一條生命，死後就會墮入地獄，我也不相信這種說法。」

那先比丘問彌蘭國王，「把一塊小石頭放在水面上，它是浮在水上，還是沉入水中？」國王回答：「沉入水中。」那先比丘又問，「如果拿一百塊大石頭放在大船上，船會不會沉沒？」國王回答，「不會沉沒。」那先比丘便以此理啓發國王，「一百塊大石頭雖然沉重，但因爲船的浮力而不會沉入水中。同樣的道理，雖然有人一輩子造惡業，但臨終時依靠念佛懺悔，不但不會墮入地獄，反而能往生淨土。就像小石頭入水即沒一樣，有些人由於不知道念佛懺悔，所以僅以一個惡業也會墮入地獄。」彌蘭國王聽後茅塞頓開，連聲讚歎：「善哉！善哉！」

我們想要解脫輪迴的痛苦，一定要靠諸佛菩薩的力量。即使背負著如同一百塊大石頭般沉重的惡業，但只要跳上了阿彌陀佛願力的大船，就一定能安然渡過生死大海，往生極樂淨土。如果非要自己背著石頭渡海，那即使是一塊石頭也能把你拖入海底。

所有佛菩薩唯一做的事就是駕起慈航到輪迴苦海中救度眾生。但是我們如果不知道或者不願意登上這艘慈航，佛菩薩也是沒有辦法的。如果我們皈依三寶，把一切都交給三寶，那我們就等於是登上了一艘安全的大船。

當然，我們自己首先要學習，要努力，要不斷地去種下財富、健康、和諧、智慧等等正面的種子，並通過反省懺悔、「克己」止惡去消除負面的種子，同時最重要的就是真誠祈求諸佛菩薩的加持。不僅解脫生死的大事要祈求佛菩薩的加持，我們開智慧、證悟成佛也要祈求佛菩薩的加持；不僅達成心願要祈求佛菩薩的加持，我們消除負面的種子也要祈求佛菩薩的加持。依靠諸佛菩薩加持，消除業障、息滅痛苦、成就心願、開啓智慧等等，都會在很短的時間裡實現。

這就是「克己」的吉祥祕訣。「克己」不僅是防非止惡，而且要破除我執；「克己」雖然責無旁貸，但同時也要借助聖者的力量。只有這樣，我們才能夠獲得真正的吉祥。

## 20 不飲酒

飲酒或吸食海洛因、古柯鹼等各種麻醉品不僅會招致錢財損失，還會危害健康、喪失理智，更嚴重的是來世會轉生惡道或成為愚癡的人。所以，戒除麻醉品也是一種吉祥。

在「嚴持諸禁戒」的吉祥祕訣中，佛陀告訴我們，要想吉祥如意，最低限度的禁戒就是不傷害一切眾生。因爲只要給出傷害，未來就會有百千萬倍的傷害回到自己身上來。做爲五戒中的最後一條，飲酒雖然不是直接傷害其他眾生，但它確實是傷害自他的一個根源，因爲「酒能亂性」。飲酒會讓我們喪失智慧和毅力，失去自持的力量，進而做出殺盜淫妄等種種傷害自他的行爲。

在《報恩經》及《大毗婆沙論》中都講述了這樣一則公案：在迦葉佛時代，有一稟性賢良的五戒居士，一天因吃飯時，菜裡鹽放得太多而口渴難忍。他急於解渴，便把家中的酒喝了，結果酒醉而失去理智。這時鄰居的雞跑到他的家裡來，他就把雞殺了當下酒菜。不一會兒，鄰家的女主人跑來找雞，他又一時性起把女主人強姦了。事發後，他被鄰居家告到了官府，官府在審問時，又全然否認所犯的惡行。就這樣，因爲不謹愼喝了酒的緣故，這位本來持戒的居士，接連把偷盜、殺生、邪淫、妄語四條戒全都犯了。

《弟子規》中說：「年方少，勿飲酒，飲酒醉，最爲醜。」印光大師親著的《德育啓蒙》中也說：「酒是狂藥，飲必亂性，醉則反常，越禮犯分，最好勿吃，免致大喝，聰明智慧，常保清白。」

飲酒致醉的害處人盡皆知，歷史上因酗酒而亡國的君王比比皆是，現代人因酗酒而敗家、甚至亡命的也絡繹不絕。有資料顯示，中國每年有十一萬人死於酒精中毒，而飲酒導致的食道癌、肝癌、胃癌等病患更是數不勝數，還有因喝酒而引起鬥毆、車禍……，《太上感應篇》裡說：「嗜酒悖亂，骨肉忿爭。」飲酒帶來的種種痛苦災難不勝枚舉，把酒比作毒藥、狂藥確實毫不過分。

醉酒的醜態也是人皆惡之，一個彬彬有禮的雅士喝多了酒，馬上就變成了放逸無禮的醉鬼。醉酒不僅能讓一個正常的人像一攤爛泥躺在地上、躺在廁所裡，甚至耍酒瘋，醜態百出，令眾人厭惡，而且長遠的影響更是能讓一個人神志迷亂、口齒不清、智力衰退。很多人一輩子的事業、家庭、健康等等最終就是敗在一個「酒」上！

酒的危害有目共睹，但是人們往往會輕視酒精的威力，甚至有些佛教徒也不守持「不飲酒」戒，以爲只要不喝醉，少量的飲酒並無大礙，這完全是對飲酒過患不甚了解的錯誤認知。

佛陀在《毗奈耶經》中云：「草尖露珠許酒亦切莫飲，倘若飲用，則彼非我聲聞，我非彼本師也。」

現代科學也證明了飲酒絕對會損傷人的智力。專家指出，酒精是一種親神經物質，對神經有毒性作用，能直接殺傷腦細胞，使之溶解、消亡、減少。德國海德堡大學醫學院的科研人員證實，飲酒六分鐘後，腦細胞開始受到破壞。美國研究人員證實，那些平均每天飲酒兩次以上的人，其腦體積比禁酒者小百分之一點六。

飲酒是導致愚癡的因，愈喝酒智力就愈低下，記憶力、判斷力下降，注意力渙散，思維障礙，大大增加了得失智症的可能性。如果夫妻倆一起喝酒的話，就有可能會生出所謂的「星期天嬰兒」（即受到酒精影響而導致大腦等器官受損的孩子）。酒精對人智慧的損害，不僅是佛陀所言，而且得到了現代科學的證明，無數人的親身驗證，所以千萬不能喝酒。

佛教的許多經論中都詳述了飲酒的過患，其中《大智度論》說飲酒有三十五過失，「一者現世財物虛竭。何以故？人飲酒醉心無節限，用費無度故。二者眾疾之門。三者鬥諍之本。四者裸露無恥。五者醜名惡聲人所不敬。六者覆沒智慧。七者應所得物而不得，已所得物而散失。八者伏匿之事盡向人說。九者種種事業廢不成辦。十者醉為愁本。何以故？醉中多失，醒已慚愧憂瞇。十一者身力轉少。十二者身色壞。十三者不知敬父。十四者不知敬母。十五者不敬沙門。十六者不敬婆羅門。十七者不敬伯叔及尊長。何以故？醉悶恍惚無所別故。十八者不尊敬佛。十九者不敬法。二十者不敬僧。二十一者朋黨惡人。二十二者疏遠賢善。二十三者作破戒人。二十四者無慚無愧。二十五者不守六情。二十六者縱色放逸。二十七者人所憎惡，不喜見之。二十八者貴重親屬及諸知識所共擯棄。二十九者行不善法。三十者棄舍善法。三十一者明人智士所不信用。何以故？酒放逸故。三十二者遠離涅槃。三十三者種狂癡因緣。三十四者身壞命終墮惡道泥犁中。三十五者若得爲人，所生之處常當狂騃。」

佛陀在《善生經》中也開示說：「善生，當知飲酒有六失：一者失財，二者生病，三者鬥諍，四者惡名流布，五者恚怒暴生，六者智慧日損。善生，若彼長者、長者子飲酒不已，其家產業日日損減。」

佛經裡講，不但自己不能喝酒，而且不能讓別人喝酒。在菩薩戒裡給別人喝酒的罪過超過自己喝酒，因爲自己喝酒還是自己害自己，給別人喝酒那是害別人，害別人的罪過超過害自己，此須謹記。

當然，更不能造酒、賣酒。《梵網經菩薩戒本》云：「若佛子，自酤酒，教人酤酒。酤酒因，酤酒緣，酤酒法，酤酒業，一切酒不得酤。是酒起罪因緣，而菩薩應生一切眾生明達之慧，而反更生一切眾生顛倒之心者，是菩薩波羅夷罪。」《念住經》中云：「製酒、飲酒、令他飲之人多轉生嚎叫地獄。」賣酒是重戒，是根本的十重戒之一。所以，絕對不能做酒的生意。

不僅僅是酒，包括與毒品、鴉片、香菸相關的事情都不能做。海洛因、大麻、鴉片等毒品的危害無須多言，世人皆知，而吸菸的危害卻不僅僅像人們所熟知的只是得肺癌那麼簡單。在《龍樹菩薩箚記》中這樣記載著菸草的來歷，「本師釋迦牟尼佛在龍宮勝王處，正入定時，有名魔天施之二魔女，愛戀世尊，趨至佛前，大獻媚術，佛從定起，做一彈指，二女即入昏沉，及其覺時，自見形態變為龍鍾老嫗，大生慚恚，逃於他方，共相議曰，我二人不能壞佛戒體，何不發一反願，於其隨順眾生中，安一惡種子，言已，次魔女取胎血，抛向印度國，長魔女取便溺，抛向中華國，由是從胎血種子，播生菸草，從便溺種子，播生大蒜，菸蒜二者，一入口中，眾生即當墮入地獄，以其由發反願所生，且於佛前所發反願，較其他一切之力，大而有餘故也。」《德育啓蒙》中說：「菸俱勿吸，以傷衛生，口氣常臭，熏天熏人，鴉片香菸，其毒極烈，花錢買害，癡人可憐。」

很多人不能戒除菸、酒、毒品，都是因為還不夠明理，沒有下狠心去戒除。所有的菸、酒、毒品都會損害人的心智，讓人產生依賴之心。酒會上癮，菸也會上癮，毒品更會上癮，癮君子們無法控制自己，被這些東西所奴役，哪裡還有自由、快樂可言？

眞正的快樂是不受任何外在條件的控制，是內心當中的解脫和自在。如果我們的快樂依賴於外界，一旦失去就會倍感痛苦。就像吸毒，吸的時候很快樂，如果不吸，就會感受生不如死般的痛苦。如果被菸癮、酒癮、毒癮所控制，就等於是在殘害自己的生命，又何談吉祥快樂呢？一個懂得珍愛自己的人，務必要遠離菸酒毒、戒除菸酒毒！

佛法主張要從內心中去尋求眞正的解脫和快樂，不能夠依賴外面的這些有害因素。一個人只有獨立才能夠得到解脫。快樂若是來自於我們內心的智慧，那就自在了。如果依賴外界的環境，被外界環境所束縛，那就沒有自由了。

所以堅決不飲酒、不吸菸、不吸毒，戒除這些麻醉品才能獲得自由、獲得吉祥。

通過「不飲酒」的吉祥祕訣，佛陀是要告訴我們，對醜惡的東西一定要努力戒除，對美好的東西要堅定不移地追求。淫亂、抽菸、喝酒、吸毒等惡行會摧殘我們的身體、麻痹我們的心靈、讓我們的意志變得頹廢消沉、讓我們的人生走向頹敗墮落、令愛我們的人痛心落淚，所以一定要遠離這些不吉祥的因。

# 21 於法不放逸

隨時準備行善，隨時準備修持佛法。

第二十一種吉祥的方法「於法不放逸」，本身就是最殊勝的吉祥，它能生出一切的吉祥。因爲這裡說的「法」，不是普普通通的世間法，而是至高無上的佛法。如果能對修行佛法堅定不移、毫不放逸，那就是最高的吉祥。

《隨念三寶經》云：「正法者，謂：善說梵行。初善，中善，後善。義妙，文巧。純一，圓滿，清淨，鮮白。」佛所宣講的「諸行無常，一切皆苦，諸法無我，寂滅爲樂」之四法印，與外道不相混雜、迥然不同，宛若「獅吼獨音，百獸無聲」。《寶性論》中云：「何者與具義相關，遣除三界諸煩惱，宣示寂滅之功德，此皆佛說非他云。」佛所宣講的苦集滅道四聖諦，指明了痛苦及痛苦之因、解脫及解脫之法。佛法並非僅僅是對治生老病死等單一方面的痛苦，而是能斷盡三界所有煩惱痛苦的對治法。《大方廣佛華嚴經》云：「以智慧手，安慰眾生，爲大醫王，善療眾病。」

佛法最重要的功德就是滅苦，通過從根源上把所有痛苦的因去掉，痛苦的結果就不會再有。痛苦的因是什麼？就是我們內心的無明、迷惑。把內心的無明、迷惑全部都消除了，就能解脫一切的痛苦，就像把種子剷除了，就不可能會開花結果。

圍繞著「破迷開悟，離苦得樂」這個終極目標，佛法通過八萬四千法門引導我們對治我執、長養慈悲、增長福報、消除業障、打開智慧，種種法門無一不是在幫助眾生得到一切的吉祥與安樂。

但是，佛法的利益必須要通過我們自己聞思修行才能得到。佛陀曾說：「吾爲汝說解脫法，當知解脫依自己。」如果我們聽受了佛法卻不好好地依教修行，那麼法再殊勝也和我們無關，到頭來「法還是法、你還是你」，煩惱痛苦絲毫沒有解決，佛菩薩也只能看著你流淚。佛陀在《佛遺教經》中也說：「我如良醫，知病說藥，服與不服，非醫咎也。」佛法就是佛陀大醫王爲眾生的種種煩惱大病開出的良藥，病人不吃藥不能康復，又怎能怪醫生和藥呢？

我們不僅要修行佛法，而且還要勇猛精進、毫不懈怠，否則是不可能滅苦的。因爲凡夫的「我執」習氣非常嚴重，不是幾百年、幾千年養成的，而是無始以來一直在串習我執。就拿這一生來說，在遇到佛法之前，我們根本不了解宇宙的規律和眞相，從小到大每天都在練習的就是自私、我執，一直都在串習貪嗔癡，如此經歷多年精心餵養的我執當然是非常強大，根本不用去作意，它自己就會產生。遇到貪的對境，就絞盡腦汁地想辦法攫取；遇到嗔的對境，就怒火中燒、伺機報復。「我執」不用召喚，隨時隨地、無時無刻不跟隨左右，爲我們種下一個又一個沉淪痛苦的惡因。所以，修行人面對我執煩惱當「如臨深淵、如履薄冰」，眞的放逸不得。

印光大師在《了凡四訓序》中說：「聖賢之道，唯誠與明。聖狂之分，在乎一念。聖罔念則作狂，狂克念則作聖。其操縱得失之象，喻如逆水行舟，不進則退，不可不勉力操持，而稍生縱任也。」向自己的「我執」挑戰、戰勝惡業習氣，不是一件容易的事，只有依靠勇猛精進地修行佛法，才能將我執調伏。如果我們放逸散漫、懈怠懶惰，很容易就會一瀉千里、前功盡棄。所以，佛陀告訴我們只有「於法不放逸」，才能調伏我執，才能離苦得樂、吉祥如意。

《二規教言論》云：「何以名爲不放逸？如人居於危崖上，如是自護自身心，恆時鄭重謹慎者。」印光大師也告訴我們，「然在凡夫地，日用之間，萬境交集。一不覺察，難免種種違理情想，瞥爾而生。此想既生，則眞心遂受錮蔽。而凡所作爲，咸失其中正矣。若不加一番切實工夫，克除淨盡，則愈趨愈下，莫知底極。徒具作聖之心，永淪下愚之隊，可不哀哉。」

我們要想得到世間的吉祥如意和出世間的解脫成佛，就一定要記住佛陀「於法不放逸」的諄諄教誨。修行佛法一定不能夠懈怠，必須要勇猛精進，一直到解脫爲止。只有獲得了眞正的證悟、解脫，無明、迷惑、我執才能被完全消除掉。到那時，痛苦的種子就完全沒有了，就絕對不會再有痛苦的結果了。如果我們懈怠放逸、隨波逐流，那麼痛苦的種子就像埋在身下的定時炸彈，接二連三地爆炸，我們就會在無邊的痛苦中難以自拔。

所以，在痛苦的因沒有完全消除之前，一定要不放逸、不放鬆、不懈怠、不懶惰，精進努力地修行佛法，這樣就能獲得佛法的眞實利益，消除一切的痛苦和凶險，獲得暫時與究竟的吉祥和安樂。能夠做到「於法不放逸」就是最殊勝的吉祥。

22

# 恭敬

應當恭敬的十種對象：佛陀、獨覺、阿羅漢、上首弟子、母親、父親、老師、說法者、有德者、恩人。

恭敬的十種果報：獲得食物、受人尊重、不為王賊等敗壞、容顏美麗、處眾無畏、名聲遠揚、隨眾多、收入增長、遇難成祥、子女孝順。

「恭敬」是一個人的優秀品質，是能夠帶來吉祥如意的重要方法。但是，大多數的人都很難做到，還是因爲「我執」。內心中自我意識很強的人，很難將自己處於低位去恭敬他人，即使是能夠做到對領導、對師長等恭敬，也很難做到對平級、對下屬恭敬，只有我執微弱、德行深厚的人才能做到對每個人都尊重、恭敬。

每個人都希望被關愛、被尊重，每個人都不希望被漠視、被輕慢。「以己之心，度人之心」、「己所不欲，勿施於人」，所以，我們一定要用愛敬的方式去對待別人，不能對任何一個人不恭敬。如果我們對任何人都能夠愛敬存心，就能夠種下大量的正面種子，未來就可以吉祥如意；如果我們常常輕慢、貶低、不恭敬他人，那就等於在給自己批量生產敵人，未來這些負面種子成熟時，再怎麼抱怨「人心險惡」都是沒有用的。我們想要人生中多一些朋友還是敵人？所以，恭敬極爲重要。

《孝經》裡要記住的核心就是這四個字：愛敬存心。「愛」就是用心感受別人的需要，「敬」就是卑己尊人。在力行愛敬的過程中，很多人都發現從愛自己轉變爲愛父母、愛他人並不是件容易的事，而要眞正做到謙卑、恭敬他人則更是難上加難。很多時候，就是這個「我」的身段放不下，如果我們每天都能告訴自己「我什麼都不是」，在任何時候都別太把自己當回事，這樣才能從高處落回地面，恭敬地對待他人。要知道高處不勝寒，比自信更重要的是認識到自己的不足，因爲只有認識到自己不足才能更好地向他人學習。

歷史上有很多貴爲君王而仍然能恭敬他人的典範，從這些史例中也能看到一個人的豐功偉業都是建立在德行的基礎之上，而恭敬他人就是一個人德行的具體展現。戰國七雄之一的魏國，其開國君王魏文侯禮賢下士，感召了政治、文化、軍事等各類人才共襄偉業，爲後世所瞻仰。《資治通鑑》記載了這段歷史，「魏文侯以卜子夏、田子方爲師，每過段幹木之廬必式。四方賢士多歸之。」

東漢時期頗有作爲的皇帝漢明帝，也是以「敬師」美名而百世流芳。漢明帝做太子時，博士桓榮是他的老師，後來他繼位做了皇帝，「猶尊榮以師禮」。他曾親自到太常府，恭請桓榮坐東面，設置幾杖，讓朝中百官和桓榮教過的數百位學生向桓榮行弟子禮，自己則親自侍奉在一旁。有人向他請教問題時，他謙恭地說：「太師在是。」桓榮生病，漢明帝經常派太官、太醫前去慰問，自己也親自登門看望。每次探望老師，漢明帝都是一進街口便下車步行前往，以表尊敬。桓榮去世時，漢明帝換了衣服，親自臨喪送葬。

要獲得世間的成功需要恭敬的美德，要獲得出世間的成就更需要恭敬的求學態度。印光大師曾經說過，「佛法從恭敬中求，一分恭敬，一分利益。十分恭敬，十分利益。」

佛陀十大弟子之一的舍利弗未遇佛前，曾經請教過馬勝比丘，馬勝比丘僅以四句偈開示於舍利弗，舍利弗因而證得三果，並離開外道而依止佛陀。舍利弗後來成爲眾弟子中智慧第一的尊者，但是他終生視馬勝比丘爲師，只要知道馬勝比丘在哪裡，他必定前往拜見，並以頭朝師的方向而睡，以示對開導師的恭敬。

佛法的利益一定要從恭敬當中才能得到。愈是對佛、法、僧恭敬，對善知識恭敬，獲得的利益和成就愈是巨大。本人也是在恭敬中獲得了巨大的利益，三十多年來，我拜訪了八十多位儒釋道的良師宿德，雖然自己什麼也不是，但善知識都願意來教導我，我想就是因爲我對善知識有一些恭敬之心吧。很多次求法，都是從山門口就三步一拜，拜到善知識那裡，善知識看我是眞心想學，就願意傾囊相授。

古人說：「滿招損，謙受益。」如果我們心中充滿了傲慢，自以爲了不起，那麼再好的智慧甘露也入不了心。在日本明治時代，有位著名的南隱禪師。有天，一位博學的教授來向禪師請教什麼是禪，禪師一言不發地給他倒茶，倒到茶水都溢出來了還在倒，教授忍不住說：「水已經滿啦！」禪師說：「你的心和這杯水一樣，已經是滿滿的，叫我如何跟你說禪？」這個故事意味深長，告訴我們「我慢高山，不積德水」的道理。古人講「傲不可長」，驕傲自滿只會讓自己停滯不前，也會讓所有的人厭惡，所以千萬不能助長自己的傲慢。

恭敬不是表面化的形式，更不是權謀的手段，而是來自於內在的德行和智慧。這樣的恭敬才是眞誠而感人的，這樣的恭敬才能帶來吉祥。

如果我們敬仰那些值得我們尊敬的人，感恩那些愛護、幫助我們的人，尊重那些和我們一樣普普通通的人，慈悲那些社會地位低下、值得悲憫的人，包容那些與我們有怨結的人……那我們就一定會愛敬存心地恭敬對待每一個人。

如果我們了知「唯謙受福」、「傲慢折福」的道理，就一定會甘心情願把自己放在最低處去恭敬他人。

如果我們反省到自己的不足和傲慢，勇於去對治強大的「我執」，就一定會把「恭敬」當作修行去實踐力行。

如果我們知道所有眾生都做過我們的父母，都具有佛性，將來都可以成佛，就一定會發自內心地恭敬一切眾生。

《妙法蓮華經》中的常不輕菩薩，從來不敢輕慢任何人，見到誰都恭敬禮拜，讚歎說：「我不敢輕於汝等，汝等皆當作佛。」結果他最先成佛。我們都要向常不輕菩薩學習，不僅恭敬師長父母、兄弟姊妹、同事朋友，而且恭敬所有的人、一切的眾生，因爲每一個人都需要尊敬、每一個人都值得尊敬。我們尊敬他人，給他人帶去了溫暖和尊嚴，同樣也會得到眾人的尊敬。「恭敬」就是吉祥的源泉。

# 23 謙讓

人應該懂得謙遜、禮讓，尤其是在修行佛法上，只有謙遜的人才能夠受教於好的導師。有智慧的人不會有我慢心、不會自誇，處處都會展現謙遜和禮讓。

「謙讓」有兩層含義：謙就是謙卑、謙虛；讓就是禮讓、忍讓。謙虛使人進步、讓人歡喜；忍讓則能積累大量的福德。所以，「謙讓」是可以給我們帶來諸多吉祥的重要方法。

《易經》曰：「天道虧盈而益謙，地道變盈而流謙，鬼神害盈而福謙，人道惡盈而好謙。」就是告訴我們天、地、神、人的規律都是損害、厭惡那些驕傲盈滿的，而利益、喜歡那些謙卑謙虛的。所以中國人自古以來就以謙虛爲美德，《易經》中的六十四卦也唯有「謙卦」六爻皆吉。

謙卑可以給一個人帶來福氣和吉祥，但同時，一個人要能做到謙卑，也需要深厚的福德。《薩迦格言》說：「淺學之人極驕傲，學者謙遜又溫和，溪水經常嘩嘩響，大海從來不喧囂。」

愈是淺學福薄之人愈是容易驕傲，就好像溪水般奔流喧囂；而眞正博學厚德之人，反而是溫和謙遜的，如同大海般深廣平靜。古人說：「水唯善下方成海，山不矜高自極天。」都是在告訴我們謙卑的大智慧。

要想培養謙卑的美德，一個重要的竅訣就是要經常看到自己的不足，並且經常欣賞別人的優點。《修心八頌》第二頌思維卑劣中說：「隨處與誰爲伴時，視己較諸眾卑劣，從心深處思利他，恆常尊他爲最上。」經常看到別人的優點，有利於我們生起恭敬心；經常看到自己的缺點，才會生起慚愧和謙卑。如果我們每天看自己都是優點、看別人都是缺點，那就是強大的傲慢心在作怪。

一個人的傲慢之心非常難以調伏。人總是會有很多自以爲是的地方：個子比別人高一點也會傲慢，鼻子比別人挺一點也會傲慢，皮膚比別人白一點也會傲慢，自己開個什麼車也傲慢，自己住個什麼房也傲慢，自己穿個什麼名牌也傲慢，考試分數高一點也傲慢，是什麼大學畢業的也傲慢……，好像值得傲慢的東西非常多，但其實一切都是無常的、虛幻不實的，根本沒有什麼可以傲慢的。

當我們反省觀察時，就會發現：青春和容顏都是無常的，地位和財富也是無常的，沒有一樣東西是可以永遠擁有的。在這個世界上，我們赤條條來、赤條條去，不會帶走一樣東西，沒有必要為暫時的擁有而徒增傲慢和痛苦。

傲慢是非常可悲的，它來自於無知和偏見。無知因而如井底之蛙，偏見因而會固步自封。如果我們能多讀聖賢書，就可以看到自己和聖賢之間的差距，認識到自己的不足；如果我們提升智慧、增長見識，就能夠看到海闊天空中自己的微弱和渺小；如果我們能勇於對治我執，將內心的無明完全消除，就一定會變得更加謙卑。《了凡四訓》曰：「凡天將發斯人也，未發其福，先發其慧。此慧一發，則浮者自實，肆者自斂。」一個真正有智慧、有學識的人恰恰是不會傲慢的。

古人說：「學問深時意氣平。」學問愈深厚的人愈知道自己所知甚少，因而愈是能夠謙虛低調、心平氣和。只有那些孤陋寡聞、才疏學淺的人，才總是覺得自己天下第一。《了凡四訓》的第四訓就是「謙德之效」，也講述了謙卑的德行能帶來吉祥。文中說：「予屢同諸公應試，每見寒士將達，必有一段謙光可掬。」並舉了秀才張畏岩的案例：甲午年，張畏岩赴南京鄉試，揭曉無名便大罵試官。這時有位道士在一旁微笑，張畏岩就移怒於這位道士。道士說：「相公的文章一定不怎麼好！」張畏岩更加生氣地說：「你又沒看見過我的文章，怎麼知道不好？」道士說：「聽說寫文章貴在心氣和平，今天聽到相公如此罵詈，不平之氣如此熾盛，可想而知，相公的文章怎麼會作得好呢？」張畏岩聽了覺得有理，便向道士請教，道士勸導他要積德行善來改造命運，尤其是要懂得謙虛。張畏岩聽受了道士的教誨，「由此折節自持，善日加修，德日加厚」。一日，張畏岩在夢中看到一本科第名籍冊，有人指著其中一處對他說：「這裡空行處是因爲別人德行缺失而被削去了功名，因爲你三年來持身頗慎，應該可以補這個缺了。」張畏岩果然於丁酉年考中了一百零五名。由此看出，傲慢和謙虛帶來的結果迥然不同。

管仲和鮑叔牙的故事也是關於「謙讓」美德的千古佳話。鮑叔牙對管仲情深義厚，無論在什麼樣的境遇下都信任、謙讓、成全管仲，不僅勸諫齊桓公不殺管仲，甚至大力推薦管仲替代自己的相位，而自己甘居其下。管仲曾由衷感歎「生我者父母，知我者鮑子也」。鮑叔牙謙讓的美德不僅令世人敬仰，更是爲子孫後代積累了陰德。他的子孫世世代代都享受國家俸祿，後世有十餘代都得到封地、任大夫之職。

謙卑、謙讓的美德會使一個人虛心好學、反省改過，也會讓一個人心平氣和、恭敬有禮。擁有「謙讓」美德的人自然會處處愛敬他人、忍讓他人，不僅會得到和諧的人際關係，而且也能種下大量的正面種子，累積深厚的福德，所以是非常吉祥的。

# 24 知足

**沒有渴求（渴愛）即為知足。對於已經擁有的感到滿足，對於還沒擁有的沒有貪心。**

當天上、人間都在爲「什麼是眞正的吉祥和幸福」而討論時，宇宙間至尊無上的佛陀應帝釋天的請求開示了這部《吉祥經》。這部經中蘊含著三十八個吉祥的祕訣，只要我們依教奉行，就一定能夠吉祥幸福。也許人們對於吉祥幸福的概念有所不同，但所有的人、所有的生命都有一個共同的特點，就是「求樂避苦」。如果一個人擁有了成功的事業、豐足的財產、健康的體魄……，卻唯獨缺少了快樂，那就不能說他是吉祥幸福的。所以接下來讓我們一起來學習一個吉祥快樂的祕訣——「知足」。

老子在《道德經》中說：「禍莫大於不知足，咎莫大於欲得。故知足之足常足矣。」「知足常足」，就是我們通常所說的知足常樂。一個人知道滿足，心裡面就會常常擁有滿足的快樂；相反，貪得無饜，不知滿足，就會時時感到焦慮和痛苦，甚至因爲欲壑難填而墮入犯罪的深淵。所以老子說：最大的禍患莫過於不知足，最大的過失莫過於貪欲。

「知足」的心態非常可貴，知足的人才能感受到富足的快樂。《道德經》裡說：「知足者富。」《禪林寶訓》中也說：「知安則榮，知足則富。」知足的人才是眞正富有的人。如果一個人擁有很多很多錢財，但是仍然覺得不夠，那說明他還是個窮人。既然他覺得不夠，就說明他的世界是匱乏的，那他就還是一個匱乏的人、貧窮的人。

如果你是一個「知足」的人，總是覺得自己的生活已經非常豐足了，雖然可能也沒有很多的錢、也沒有很大的房子，但是並不覺得缺什麼、還想求什麼，常常都會感受到知足的快樂，那你就是富人，眞正富足的人。一個內心富足的人，就會感受到一個富足的世界。「人到無求品自高」，一顆無欲無求的心就是快樂吉祥的源泉。

這個世界有一種苦叫做「求不得苦」，只要有求就會有「求不得苦」。如果一個人不知足，總覺得很匱乏，一直在追求，那他就一定會很痛苦。達摩祖師說：「有求皆苦，無求則樂。」有所求都是痛苦的開始，無所求就能得到快樂。所以我們每天早上起來，要告訴自己，「我什麼都不要。」這樣就會擁有知足常樂的吉祥。當然，「我什麼都不要」並不是我們什麼都不會有。

因爲「不貪」，所以不會因索取而種下負面種子；因爲「知足」，所以會給予別人而種下正面種子。「不貪」、「知足」恰恰是能夠獲得事業、財富等諸多吉祥的因。

有一些教人成功的課程，帶著大家天天喊口號，「我要發財！我要BMW汽車！我要別墅！」喊完了口號就每天跑出去努力追求，這樣能不能得到成功呢？首先要知道成功的眞實原因是什麼，成功不是取決於一個人的努力，而是取決於一個人的福報——關鍵是你有沒有成功的種子。努力工作只是讓種子開花結果的陽光雨露，但前提是必須要有健康的種子。我們見到過太多努力拚搏了一輩子卻仍然貧窮的人；我們也見過太多不需要怎麼努力爭取就擁有富貴的人。可見，努力工作和成功沒有必然的聯繫，尤其是以強烈的貪欲心去努力，更是會痛苦萬分。

當然，不是說一點都不需要努力工作，但更重要的是，一定要多種正面的因，不能種負面的因，也就是我們所說的要積累福報，要一邊積累福報、一邊努力工作才容易成功。如果一點福報都沒有、一點正面的種子都沒有，哪怕你努力工作到老死也是不會成功的。

我們不僅要多種正面的因、消除負面的因，而且還要有無求的心，這樣才能獲得眞正的成功和快樂。古人有一句話說：「只管耕耘，莫問收穫。」我們只要非常努力地去耕耘福田就好了，只要種子沒有被破壞，不用天天盼望，一定會獲得豐收。因爲我們知道因果不虛，有因必有果，果報成熟時，自然會強加於你，不想要都不可能。所以就只要安安心心地每天去布施、每天去供養、每天去種下好的種子就行了，根本不用去想那個結果。想了徒增煩惱，不想結果也必然呈現。以這樣積極播種的努力和不貪求的心態，我們就會快快樂樂地收穫成功、收穫眞正的吉祥。

沒有福報的種子，再求都是妄求，只能帶來求不得的痛苦。怎樣才能種下福報的種子？就是要多付出。無論與任何人相處，我們都要多給予、多付出，努力去給別人快樂、給別人財物、給別人所有好的東西，點點滴滴地養成習慣，廣泛地播下善的種子。這就是我們未來人生會變得很富足、很快樂的重要原因，這就是所謂的「吸引成功」。不需要去追求，只要有福報的種子，所有的收穫都會不求自來，所有的好事情都會主動來找我們。

種正面種子就好比你在田地裡種下了各種各樣的鮮花、各種各樣的水果，因爲種得非常多，所以每天都會有收穫。要嘛這朵花開了，要嘛那個果熟了，根本不用去求，它自然而然會成熟的。這樣播種到一定程度時，不管到哪裡，都會稱心如意、左右逢源，做任何事情都會得心應手、吉祥順遂。這就是因爲善的因非常豐厚，所以善的果到處都可以得到。

眞正的學佛就是我們要深信因果，在日常生活的點點滴滴中力行因果，以不求回報的心時時刻刻想著付出和給予，多多地積累善因。經過三個月、五個月、半年、一年，慢慢地，你就會發現做任何事情都會順利、做任何事業都能成功、做任何生意都可以賺錢，非常輕鬆。

這個社會上有不少學佛的居士，學了一輩子佛，幾十年努力下來還是一無所有。每天想著開悟，每天想著高深大法，每天想著閉關，不去種善的種子，不從小處著手去積福。到頭來，佛法的道理好像懂得不少，但是卻一直貧困潦倒，做任何事情都不順，命運沒有任何的改變，這就是好高騖遠的緣故，根本沒有學到真正的佛法。成佛必須要圓滿福慧二資糧，眾經之王《金光明最勝王經》中說：「福資糧圓滿，生起智資糧。」沒有福報，別說開悟了，就是要得到一點世間的成功都是不可能的。

很多人不懂這個道理，不從根本上去種下富足成功的因，卻整天貪得無饜，以非法手段巧取豪奪，不僅沒有去種下善的因，而且還造了很多惡的因。最後倒楣起來就幹什麼什麼不順、求什麼什麼不得、做什麼什麼虧損。如果一個人福報薄如紙、惡業積如山，這個人想不倒楣也是不可能的。

如果已經到了這樣的地步，那就要趕緊學習《吉祥經》了。把這裡面的三十八個吉祥祕訣好好地去學習力行，尤其要把「不貪」、「知足」、「布施」、「從業要無害」等章節反覆地學習理解，並努力地付諸實施。只有盡快地消除掉那些倒楣的因，多多種下吉祥的因，最終才能改變命運。以前成都有位大老闆，一開始生意做得很大，慢慢地愈來愈倒楣。後來他遇到我就誠心地來請教，我當時教了他一個驅霉開運咒「嗡班匝兒薩埵吽」。再後來聽說他念了整整一年，然後運氣就開始愈來愈好了。爲什麼「嗡班匝兒薩埵吽」這句咒語可以驅黴開運呢？其實就是剷除了過去惡業的種子。人爲什麼會倒楣呢？是因爲有業障，業障消除了，霉運自然就沒有了。

「有佛法就有辦法」，只要我們明瞭理，知道自己過去所作所爲種下的是惡因，願意懺悔改過，那就可以在佛法中找到一些懺悔法門，來快速有效地清除這些惡業。其中這句「嗡班匝兒薩埵吽」就是金剛薩埵佛的心咒，是最殊勝的懺悔法。如果想要驅霉開運的，一定要多多念。

記住，「知足常樂」、「知足者富」，不要讓貪婪和欲望剝奪了恬淡的心境，不要讓索取的手去種下痛苦的種子。感恩所擁有的一切，用精勤的付出去種下快樂的種子，你就是最吉祥幸福的！

# 25 感恩

佛陀時常稱讚有感恩之心的人，懂得感恩的人更容易得到快樂。我們一定要隨時準備謝謝那些利益我們的人，毫不猶豫地表達我們的感激。

我常常在日常生活當中去觀察：快樂的人爲什麼會快樂，痛苦的人爲什麼會痛苦。我發現除了每個人的福報、智慧等決定因素外，還有一個因素也非常重要，就是感恩心。懂得感恩的人往往都比較快樂，不懂得感恩的人往往都非常痛苦。懂得感恩的人經常會看到別人對他的好、對他的恩德；而不懂得感恩的人則常常看到別人的不好、常常抱怨別人。

如果一個人今天看這個不順眼、明天看那個不順眼，甚至有些人看父母親不順眼、看老師不順眼、看同學不順眼、看誰都不順眼，那可想而知，這樣的人該有多麼痛苦！這種「觀過念怨」的負面心態，不僅造成當下的痛苦，而且必定會導致身口意種下很多的負面種子，未來會感受更多的痛苦。

如果我們能看到周圍每個人的優點、看到每個人對我們的恩德，能夠對每個人「觀功念恩」，那我們就會常常處在快樂和光明中。在這種良性的心態中，一定會在身口意的行爲中種下很多正面的種子，未來就會收穫更多的快樂，所以感恩的人是最快樂的。

「知足」的人不貪，對於任何人事物沒有過多的欲望和奢求；「感恩」的人懂得珍惜，對於任何人事物的滴水之恩都以湧泉相報。這就是人生幸福吉祥的祕訣，能夠做到「知足並感恩」的人就是最吉祥的人。

《二規教言論》中闡述的十種成就世出世法的重要德行中，「感恩」是非常重要的一條，其中的兩個四句偈，「一切殊勝直士者，雖受微利報大恩，若有如是之美德，則定具足餘勝德。」、「若是知恩報恩者，共稱彼人聚天德，以此德行能推知，彼人圓滿余美德。」是說一個知恩報恩的人一定也會圓滿具足穩重、智慧、有愧、誓言堅定等其他所有的美德。

一個不懂得感恩的人，總是會認爲一切都是應該的，父母養我是應該的，兄弟姐妹愛我是應該的，老師教我是應該的，社會大眾服務我是應該的……。最近河北有一對兒子媳婦結婚後一直不工作，靠五十多歲的鰥孤老父以做搬運工侍養在家中，還逼著老父簽協議書，承諾將來孩子出生後的一切生育撫養費都由老父承擔，兒子兒媳一致認爲這都是「應該的」。這就是從小沒有培養感恩心而導致的家庭悲劇和人生悲哀。

其實，每個人都應該懂得，我們從小到大所有的獲得，都是來自於三個源頭，一定要心存感恩。

第一個是來自於父母親的養育之恩。如果沒有父母親，或者父母親不養育我們，我們就不可能生存在這個世界上，父母親的養育之恩是所有快樂的第一個源泉。所以首先要感念父母的恩德，我們都知道「百善孝爲先」、「孝門一開，百福皆開」。但是一個人如果不知道父母親對自己有多麼巨大、深厚的恩德，他是不可能行好孝道的。只有懂得知恩，才能生起感恩，才能做到報恩，才會努力地盡孝行孝。所以，學習孝道最重要的一個內容就是感念父母的恩德。如果一個人對父母都不能知恩、感恩、報恩，那是不可能建立起德行之根的，也不可能給自己的人生奠定堅實的基礎。

第二個是師長賜予我們智慧的恩德。父母親給了我們生命，師長給了我們智慧。沒有師長，我們就不懂得聖賢之道，也不懂得如何正確地修行佛法。可以說，師長對我們的恩德是無比巨大的，甚至超過了父母親的恩德。試想一下，如果沒有善知識、師長的教導，也許我們現在正在嗔恨自己的母親，而不是在感念母親的恩德。我們很多人都有這樣的經歷，雖然父母親對我們有養育之恩，但是，我們如果沒有學習聖賢的教誨，還是在無明之中的話，甚至對大恩父母都會嗔恨、頂撞、腹誹等等。因爲有無明，我們就會有種種不好的習氣、就會有種種解不開的煩惱、就會在迷茫中愈來愈痛苦。父母親雖然養育了我們的肉身，也教給了我們生存的知識和技能，但是如果沒有善知識開啓我們的智慧、解開我們的迷惑、去除我們的無明，是不會眞正快樂的，只有師長、善知識才能夠幫助我們眞正地離苦得樂、眞正地獲得解脫。

從佛法的角度來講，善知識的恩德超過一切。善知識的教誨不僅帶給我們一生吉祥的智慧，而且締造我們生生世世的智慧生命。

第三個恩德來自一切的眾生。除了父母的養育之恩、師長的教導之恩，其他的一切眾生也都是對我們有恩德的。首先，我們每一個人生存在這個世界上都必須要依靠社會大眾，如果沒有人種田、沒有人做衣服、沒有人造房子、沒有人維護社會秩序……，我們早就活不下去了。我們的生存其實是依靠社會大眾、依靠眾緣和合而促成的。有很多人會認爲，社會大眾又不是免費提供服務的，不需要感恩，這樣想是不對的，凡是得到的我們都要感恩。如果整個宇宙就只有我們一個人，絕不可能獨立存活下去，我們和一切眾生都是互相依存、息息相關的。

同時，一切眾生也是我們學習成長過程中的良師益友、是我們修行道路上的助伴、是幫助我們清淨業障的對境和積累福報的福田。我們的學習修行，除了要依靠善知識的教導外，其實在與一切眾生相處過程中的學習也非常重要。孔老夫子在《論語．述而》中說：「三人行，必有我師焉。**擇其善者而從之，其不善者而改之**。」在社會上與任何人交往，看到善的，我們就要向他虛心學習；看到不善的，我們就要對照自身反觀自省，杜絕自己犯同樣的錯誤。所以無論善與不善的，其實一切的眾生都是我們的老師，都對我們有著巨大的恩德。

一切眾生還是幫助我們修行的助伴，只要我們以慈悲和智慧對境練心，周圍每一個眾生都可以成為修行成就的助緣。《華嚴經．普賢行願品》中說：「一切眾生而為樹根，諸佛菩薩而為華果。以大悲水饒益眾生，則能成就諸佛菩薩智慧華果。何以故？若諸菩薩以大悲水饒益眾生，則能成就阿耨多羅三藐三菩提故。是故菩提屬於眾生，若無眾生，一切菩薩終不能成無上正覺。」

在九百多年前，雪域藏地的大成就者米拉日巴尊者，就是因為他的伯父、姑母侵占了他家的財產，虐待他母親及他和妹妹，才使他最終走上了學佛的道路，並獲得即身成就。佛經裡講「富貴學道難」，如果米拉日巴尊者從小生活條件非常地舒適優越，可能不一定會去學佛，也不一定會獲得成就。所以哪怕是傷害我們的眾生，其實都是我們的老師，如果沒有人傷害我們，就不能夠認清「輪迴痛苦」的本質，就不懂得爲自己和一切眾生的解脫而修行覺悟。所以，無論是如慈母般帶給我們安樂的眾生，還是如怨敵般帶給我們痛苦的眾生，對我們的恩德都是巨大的。

有一首歌叫〈感恩一切〉：感恩天地、感恩國家、感恩父母、感恩師長、感恩眾生、感恩一切……。一位智者說，有一天當他低頭看到身上所穿的衣服，禁不住聯想起這件衣服的來源：經營者、運輸者、生產者、耕種者……，他發現自己所有的一切都來自於大家的幫助，心頭不禁湧起深深的感恩。每一個人都是赤裸裸地來到這個世界，父母親給了我們人身、養育我們的生命；師長給了我們智慧、指導我們人生的方向；一切的眾生給了我們方方面面的幫助、陪伴我們的成長。其實，沒有一樣東西是我們獨自一人能創造的，所有的一切都是要靠大家的眾緣和合。所以，生活在這個世界上要懂得感恩一切。

如果我們時常懷有一顆感恩的心，面對一切的人事物都懂得觀功念恩，就一定會常常感到很快樂，因爲在我們的心中一切都是那麼美好；同時懂得感恩的人也更容易被別人所接受、所喜歡。《二規教言論》說：「若思此人於我等，乃是利濟之恩人，了知其恩並報恩，此爲高尚行爲門。」具備感恩這種高尚品質的人，不管走到哪裡都能受人歡迎，不管做任何事情都會取得成功，所以，「感恩」是獲得吉祥如意的重要方法之一。

# 26 及時聞教法

及時聽聞佛法是最殊勝的吉祥。我們聽聞了佛法的智慧，實踐於生活中，就會利益到自己，也能帶給他人快樂。聽聞佛法，能讓我們遣除疑惑，心變得寧靜而澄澈。而且未來生中，會很容易再次聽聞佛法、修行佛法，或者回憶起教法而獲得證悟。

第二十六種吉祥如意的方法更爲重要，就是「及時聞教法」。

「玉不琢，不成器；人不學，不知道。」聽聞教法是最重要的。

聽聞教法就像睜開眼睛一樣。一個人如果不聽聞教法，就永遠不可能知道眞理，不可能開智慧，就像盲人一樣，一片無明黑暗，根本不知道哪些是對的、哪些是錯的；哪些事情做了會有好的結果，哪些事情做了會有不好的結果。如果我們不學習孝道、因果法則、《吉祥經》等等這些智慧的教法，就不會知道什麼是正確的行爲、什麼是錯誤的行爲。所以聽聞教法是重中之重、是關鍵中之關鍵。

有人說：人生中有兩件事情不能等，就是行孝和行善。我認爲，比行孝、行善更不能等的，就是要學習和聽聞教法。《大寶積經》云：「如是雖有人，內具諸明解，不聞於正法，善惡何能曉。」如果善惡是什麼都分不清楚，又怎麼行善呢？進入邪教的人，覺得自己是在行善，實際上是不是在害人呢？所以沒有智慧的時候，你以爲是在行善，其實，行的不一定是善。因此聽聞教法開智慧，是緊急中的緊急，是最重要的。

只有我們開了智慧，才會知道什麼是眞正的孝和善，才會知道行孝和行善的重要性，以及如何行孝、如何行善。所以，雖然行孝和行善都不能等，但是聽聞教法更不能等。

佛陀曾經講過，「兩個人在一起，做什麼事情功德最大呢？就是一個人講法、一個人聽法，這是所有功德中最殊勝無比的功德。」大家能一起學習佛法，這是我們人生當中功德最爲殊勝的事情，沒有比這個功德更殊勝的了。任何的善都無法超越聽聞正法的善，因爲一切的善都是從聽聞正法中產生的。這是一切事情當中最有功德的事。

《無常經》云：「佛法如甘露，除熱得清涼，一心應善聽，能滅諸煩惱。」只有通過佛法的甘露才可以消除煩惱痛苦，聽聞佛法也是最快樂的事。

這個世界上會有很多看似很重要的事情，但其實也不見得那麼重要。古人云：「磨刀不誤砍柴工。」如果我們的刀不夠快，哪怕每天砍柴忙得不可開交，效果也不一定好。但如果我們開了智慧，就會很輕鬆地處理好各種事情。所以，聽聞教法獲得智慧才是最重要的。

《華嚴經》云：「如來大智慧，稀有無等倫，一切諸世間，思惟莫能及。」又云，「譬如暗中寶，無燈不可見，佛法無人說，雖慧莫能了。」一定要知道聽聞佛法的重要性，只有聽聞了佛法，破除了無明，開了智慧，才能改變自己的人生，才能更好地幫助自己和一切眾生。《八大人覺經》云：「愚癡生死，菩薩常念，廣學多聞，增長智慧，成就辯才，教化一切，悉以大樂。」我們只有在智慧非常高深時才能幫助到別人。沒有智慧，就沒有辦法幫助別人。

及時聞教法，是為最吉祥。

什麼是「及時」呢？這個「及時」裡學問很大，眞正懂得佛法智慧的人，總嫌學得太晚。如果能早點學、早點聽聞，我們在人生道路上就不至於犯很多的錯誤、受很多的苦。

不及時聞教法，就不能開智慧。我們一天不開智慧，就一天生活在無明之中。世間的每個人都想快樂、都想幸福、都想成功、都想獲得利益，但如果我們沒有智慧，就會種下負面的種子、不幸福的種子，最終就會感受到無窮無盡的痛苦。如果我們能夠「及時聞教法」、開智慧，就可以早日破迷開悟、離苦得樂。

很多父母都非常希望自己的孩子能夠快樂幸福，經常給自己的孩子出很多主意，要求他們這樣、那樣。但問題是做父母的自己幸福嗎？快樂嗎？有智慧嗎？吉祥、圓滿嗎？如果父母親真的非常幸福，非常快樂，非常有智慧，非常地吉祥、圓滿，那麼孩子應該聽。如果不是這樣的話，那麼就要好好地考量了。

父母親所說的話是不是全部要聽呢？不一定的。《孝經．諫諍章》裡講，「若夫慈愛、恭敬、安親、揚名，則聞命矣。敢問子從父之令，可謂孝乎？子曰：是何言與？是何言與？昔者天子有諍臣七人，雖無道，不失其天下。諸侯有諍臣五人，雖無道，不失其國。大夫有諍臣三人，雖無道，不失其家。士有諍友，則身不離於令名。父有諍子，則身不陷於不義。故當不義，則子不可以不諍於父，臣不可以不諍於君。故當不義則諍之，從父之令，又焉得爲孝乎？」《弟子規》也說：「親有過，諫使更。怡吾色，柔吾聲。」

中國古代的傳統是反對封建家長制的。我們現在的人倒是有點封建家長制，憑自己主觀的想法，讓孩子學這學那。你自己都不幸福，按照你的方法去做，你的孩子會幸福嘛？

世間的很多工作都要有上崗證，但是，我們人生中重要的事情——結婚和生子卻都沒有「上崗證」。怎麼做父母還沒有搞清楚，孩子已經出生了。這下麻煩了，到書店看一堆書、上網查一些資料，這樣來學怎麼養孩子。養孩子就這麼簡單嘛？養孩子有很大的學問啊！

古人講「至樂莫如讀書，至要莫如教子」，沒有任何事情比養育後代更爲重要，所以孟子講「不孝有三，無後爲大」。這「無後爲大」並不是說生不出孩子，而是說不能把孩子好好地培養成聖賢。如果你的孩子忤逆不孝，能把你活活氣死，那還不如沒有孩子好。

「不孝有三，無後爲大」這句話的意義非常大。爲什麼要有後代呢？祖先所開創的優秀智慧與豐功偉業，需要有人繼承下去。所以，培養接班人是我們人生中最重大的事情之一。中國古代皇帝登基後，第一件要做的事情是什麼呢？就是要確立太子，然後要請全國最好的老師來教育太子。

現代很多人自己的事業還可以，但是培養孩子卻不行。爲什麼呢？第一，沒有「上崗證」；第二，也不知道怎麼培養；第三，可能也沒有重視到這個程度。這是非常麻煩的事情。每個父母都希望自己的孩子成功、都希望自己的孩子快樂。但是，有多少父母眞正知道讓自己孩子成功的方法呢？

當應試教育、題海戰術充斥了孩子整個的童年、少年時，有多少父母在思考孩子青年、成年後的幸福人生到底來自什麼？當藝術考級、課外輔導牽引著孩子奔逐於難得的週末時，有多少父母用智慧爲孩子選擇了眞正能獲得人生成功與幸福快樂的素質教育？在中國，最忙的恐怕就是這些深愛子女、勤於教育的父母了，然而，往往都是看不清方向地跟風、盲從，對於這樣的教育是否能讓孩子走向成功和幸福，做父母的完全沒有把握。孩子的人生不是賭博啊！沒有把握的事情能做嗎？不用說成功率多少，只要有百分之一失敗的可能性就是在賭博。做父母親的理所當然要重視孩子的教育，但重要的是，首先要搞清楚人生成功的眞正原因是什麼，在孩子寶貴的金色年華，到底該給孩子怎樣的教育。

佛法從來不做任何賭博的事情，佛法做的都是能夠確定的事，這是三寶、諸佛菩薩給我們保證的。從古到今兩千五百年來，所有的人按照佛法眞理去做都得到了同樣的結果。不管是在古代或現代、在中國或外國，都一樣。

以前師父給我們傳授《金剛經》時，每次講《金剛經》前，都要講兩千五百年來發生的通過《金剛經》獲得成功的案例，讓我們非常有信心。從佛陀傳授《金剛經》開始，一直到現在爲止，不斷有人通過《金剛經》在各個領域獲得成功，這說明《金剛經》的智慧放之四海而皆準。所以這種智慧就非常值得我們去學習，我們學了以後非常踏實，每個人都能獲得同樣的結果。

我們要對自己的人生有一個非常深刻的思考：眞正成功的原因是什麼？百分之百成功的原

因、沒有任何例外的原因到底有沒有？

佛法講宇宙人生是有規律的，只要掌握了規律，每個人都可以實現自己的心願。沒有例外，不可能有人失敗，除非他的方法不正確。只要方法正確了，每個人都能得到同樣的結果。

佛陀講了四諦，「苦、集、滅、道。」「苦」是輪迴的果，「苦」一定有原因，這個原因就是「集」；「滅」就是煩惱息滅，獲得解脫的果，解脫也有原因，解脫的原因就是修「道」。佛法首先揭示我們痛苦的原因，然後告訴我們消除痛苦的方法。而且，這種方法對任何人都適用，只要我們願意照著去修、去做，每個人最終都可以息滅自己的煩惱，獲得真正的幸福圓滿，獲得徹底的覺悟。這就是佛法殊勝、可靠的地方。

爲什麼說佛法可靠呢？可以從三個方面來論證：

第一，佛法有很系統完整的理論。通過學習，我們可以從理論上完全了解痛苦的原因及解脫痛苦的方法是什麼。佛法從理論上是成立的，是非常完善、沒有任何漏洞的。

第二，有非常詳細、具體、切實可行的方法。如果只有理論沒有方法，那我們也做不到。所以從兩千五百年前開始，佛陀就傳授了切實可行的方法，可以幫助我們獲得解脫。

第三，不斷有成功的案例。從兩千五百年前到現在不斷有人獲得解脫，說明是非常可行的。不是說這種理論和方法只有在釋迦牟尼佛身上才靈，在其他人身上就不靈，不是這樣的。只要你掌握了正確的理論和方法，每個人都可以獲得和佛陀同樣的結果，這就是佛法最了不起的地方。

「佛氏門中，有願必成。」每個人都可以實現自己的心願，無論我們想要得到世間幸福圓滿的人生，還是想要獲得出世間的解脫和覺悟，都可以實現。從古到今這樣的案例太多了，在《大藏經》裡記載有成千上萬的案例。

袁了凡先生，中國明朝人。他就是通過因果法則和准提神咒的修行完全改變了自己的命運，實現了自己所有的願望，心想事成的。所以，這種成功的方法是完全可以被複製的，只要按照這個方法去做，每個人都可以得到同樣的成功，這就是我們要去學習的。

那麼其他方法管不管用呢？能不能讓我們百分之百成功？沒有任何例外？沒有失敗的可能性？如果能保證，而且有非常完善的理論體系，無懈可擊，禁得住任何考驗，那才是我們可以學習的方法。但是，對於社會上一般人的想法，如果你仔細分析，其實並不一定有道理。

比如說，很多人認爲要得到利益，就要從別人身上拿過來。如果不學佛法就覺得挺有道理的，錢是怎麼來的呢？當然是從別人口袋裡賺過來的。但事實上不是這樣的，從因果的角度來講，完全不是這麼回事。如果我們通過經商的手段可以賺到錢，那麼是不是每個人做生意都賺錢呢？是不是每個人做同樣的生意都賺同樣多的錢呢？不是的。哪怕我們開同樣的店、做同樣的投資、賣同樣的東西、處於同樣的地段，但是結果都不一樣。說明什麼呢？專案也好，經商也好，所有的商業方式並不是賺錢的眞正原因。

如果是賺錢的眞正原因，應該每個人去做都有同樣的結果，但事實上這是不可能的。哪怕你曾經在這個項目中賺了錢，你再去做一次不一定還能賺錢。你以前炒房賺了錢，後來炒房就可能虧本了。前兩天炒股票賺了，後兩天炒股票就虧了，這種事情經常發生。

即便是做同樣的事情，去年和今年就完全不一樣。同樣的人做同樣的事情應該得到同樣的結果，但事實上卻不是這樣。這說明什麼呢？這些都不是眞正賺錢的因。如果是眞正賺錢的因，你應該做一百次得到一百次同樣的結果。比如說，西瓜種子是長出西瓜的因，我們種一百次西瓜種子肯定一百次長出的都是西瓜，不可能長出一個南瓜來。這就叫眞理，每次都會得到同樣的結果。只要我們種下這個種子，在一定的土壤、水分、陽光、雨露之下，那就一定會長出西瓜來。這就是佛法講的因果規律，它揭示了我們想要的健康、財富、和諧、智慧等眞正的成因和來源。

佛法裡所講的道理都是宇宙人生的規律，而且是不變的規律。這種規律在古代是這樣的、在現代是這樣的、在未來還是這樣的，在中國是這樣的、在外國還是這樣的。不論古今中外任何人，只要想得到快樂，就必須要遵循這些原則。

儒釋道三家在因果方面的很多教法都是非常相似的，這是「英雄所見略同」。這些大智慧的人，他們所闡釋的宇宙規則都是非常接近的。當然，佛法是更加地精細，其他教法講得比較粗一點，分析得沒有這麼細緻。佛法最爲精細、最爲系統、最爲完整、最爲深刻。

而且，佛教從來不迴避任何人的挑戰。在佛學院裡專門有辯經的課程，學僧們可以對老師提出疑問，也可以互相辯論，每個人都可以質疑佛陀講的是不是正確的。通過辯論，最後了解到佛法是無懈可擊的，因爲兩千五百年辯論下來，到現在還沒有找到任何破綻。

佛法是非常民主、非常科學、非常現實的。從這些方面來看，佛法的理論體系和實踐方法是極爲完善、無懈可擊的，而且已經得到歷史的驗證。所以希望大家一定要「及時聞教法」，盡早地學習能讓我們獲得眞正吉祥和究竟圓滿的佛法。

我們不但自己要盡早學習佛法，而且要讓家人都逐漸地開始學習佛法。如果孩子從小就懂得因果、懂得做人的道理，能夠開始懺罪積福，那麼他未來的人生一定會成功、幸福；如果父母能學習智慧、修習佛法，那麼他們就能解開很多的煩惱、獲得很多的吉祥，最終還能解決生死大事。

但是，我們引導家人學習佛法或學習中華傳統文化，一定要注意方式方法，不可以強迫，要以他們歡喜的方式讓他們慢慢了解。首先我們自己要對佛法、對中華傳統文化智慧有深入的學習，並且以身作則，這樣家人才會對你有信心；其次，態度要非常好，不能用教訓的方式，一定要有智慧和善巧。比如以向父母親請教的方式與父母親溝通，一起來探討佛法。

自己能夠「及時聞教法」，是對自己的人生負責；能夠引領孩子「及時聞教法」，是爲人父母最大的慈愛；能夠引導父母「及時聞教法」，是爲人子女最大的孝養。

「及時聞教法」非常重要。只有通達了佛法，才能開智慧。只有開了智慧，才知道什麼該做、什麼不該做，才知道這些事情做了，未來一定會有什麼樣的結果。

人爲什麼會迷茫？就是因爲無明。如果我們破除了所有的無明，完全具足無礙的智慧，就可以清楚地知道未來的一切，就可以完完全全地把握自己的人生。

我們學佛會愈學愈心安，爲什麼呢？因爲太有效了，百分之百有效，沒有例外的。

一般人做事情，其實都是在賭博。開一家公司一定會賺錢嗎？不一定，也可能賺錢，也可能賠錢。遞一份簡歷一定會被錄取嗎？不一定。即便被錄取了，一定會快樂嗎？不一定。被錄取了一定會賺到錢嗎？也不一定，不少公司發不出工資，倒閉的也很多。

所以，最重要的就是學習佛法。如果我們已經完全洞徹了宇宙人生的眞相，就可以百分之百地掌握自己的人生。我們心裡非常清楚所做的事情一定會產生什麼樣的結果，那麼心就篤定了、人生就快樂了。

爲什麼現在人的心非常不安？因爲對未來很迷茫，沒有把握，不知道未來的命運會怎樣。爲什麼算命看相的生意這麼好？人們都在問什麼？「給我算算，我未來的命運會怎樣？」這就是我們人類的一種恐慌，對自己命運的一種恐慌，因爲對自己的命運沒有把握。但是如果我們眞的已經完全洞明佛法的眞理，就不會這樣了，因爲對自己的命運非常有把握，知道自己未來一定會變成什麼樣子，而且我們想變成什麼樣子就變成什麼樣子，這就是佛法不可思議之處。

而且，我們所說的成功，不是說成功率有百分之多少，而是百分之一百，沒有例外的成功，這一點希望大家一定要深刻地了解。所以，特別是因果法則，一定要不斷地去複習、力行，因爲只有對因果法則徹底地洞明和相信，才能夠心安。

我們爲什麼要學習和力行《吉祥經》？

如果能夠完全按照《吉祥經》中佛陀的教導去做、按照三十八種吉祥如意的方法去修持，我們一定是「從光明走向光明」，一定會愈來愈好。當我們眞正了解了佛法以後，就會對佛法具有絕對的信心，不會退縮，不會動搖。

「及時聞教法」還應該有自覺覺他、自利利人的發心：除了自己和家人要「及時聞教法」，我們還要希望所有的人都能「及時聞教法」，獲得眞正的幸福和吉祥。現在大家要努力學習，未來就有能力去弘揚佛法、傳播中華優秀傳統文化智慧。大家想想看，有哪一種事業比讓自己和別人都能開智慧，都能得到幸福圓滿的人生更有意義呢？

但是，要覺他，首先要自覺；要利人，首先要自利。所以，首先自己要好好地學習。如果每個人都非常有福報、非常有智慧，那每個人都可以得到幸福圓滿的人生，都可以得到證悟，解脫成佛。大家已經有了這樣的善根、福德、因緣，一定要珍惜。

前面講了這麼多，無非就是告訴大家要「及時聞教法」。聽聞佛法絕對不能夠遲疑，愈早愈好，愈及時愈好！愈年輕修行佛法，我們未來的人生就會愈好！等你已經犯了很多錯誤、已經種了很多負面種子、已經走了很多彎路，才修行佛法，那就已經吃了很多苦了。所以希望大家一定要對佛法生起信心，盡早學習佛法，自利利人，自覺覺他！

# 27 忍耐

佛陀時常稱讚忍辱者是擁有強大力量的人，忍辱也是最好的苦行——對氣候、食物、人們的閒言閒語甚至打罵等不同狀況的忍耐。

忍耐包含了安忍、忍辱、包容、耐得住，忍耐是最好的苦行，也是最高的吉祥。佛陀在《遺教經》中說：「忍之爲德，持戒苦行所不能及。能行忍者，乃可名爲有力大人。」

忍耐是面對氣候、環境、社會、飲食等的惡劣條件時而毫不怨天尤人，並能安然承受；忍耐是遭遇他人的閒言碎語、誤解、誣告、誹謗時的不嗔不怨、不辯不解；忍耐是聽聞、學習甚深教法時的不疑不謗、不煩不躁；忍耐是面臨修行瓶頸、舉步維艱時的不急不怠、不激進、不退縮……。

忍耐會讓人變得堅強而有毅力，生出承擔的勇氣和力量；忍耐能造就社會的棟梁，亦能結出一個個修行的碩果。

做人做事，忍耐是非常重要的。世間的事情需要忍耐，出世間的修行也需要忍耐，沒有忍耐將一事無成。古人所說的上貴之相，「其坐也如介石不動，其臥也如棲鳥不搖，其立也昂昂然如孤峰之聳，其行也洋洋然如平水之流。言不妄發，性不妄躁，喜怒不動其心，榮辱不易其操。」從中可以看到，一個有上貴之相的人，行住坐臥、言行舉止、起心動念無不體現著忍耐的涵養。弘一法師語錄中也記載著類似的話語，「有才而性緩，定屬大才。有智而氣和，斯爲大智。」「性緩」、「氣和」就是指我們的心性不要太急躁，做任何事情都要忍得住。忍得住的人就會得到大成功，忍不住的人哪怕能成功，也是小成功。所以想成爲「大才、大智」的人一定要懂得忍耐。

做任何事情都要有個過程，從因到果一定是需要時間的，如果沒有耐心，就等不到想要的結果。就像種田一樣，春天播下種子之後，我們要每天澆水、施肥，精心呵護它的成長，耐心等待秋天的豐收，不能像成語「揠苗助長」裡的那位農夫般急於求成。做任何事，包括任何傳統文化智慧的修學，都需要日積月累。

很多人都問我：學傳統文化智慧有沒有速成的方法？我的回答是：沒有。就像小孩子的成長，只要每天吃飯、喝水、呼吸空氣，在不知不覺中他就長大了。學習傳統文化智慧也是一樣，需要我們在日常生活中去種下點點滴滴的正面種子，讓它們循著因果規律慢慢長大結果。只要能堅持到底，每天薰修，不知不覺中我們就變成了聖賢、變成了菩薩，總有一天，終將成佛。

就這麼簡單，將學習和修行養成習慣，像每天的吃飯、喝水、呼吸空氣般普通而恆常不懈。每天聞思一點點，每天力行一點點，每天進步一點點……我們的智慧、慈悲、力量、福報就是這樣在點點滴滴的積累當中每天增長。不知不覺中，我們的生活愈來愈好，我們的修行也愈來愈有成效，有一天我們會發現，我們整個生命狀態已煥然一新。

就拿學習《吉祥經》來說，如果你能每天早上念一遍，並且每天去思維裡面的法義，每天去落實、力行這三十八個吉祥的方法，慢慢地你的生活一定會愈來愈吉祥，最後不僅會得到世間的吉祥，也將得到出世間最究竟的吉祥。這絲毫不是什麼玄乎其神的迷信，一切只不過是順應規律罷了。比如說修學《吉祥經》能消災免難，爲什麼？因爲災難的結果來自於曾經傷害他人的因，我們之所以會種下這些惡因，是因爲愚癡無知。在學習《吉祥經》、學習佛法之前，我們碰到利益的誘惑會巧取豪奪、碰到煩心的事情會無明火起、碰到人生的岔路會誤入歧途……也許在一句話、一個行爲、一個心念之間，就種下了很多害人害己的因。佛經講，我們的心識在一彈指的時間就能種下六十個種子，如果我們任由負面的心態不斷生起和持續，可想而知，那將會種下多少個痛苦的因！有因必有果，當未來這些痛苦的結果都回到自己身上時，那就是災難臨頭、在劫難逃了。但是今天有幸能學習《吉祥經》，本來要做的錯事就及時打住了，本來心裡正在生氣就煙消雲散了，本來走錯了路也能迷途知返了，這就是《吉祥經》在幫你消災免難。因爲痛苦的因沒有了，痛苦的果自然就不會有了。有些人就是因爲一口氣放不下而釀成彌天大禍，而學習了佛法智慧的人就能看得破、放得下，就能學著寬容和慈悲，從而使負面的種子都轉化爲正面的種子，把未來的災難都轉化爲吉祥，這就是《吉祥經》能消災免難的原因。很多的災難，就是在聽聞、思維、力行《吉祥經》時，不知不覺就消除了。

「菩薩畏因，凡夫畏果。」菩薩在種下因的時候就知道會有什麼結果，就知道什麼該做、什麼不該做；而凡夫在種因時不用智慧去抉擇，想做什麼就做什麼，得到果報時就痛苦了。要想人生吉祥如意，千萬不能急功近利、盲目地求結果，而是應該耐心地學習取捨的智慧、謹愼地抉擇因果的播種。當我們耐著性子「只問耕耘、不問收穫」時，豐收的果實自然而然會呈現在我們面前。

就拿賺錢來說，永遠都爲時不晚，眞有這個福報，愈晚兌現利息愈高，所以不要急著去奢求。是你的福報一定會到身上來，絕對不可能掉到別人的碗裡去，對因果要有這樣堅定的信心和耐心。世上不能等的頭等大事只有一個，那就是學習智慧。沒有智慧，即使你想行善行孝、想種正面種子都不一定能做對。所以我一直強調學習傳統文化智慧的關鍵就是要「學一句、懂一句、做一句」，這樣才能得到每一句的利益。不要求速成，一定要耐心，要一步一個腳印地前進。

在我的修學歷程中，有兩句話對我影響深遠，一句是《無量壽經》中的「人在世間，愛欲之中，獨生獨死，獨去獨來，當行至趣，苦樂之地，身自當之，無有代者」。每個人的輪迴都是獨生獨死、苦樂自當。快樂要自己承受，痛苦也要自己承受，沒有人可以代替，一切都是自己種因、自己得果。明白了這個道理，就不會對任何人產生貪執或嗔恨，坦然地去面對自己的因果就好了。另一句是雪相老法師曾經跟我說的「欲無煩惱須無我，各有因緣莫羨人」。斷除煩惱的根本方法是證悟無我的空性，沒有「我」就沒有煩惱了；每個人都有自己的因緣，不需要去羨慕別人。別人財富豐足也好、婚姻美滿也好、修行成就也好，都是別人的善因善果，我們不要去羡慕、嫉妒、恨，也不要去攀比和強求，唯有自己努力去種下正面的因，才是改變命運的根本方法。

「君子有造命之學」、「命由我作，福自己求。」學習傳統文化智慧一定是可以改造命運的，但是不能著急，要有信心和耐心。有些人急於想知道自己的命運，就到處求籤問卦，弄得自己患得患失，更加煩惱。我研究算命看相很長時間，最後得出來的結論是「但明因果修福慧，前程不必問如何」。因決定果，今天種下什麼因，就決定未來得到什麼果，何必要去問別人呢？深信因果的人根本不需要去算命，只要每天奉行《吉祥經》中的三十八種吉祥如意的方法，好好地修福修慧，未來想不吉祥如意都不行。

不過這個學習力行的修行過程也是極其需要忍耐的。歷代的高僧大德在求法修行時，都歷經很多的苦行、磨難，甚至面臨生命的危險。沒有忍耐不可能走好修行的路，沒有忍耐不可能修成正果。以前師父對我講，爲了求法而朝講法地點方向走出一步路的功德都是無量無邊的。我們在求法修行中所吃的一切苦，都是在消除過去的負面種子，都是在消除未來的痛苦，是非常值得的，我們應該以快樂的心去忍耐聞思修行中所有的痛苦和考驗。

古人講「百忍成金」、「小不忍則亂大謀」。成就世間的事業需要忍，菩薩修「六度萬行」也需要忍。六度就是「布施、持戒、忍辱、精進、禪定、般若」，布施波羅蜜修到圓滿是初地菩薩，持戒波羅蜜修到圓滿是二地菩薩，而當忍辱波羅蜜修到圓滿時，就是三地菩薩了。《入中論》的教證說：初地菩薩可以一刹那化身一百個去度化眾生，二地菩薩可以一刹那化身一千，三地菩薩可以一刹那化身一萬個去度化眾生。所以，修忍辱波羅蜜非常地殊勝。

修行忍辱不是件容易的事，尤其是受到傷害、誹謗、委屈時依然要忍耐就更不容易。所謂「心字頭上一把刀」，功夫不到家，往往就會忍無可忍、前功盡棄。其實忍辱不是強壓和硬忍，而是明白道理後的坦然承受。首先要非常清楚地了知，我們所遇到的一切境遇都是自己的果報。誣陷也好，傷害也好，都是自己曾經給出去的，現在加倍回來而已，怨不得任何人；而且要明白「吃苦了苦」，負面種子成熟之時即是在轉換消失。所以不僅不要採取以牙還牙的錯誤方式去重新種下負面種子，而且還要能以「聞謗不辯」的安忍去消除過去的負面種子。深信因果的人修忍辱時不僅不會痛苦怨恨，而且還會歡喜感恩，因爲有人幫你將負面的種子轉換消失了，就是在幫你挖掉潛伏的毒瘤、惡因，當然應該高興、應該感恩。《佛子行》云：「於求妙果之佛子，一切損害如寶藏，故於諸眾無怨恨，修持安忍佛子行。」爲了利益一切眾生而求佛果的佛弟子，應該將一切損害自己的人都當成寶貝、寶藏，對一切的眾生都沒有怨恨之心，修持安忍就是我們佛子應該做的事情。

同時，還應該了知傷害我們的人在無明中又種下了痛苦的因，他才是最可憐的。所以不僅要感恩他消除我們的惡因，更要寬容他的無明、悲憫他的惡業，在內心默默祝福他也能早日破迷開悟，離苦得樂。如此修行忍辱，不僅消除了負面種子，而且種下了新的、強大的正面種子，是眞正利人利己的「雙贏」。所以，忍辱、忍耐是最好的方法、最高的吉祥。

修行忍辱波羅蜜的人面對傷害、困難、艱辛等逆境時需要磨練意志、修行忍耐；面對讚歎、順利、榮耀等順境時同樣需要修行忍耐。順境中的忍耐是要耐得住虛榮心、傲慢心、誑妄心的考驗，讓自己還能保持「如臨深淵、如履薄冰」般謹慎、謙卑、低調的心態。正如《太上感應篇》中所說的「受辱不怨、受寵若驚」。受到屈辱傷害時不憎不怨，受到寵愛讚美時誠惶誠恐。面對鮮花掌聲、好評如潮時，也恰恰是我們修行忍耐的時候。千萬不要認爲是應該的、認爲自己就是很了不起，此時內心當中應該要有惶恐之心，要認識到自己的德行、智慧等都是很欠缺的。就像韓國電視連續劇《大長今》裡的女主角，有人讚歎她，她就會說：「小的很惶恐！」其實這都是來自中國的傳統文化。中國的優秀傳統文化，曾經在整個亞洲地區都非常盛行，直到現在還深深地影響著日本、韓國、越南等國家，他們的所有禮節、行爲準則都是按照中國的聖賢之道來做的。另外還有兩部韓劇也推薦給大家：一部是《醫道》，一部是《商道》。在這些韓劇當中，體現著非常深邃的中華優秀傳統文化智慧，值得體味和反思。

最後還要告訴大家，修行忍辱的人未來還會相貌莊嚴。佛經裡面講，人長得莊嚴、漂亮的因，就是過去曾經修行忍辱。這倒也不難理解，不信你嗔恨心起來的時候、發起脾氣來的時候，拿一面鏡子來照照，是不是非常地醜陋？所以，要想相貌莊嚴美麗，也一定要修忍辱。

修忍辱波羅蜜的好處太多了，所以再難都要「難忍能忍、難行能行」。終有一天練就了彌勒菩薩的「大肚能容、笑口常開」時，你就是最快樂、最吉祥的人，就能利益到無量的眾生。

# 28 柔和

我們要成為容易受教的人，面對他人的教導或批評，能以柔和、順從的態度去謙虛接受，如此才能進步。不聽從他人勸告的人是很難被教導的，也很難跟他人相處。

「忍耐與柔和」如同一雙並蒂蓮花，是打開人生吉祥寶庫的一把雙管鑰匙。《妙法蓮華經．安樂行品》云：「菩薩摩訶薩住忍辱地，柔和善順而不卒暴。」又云，「是佛子說法，常柔和能忍，慈悲於一切，不生懈怠心。」可見，「忍耐」與「柔和」間相輔相成的微妙關聯。大致來講，「忍耐」更多的是對自己的調伏，「柔和」更多的是對他人的慈悲。如能圓滿此兩種品行者，就如同給自己穿上了佛陀衣服般莊嚴吉祥，因為《妙法蓮華經．法師品》云：「如來衣者，柔和忍辱心是。」

「柔和」是慈悲柔軟的心、是圓融善巧的行為、是溫柔隨順的話語。「柔和」是我們與人交往時應有的態度。

柔和的人易受教，隨時隨地準備好接受他人的教導和忠告。《弟子規》云：「父母教，須敬聽；父母責，須順承。」《孝經》裡講孝順，「孝」關鍵要「順」，要柔和順從。有些人孝心還是有一點的，但就是做不到順，老是不聽從父母親的話，總是跟父母親頂撞逆反，令他們傷心，惹他們生氣，這樣即使有所謂的「孝心」，其實根本就是不孝。孝不是靠嘴巴說的，是要去做的。怎麼做？關鍵就是要順。我們學過對父母的「四養」：養父母之身，養父母之心，養父母之志，養父母之慧。其中的「養父母之心」，就是要讓父母親快樂，如果我們總是不順從父母，又怎麼能讓父母親快樂呢？爲什麼人們把不孝的孩子稱爲「逆子」？我們每一個人都應該要好好地反思一下：自己到底是個孝子，還是個逆子。

如果一個人在家對待父母都不能孝敬順從，那麼對待其他人也一定做不到柔和善順，即使做到了也是暫時的、虛僞的，因爲「不愛其親而愛他人者謂之悖德，不敬其親而敬他人者謂之悖禮」。一個人要養成柔和的品性，還需要從孝道做起。

當代社會世風日下，人們的習慣不是柔和順從，而是我行我素、任性逆反。父母說什麼我偏不聽、不做，老師講什麼我偏不聽、不做，張揚個性嘛！現在社會提倡的就是這樣。但事實上你對別人逆反，以後別人對你更逆反；你和別人不配合，以後別人和你更不配合，這就是因果報應。如果你總是隨順父母，以後你的孩子一定會隨順你；如果你總是頂撞父母，將來你的兒女頂撞你就更厲害。長江後浪推前浪，青出於藍而勝於藍。你以前一言三頂，兒女們就一言九頂，孫輩們就一言十八頂，到那時就悔之晚矣！每個人都要爲自己的行爲負責、都要爲自己的未來負責，誰都跳不出因果，該怎麼做都由你自己抉擇。

恩師慧梅阿闍梨跟我講了一句話，一直記在心裡，對我的影響很大。他說，你和任何人相處，都要「滿他的願、隨他的便」。別人有什麼心願我們盡量幫他實現，別人想要怎麼樣，我們就盡量隨他的心意，這就是順。只要隨順大家，大家就會高興，大家高興了，我們才能高興，沒有必要非得跟別人逆著來，搞得大家都不開心。不過這句「滿他願、隨他便」，說起來容易，做起來難。有時候，人就是有一種不好的習氣，明明知道人家說得對，就是不承認；明明知道應該隨順，可是牛脾氣上來了就是要頂牛。然而，如是因如是果，最後的結果就是自己總感受到反對和爭鬥，成天生活在不和不順的世界裡，非常痛苦。其實，成全別人就是成全自己，今天懂得隨順別人、配合別人，未來就會有更多的人隨順你、配合你，才能感受到吉祥順遂。

要做到柔和隨順不容易，要正確做到柔和善順更不容易，因爲這個順一定是要有智慧的，不能糊裡糊塗地亂順。普賢菩薩有十大行願，其中有一條就是「恆順眾生」，對一切眾生都要恆順，但是要隨順他的善法，而不能隨順他的惡法。比如說別人去殺生，你也隨順去殺生，那就大錯特錯了。的確，難就難在這裡了，眾生在無明我執中，很多行爲都是迷惑顛倒的惡法。怎麼恆順？這時你要慢慢來，心中要有原則，更要有耐心，碰到惡法時，你要學會打太極拳，導引吐納，輕鬆柔和，最終就能以柔克剛。特別是不能急躁，不要看到惡法就馬上逆反，逆反就形成對立了，別人反而不接受你，就失去了進一步引導他向善的機會。《孝經》裡專門有一章節《諫諍章》，是說當父母、領導、親友等不仁不義、違背因果規律時，我們應該要勸諫，這也是子女應該做到的「養父母之慧」。但是首先要「養父母之心」，千萬不能手執佛法，聲色俱厲，一定要以愛敬的態度，通過「怡吾色、柔吾聲」來慢慢引導他們，切忌急躁和強硬。如果一時間難以勸導，可以先在外表上隨順、先讓他歡喜，以後有機會再慢慢地把他引導到善法上去。

有一則寓言故事就蘊含著「恆順眾生」的智慧，說的是北風和太陽在荒野爲爭奪行人斗篷而較量。北風愈是呼呼地吹，行人愈是將斗篷緊緊裹在身上；而太陽則用溫暖的陽光擁抱行人，行人很快脫下了斗篷。人與人的關係也是這樣，如果你用柔和溫暖之心待人，對方自然就會卸下敵意的鎧甲。我們「恆順眾生」就是要像太陽那樣，爲嚴冬臘月裡的眾生送去溫暖的陽光，即使是再剛強難化的眾生，都要用柔軟的心、柔順的語言、柔和的態度去陪伴他、引導他、度化他。《文昌帝君陰騭文》云：「做事須循天理，出言要順人心。」華智仁波切在《自我教言》中也說：「隨順之事有三種：語言隨順於親友，衣飾隨順於當地，自心相應於佛法。」我們的內心要隨順佛法、符合天道，外在的言行要隨順眾生、讓眾生歡喜。我們講話時，要懂得隨順別人，要多點頭、多微笑，不要老是板著一張臉，不要開口就一言九「頂」。還有，不管到哪裡，穿衣打扮都要盡量與當地相適應，不要穿得和別人完全不一樣。

中國古代有一部女學經典《女誡》，其中的兩句話，「謙則德之柄，順則婦之行。」指出了女子德行的根本就在於謙卑、柔順。做為一個女子，要學會溫柔，溫柔體現在哪裡？就是要懂得隨順。柔順即是溫柔和隨順，再加上取捨的智慧，就是一個女子要努力做到的。我們要學習方便圓融、柔和隨順，但不能沒有原則，而是「態度要溫柔、立場要堅定」。

做人要學習古代的銅錢：外圓內方。我們的內心要相應於佛法，對於因果善惡了了分明，而外在的語言、行爲和態度則要圓融柔和、隨順眾生。要努力做個溫柔而堅定的人，雖然這很不容易，但卻是獲得吉祥的方法，也是佛弟子「恆順眾生」的必修功課。

29

# 得見眾沙門

「得見眾沙門」會使我們獲得功德，並且被祝福。如果我們以愛敬、崇信的眼光去注視沙門，未來幾千世都不會有眼疾，眼睛會很明亮。

見到沙門，我們可以四事供養，也可以頂禮或合掌。

首先，我們要知道什麼是沙門，在佛經裡對沙門有兩個定義：

第一，「沙門」譯意爲「勤息」，即「勤修戒定慧，息滅貪嗔癡」的意思。勤修佛道和息諸煩惱的人方能稱爲沙門。一個人剃光了頭髮、穿上了僧衣，是否就一定可以稱爲沙門呢？不一定，關鍵要看他是不是眞的在「勤修戒定慧、息滅貪嗔癡」。如果一個人精勤修行戒定慧三學、具足慈悲和智慧，並且努力對治我執，貪心、嗔恨心、愚癡都非常微弱了，這種人可以稱爲沙門。

第二，《佛說四十二章經》說：「辭親出家，識心達本，解無爲法，名曰沙門。」意思是說，一個人離開了世俗家庭，出家修道，認識了心的本性，通達了無為的法性，這樣的人就稱為沙門。在這個定義裡，沙門的標準很高，要明心見性的人才能稱為沙門。

「得見眾沙門」就是指要我們去親近那些「勤修戒定慧、息滅貪嗔癡」的修行人，去親近那些已經識心達本、明心見性、開悟的聖人。在佛法裡把這樣的人稱為「善知識」，「得見眾沙門」指的就是親近善知識。就像我們在前面「親近諸智者」、「尊敬有德者」中闡述的道理一樣，如果能夠親近這些有德行、有智慧的人，我們也會變得有德行、有智慧。親近善知識是至關重要的吉祥祕訣。

佛經中云：「諸法依靠善知識，功德生處佛所說。」善法全部依賴於善知識，善知識是一切功德的來源，這是佛陀親口所說的。《佛子行》亦云：「依止正士滅罪業，功德增如上弦月。」做為凡夫眾生的我們有很多的貪嗔癡，也曾經種下很多的負面種子，依止善知識就能使我們漸漸地息滅貪嗔癡、滅除惡業。若能依止善知識多年，就會發現自己的身心也出現了許多功德，就像初一到十五的上弦月一樣日日增上、漸漸圓滿。

如果我們具足信心，像《華嚴經》中的善財童子那樣如理如法地依止善知識，跟隨傳承祖師的足跡，踏踏實實一步一步按照傳承的次第來好好聞思修行，我們每個人都是可以明心見性、解脫成佛的。

這就是「得見眾沙門」這條吉祥祕訣中所蘊含的智慧。在很多佛經論典中都明確指出：依止善知識是一切道之根本。大家一定要多親近這些「勤修戒定慧、息滅貪嗔癡」及已經「識心達本」的眞正的具德善知識。可以毫不含糊地告訴大家，這也是我們獲得一切吉祥最根本的源頭。

# 30 適時論信仰

當我們遇到困惑，應該向善知識請教佛法的智慧；我們還應該在適當的時間和那些有智慧、有經驗的善知識討論佛法。因為佛法是深奧的，也是實用的，通過請教和討論，就能夠更好地了解佛法、運用佛法，我們就能夠解決煩惱、獲得吉祥。

上一條「得見眾沙門」是對「親近諸智者」及「尊敬有德者」的重申和強調，而這一條「適時論信仰」也和前面的「及時聞教法」互為補充。說明這幾條吉祥祕訣都是最關鍵、最重要的，我們應該要反覆學習思維這些重點內容，而且要當作首要任務去努力力行，這樣就能找到吉祥的源泉、掌握吉祥的竅訣。

聽聞了教法之後，是否在你心中產生了決定的信心？是否已上升為你堅定的信仰？一個人的信仰非常重要，信仰能夠把我們平凡脆弱的物質生命，塑造、昇華為具有高貴品格和堅強意志的精神生命，能夠將我們的生命格局從狹隘自私的小我擴展爲心包太虛、量周沙界的無我，能夠在最危險的情形之下支撐我們，能夠在最嚴峻的困難面前激勵我們……

如果把我們的生命比作一棟房子，那麼信仰就是這棟房子的支柱。如果一個人沒有信仰，就像一棟房子沒有柱子，終究會坍塌倒落。

尤其在面臨災難或生命危險時，有信仰的人會顯發出更堅強的生命力和更鎮定的應對姿態，因爲虔誠的信仰讓他的心靈始終有堅強的支撐和依託的方向。比如說，在不少發生地震的地方，有些倖存者能夠在地下存活很多天，就是因爲他有強烈的求生欲望，特別是有信仰的人會比沒有信仰的人更能夠堅持。

舉個例子：有個無神論者坐飛機，飛機突然間發生強烈顛簸，空中小姐緊急廣播，飛機出現異常，所有人頓時慌成一片，無神論者恐慌極了。但這時他看到旁邊一個佛弟子非常虔誠地雙手合十、默默祈禱，然後氣定神閒地拿出一串佛珠，開始念「南無觀世音菩薩」，無論飛機再怎麼搖擺、人們再怎麼驚叫，他面無懼色、毫不慌亂、一心念佛。最後終於化險爲夷，飛機安全降落。無神論者怎麼也想不通，爲什麼面對驚險時，我這麼慌亂，而他卻能如此安詳？這件事情對他的觸動非常大，他禁不住反思：爲什麼信仰能夠產生超越死亡恐懼的力量？

虔信佛教的人在任何時候都更能夠鎮定、安詳，在危險降臨時也不會那麼驚慌，因為他心中有依有靠，所以能無懼無畏；因為佛法圓滿的智慧讓他早已了知生命的真相，所以能坦然面對。沒有信仰的人平常看起來似乎天不怕、地不怕，災難臨頭時卻最容易慌神，拚命想抓住些什麼卻發現無依無靠，對死後會發生什麼也一無所知。人為什麼會恐慌，就是因為無知。

現代社會愈來愈多的心理疾病，恐懼症、焦慮症、強迫症、憂鬱症、精神分裂症……，所有心理問題的發生都是因為內心中沒有精神信仰的緣故。正信的佛教不僅是信仰，更是圓滿的智慧，虔信佛法的人通過修持皈依和聞思修行，不僅能治癒心靈的疾患而遠離痛苦，且能恢復心靈本來的光明和力量，獲得永恆的快樂和安詳。

信仰不是可有可無的閒情逸致，而是救療我們生命的良藥。快樂和痛苦都來自我們的心，而不是外在的物質世界。但是現在的人們成天忙忙碌碌，把力氣都花在改善物質生活上，而將精神生活棄擲在一片荒漠裡，所以內在的痛苦根本無法消除。在這裡，佛陀告訴我們，要想吉祥安樂，就一定要「適時論信仰」。能夠樹立堅定信仰並追隨佛陀修行的人，是最快樂、最吉祥的人。

給大家講一個小故事。

很多年前有一位學者，一天，他在某大會場向人們宣說佛祖絕對不可能存在。當聽眾感覺他言之有理時，他便高聲向佛祖挑戰說：「佛祖，假如你果真有靈，請你下來，在這廣大的群眾面前把我殺死，我們便相信你的存在。」他故意靜靜地等候了幾分鐘，當然佛祖沒有下來殺死他。他便左顧右盼地向聽眾說，「你們都看見了，佛祖根本不存在！」

這時有一位頭裹盤巾的婦人，站起來對他說：「先生，你的理論很高明，你是個很有學問的人，我只是一個農村婦人，不能向你反駁什麼，只想請你回答我心中的一個問題。我信奉佛教多年以來，因爲相信佛陀的慈悲庇祐，心中充滿了佛陀給我的安慰，所以十分快樂。因爲信奉佛教，我的人生擁有了最大的快樂。請問：假如我死時發現佛陀根本不存在、佛陀所說的輪迴也不存在，那我這一輩子信奉佛教損失了什麼呢？」

學者想了好一會兒，全場寂靜無聲，聽眾們都很認同農村婦人的推理，連學者也驚歎這位村婦好單純的邏輯。他只好低聲回答：「女士，我想你一點兒損失也沒有。」

「謝謝你的回答。」農村婦人又向學者問道，「我心中還有一個問題：當你死的時候，假如你發現果眞有佛，而且也有天堂和地獄，我想請問，你損失了什麼？」學者想了許久，竟無言以對。

從這個小故事中你悟到什麼了嗎？

# 31 自制

佛陀教導我們以「自我控制」來守護諸根、克制貪嗔等諸惡，還要通過精進來克服懶惰懈怠。如此便能捨去煩惱、獲得禪定。

「自制」是指一個人對自己的控制和約束，它的功用就在於防非止惡。當罪惡的念頭在心中作祟時，自制力是守衛的保護神；當錯誤的言語即將衝口而出時，自制力是安全的閘門；當損害自他的行為正駛向懸崖時，自制力是及時的煞車；當財色名食睡的誘惑齊來進軍時，自制力能一夫當關、萬夫莫開；當貪嗔癡慢嫉的毒素腐蝕身心時，自制力是自衛機制和名醫良藥。也許，自制會讓你失去放縱、任性所帶來的「自由」，但它卻是你人生成功、吉祥的必要條件。

一個人之所以成為強者，不是因為他戰勝了別人，而是因為他戰勝了自己。宇宙間最至上圓滿的佛陀，就是完全戰勝了自己的大英雄。包括所有的偉人都是自制力非常強的人，控制自我的能力強是所有成功人士的共同特質，一個人自我控制能力愈強，就愈能夠成功。每個人最大的敵人其實就是自己，如果你完全戰勝了自己、徹底調伏了自己，那就天下無敵了。

什麼是你眞正的敵人？就是你的欲望、嗔恨、嫉妒、傲慢，就是你的惡業、習氣、愚癡和煩惱。現在的人都很顚倒，認賊作父，認敵爲友，以爲自己想幹什麼就幹什麼才是自由，殊不知自己已經完全被惡業、習氣、貪嗔癡煩惱所掌控，完全被自己的業力所牽引，已經完全失去了自由。當一個人放任自己時，就是將自己完全交給敵人的時候，就是一切痛苦的開始。要想掙脫這些惡業的枷鎖，只能靠我們自己去調伏自己的心。我們調伏自己的心有多少分，獲得的自由就有多少分，百分百地調伏了自己，就百分百地自由了。比如說我們想發脾氣，明知道「一念嗔心起，火燒功德林」，但就是控制不住自己，這時候就是被嗔心惡業所綁縛了，正要將我們拖去痛苦的深淵。這時千萬要覺知，千萬不要讓這脾氣「想發就發」，要及時地啓動我們的「自制機制」，控制自己的言行，調伏自己的嗔心，這樣才能一次次地戰勝惡業，獲得眞正的自由。只有徹底調伏了自己的心，才能得到完全的自由，這是非常重要的觀念。

古今中外都有很多人們戰勝自我的佳話美談。「頭懸梁、錐刺股」的典故一直激勵著莘莘學子們戰勝懶惰和懈怠；坐懷不亂的柳下惠、閉門不納的魯男子成爲人們克服貪欲誘惑、保持高風亮節的好榜樣。

能控制住自己的人，才能掌握自己的命運。一個人愈是能夠調伏自己的心，就愈是能夠掌控自己的人生。因爲我們的思想、語言和行爲每時每刻都在種下決定未來命運的種子，正面種子成熟爲吉祥和幸福，負面種子成熟爲災殃和痛苦。如果一個人有能力將自己的身口意控制在正道上，使自己的心念言行都能符合因果規律，那他就是自己命運的主人，他就在締造自己幸福圓滿的人生。如果一個人無法控制自己的身口意，那他就根本無法掌控自己的命運，未來的人生肯定是一塌糊塗、一敗塗地。一個放任自流的人，一定會走向墮落，因爲他被煩惱所控制，種下的都是負面的因，未來一定會愈來愈痛苦。

《了凡四訓》的作者袁了凡先生明白了「命由我作、福自己求」的道理後，就每天記錄功過格，努力斷惡修善，成功改造了自己的命運。因爲他的榜樣，後世的學人很多也以記錄功過格來監督、約束自己的行爲。一個人如果能時時刻刻保持覺知、時時刻刻掌控自己的身口意，那就絕對有可能掌控自己的未來。記住，放任是痛苦的源泉，「自制」才是吉祥的源泉。

32

# 淨生活

在南傳佛教中，「淨生活」特指禁欲的生活，在家人應該守持「不邪淫」戒，出家人則須戒除一切淫欲。

「淨生活」的含義在大、小乘中有所不同。小乘中指的是離欲的梵行，大乘佛教則定義爲沒有煩惱污染的生活，並且指出清淨生活關鍵在於清淨的心。

與清淨相反的就是污染。什麼東西會污染我們的心和我們的生活呢？就是煩惱。如果內心沒有煩惱，生活就沒有污染，就是清淨的生活。佛陀在這裡告訴我們，去除煩惱的污染，保持清淨的生活，是獲得吉祥安樂的重要方法。

所謂的煩惱，就是前面講的「貪、嗔、癡、慢、嫉」五毒。當我們煩惱心起來時，當我們對他人嗔恨、嫉妒、抱怨時，不僅自己會面紅耳赤、面目猙獰，也會使對方氣憤難平、鬱鬱不快。這時，不僅自己身體裡的細胞分子都變醜了，也讓對方身體裡的細胞分子都變醜了。這就是被煩惱染污的生活，已經沒有了清淨，遠離了吉祥。

清淨的生活會讓我們感受到寧靜和安詳、喜樂和光明，而污染的生活則完全相反。所以我們一定要認清楚貪嗔癡慢嫉的眞實面孔，不要讓這些毒素侵害我們的心靈、染污我們的生活，要及時啓動「自制」的力量，緊緊守護住身口意三門，不要讓這五毒有機可乘。

只要有煩惱的心，我們的生活就是污染的生活。所以，應該從起心動念的苗芽上警覺，及時遏制住貪心、嗔心、愚癡心、傲慢心、嫉妒心。一旦這五種噁心起來，清淨就被染污了，所以我們要當好自衛兵，守意如城。

《維摩詰經》裡說：「心淨則國土淨。」如果我們的心非常清淨，充滿了慈悲和智慧，那麼所做的事情就一定都是清淨的，我們的生活、我們的世界就一定是清淨的。所以，「淨生活」關鍵是淨心，心不淨，生活不可能清淨。

這個世界爲什麼有很多的災難和不幸、痛苦和煩惱？因爲每個人的心裡都有問題。在這個輪迴的世界，我們每個人都是病人，多多少少都有病——無明的病。每個人內心都充滿了迷惑、煩惱、痛苦，每個人都被五毒所纏繞，這個世界怎能不充滿痛苦？只要我們的心不清淨，這個世界就不會清淨。只有讓每個人的心都變得純淨美好，這個世界才能變得純淨而美好。

不要說這世界太大，你力不從心，也不要認爲世界的事情與你無關。要知道，世界就是你自心的顯現，你清淨一分，世界就因你而清淨一分；世界清淨一分，你的快樂就多一分。我們首先要做好自己，當自己的心清淨時，就會營造屬於自己的清淨世界；當家庭中每個成員的心清淨時，整個家庭就清淨、吉祥；當全公司所有人員的心清淨時，整個公司就清淨、吉祥；當一個國家所有的人心都清淨時，整個國家就清淨、吉祥；當這個世界所有眾生的心都清淨時，世界就是佛的清淨剎土。要讓世界美好、清淨，我們每一個人都是匹夫有責。只有大家都去學習聖賢之道、力行聖賢之道、努力去推廣聖賢之道，我們的心才能清淨，我們的世界才能清淨。

佛法之所以是究竟之法，是因爲徹悟了宇宙眞相、抓住了問題的根源。一切問題都是心的問題，所有的修行都是要向內求。《六祖壇經》云：「善知識，慧能勸善知識歸依自性三寶。佛者，覺也。法者，正也。僧者，淨也。自心歸依覺，邪迷不生，少欲知足，離財離色，名兩足尊。自心歸依正，念念無邪故，即無愛著，以無愛著，名離欲尊。自心歸依淨，一切塵勞妄念雖在自性，自性不染著，名眾中尊。」眞正的皈依是皈依我們自性中本有的覺、正、淨。皈依佛就是覺而不迷，皈依法就是正而不邪，皈依僧就是淨而不染，這就是眞正的皈依三寶。內心中一念覺悟，這就是佛；內心中一念正念，這就是法；內心中一念清淨，這就是僧。如果我們每個人都能覺而不迷、正而不邪、淨而不染，那這個人間就變成了佛陀的淨土。

要想使自心清淨，最重要的就是保持覺知和正念。此時，你會了知生命到底是怎麼回事、問題到底來自何處。你會清晰地看到，所有的造作都來自自心，痛苦和快樂都是自己製造出來的。心是魔術師，它創造快樂，並且享受快樂；它製造痛苦，然後自作自受。保持覺知並具足正念，會讓我們將心導入正途，讓它唯造快樂、不造痛苦，那麼我們很多的心苦就會自然消失。如此觀心、修心，直到有天我們完全認清了自己心的眞相、證悟了心的本性，就能徹底解脫成佛。

「一念心清淨，蓮花處處開。一花一淨土，一土一如來。」每個人的世界都是自己創造出來的，淨心才能創造「淨生活」，才能花開吉祥、花開見佛……

# 33 領悟於聖諦

當明白和領悟了苦、集、滅、道四聖諦，我們就邁向了前往涅槃之正道，就能夠解脫一切的煩惱和痛苦，因此「領悟於聖諦」是最吉祥的。

《吉祥經》是指導我們人生幸福、吉祥如意的一部經典，裡面共介紹了三十八個吉祥的方法。前面三十二個方法著重講的是如何獲得世俗世界中的健康、財富、和諧、成功等等的幸福快樂；後面六種方法的內容比較深，是整部《吉祥經》最深奧、最核心的部分，著重講的是如何獲得解脫，如何徹底地消除一切痛苦。

佛經論典中把我們眼耳鼻舌身意所能感知的這個輪迴世界比作是一個密封罐，我們就如同在這罐子裡上下翻飛的蜜蜂，有時飛到高處，有時墜落底部，但始終飛不出這個罐子。就像我們每一個人生命的起落，有時承受著低處的焦慮折磨、痛苦黑暗，有時享受著高處的喜悅快樂、吉祥光明，但無論多麼幸福圓滿的人生，都不能保證未來不會再次墜入低谷，只要還在這個輪迴中，就不能徹底脫離痛苦。罐子裡的蜜蜂有沒有突破出去的可能？我們有沒有超越輪迴的可能？肯定的回答是：有！佛法中不僅開示了徹底解脫輪迴的方法，而且還有獲得和佛陀一樣究竟圓滿安樂的方法。《妙法蓮華經》中說：「舍利弗，云何名諸佛世尊唯以一大事因緣故出現於世？諸佛世尊，欲令眾生開佛知見使得清淨故出現於世，欲示眾生佛之知見故出現於世，欲令眾生悟佛知見故出現於世，欲令眾生入佛知見道故出現於世。舍利弗，是爲諸佛以一大事因緣故出現於世。」佛陀出世說法就是爲了讓一切眾生「開、示、悟、入佛之知見」，最終都獲得佛的果位。

通過前面三十二個吉祥祕訣的學習，我們掌握了獲得輪迴中暫時的利益、安樂和吉祥的方法。接下來更重要的是來學習如何徹底解脫痛苦，獲得究竟的利益、安樂和吉祥的方法。

首先，第三十三個吉祥祕訣是「領悟於聖諦」。諦就是眞理，要想獲得究竟圓滿的吉祥，首先要領悟哪些眞理呢？

關於這句偈，我對照了許多《吉祥經》的譯本，發現除了有一個版本是「八正道」之外，其他版本都是「四聖諦」。根據斯里蘭卡喜見長老從巴利文翻譯的英文《吉祥經》中的原文，也是翻譯爲四聖諦。在這裡把四聖諦與八正道都給大家做一個簡單的介紹。

「四聖諦」就是「苦、集、滅、道」四種眞諦。智者大師所著《法界次第初門》云：「一苦諦，苦以逼惱爲義。當知苦是審實而有，故名諦也。二集諦，集以招聚爲義。若心與結業相應，未來定能招聚生死之苦，故名爲集，即是集諦也。三滅諦，滅以滅無爲義。四道諦，道以能通爲義，能通涅槃，審實不虛，即名道諦也。」

四聖諦涵蓋一切佛法，所有佛法的核心就是四聖諦。四聖諦也是佛法區別於其他宗教、哲學、科學技術、外道及所有其他學說的不同之處，其他任何學說都沒有明確提到四聖諦。所以，佛法是非常了不起的。

四種眞理「苦、集、滅、道」裡共有兩對因果：「苦」與「集」是輪迴的果和輪迴的因；「滅」與「道」是解脫的果和解脫的因。宇宙中的一切因果，都在這兩對因果裡，或是在輪迴的因果裡，或是在涅槃的因果裡。

佛陀揭示四聖諦的目的是什麼呢？就是告訴我們眾生痛苦的眞正原因是什麼。如果不知道眞正的苦因，就不可能解脫苦果。就像看病一定要找到生病的眞正原因，如果不知道病因在哪裡，就沒辦法對症下藥，當然就沒辦法把病治好。眾生在六道輪迴裡受苦，大家都在尋求離苦得樂的方法。其實，所有的宗教、哲學、現代科學等都在探求解脫痛苦的方法，可是有沒有找到呢？我們可以自己去觀察。但是，佛教的四聖諦卻清晰而透徹地揭示了輪迴痛苦的因及解脫輪迴的道，並且有無數成就者依照這條道而獲得了究竟解脫的眞實案例，證實了佛法的眞實不虛、殊勝圓滿。

在《涅槃經》卷十四中佛陀說：「我昔與汝等，不見四眞諦，是故久流轉，生死大苦海。若能見四諦，則得斷生死，生死既已盡，更不受諸有。」可見，領悟四聖諦是解脫輪迴苦海的關要。

下面將四聖諦的含義解釋一下：

第一聖諦是苦諦。苦諦是輪迴的結果，揭示了輪迴痛苦的眞相。輪迴中的一切，歸根到柢就是痛苦，可用三個詞來概括：苦苦、變苦和行苦。整個六道輪迴一切眾生的一切行爲，都逃不出這三苦的範疇。

第一種苦是苦苦。比如說：生、老、病、死苦，求不得苦，愛別離苦，不欲臨苦，怨憎會苦。這八種痛苦我們每個人都可以直接感受到。孩子出生時個個都是哇哇大哭，而沒有哈哈大笑的，爲什麼？生即是苦，十月胎獄之苦且不必說，即出生之際，通過狹窄生門的痛苦更非言語所可形容，剛脫離母體，外界灼熱或寒冷的空氣刺激，接生者手掌的觸摸及毛巾的包裹等，對於嬰兒細嫩的肌膚而言，這些所帶來的痛苦較皮鞭抽體有過之而無不及。不僅生的時候眾苦逼迫，而且新生命的開始，即是人生眾苦的展開，所以嬰兒出生時都會哇哇大哭，這就是生苦；當人們年老時，眼睛花了，耳朵聾了，牙齒也掉了，身心都愈來愈脆弱，老也是苦；每個人都有生病的時候，古人有句話說：「病時方知身是苦，健時多爲別人忙。」我們生病的時候，才知道做人眞痛苦啊！可是健康時卻都在爲別人忙來忙去，沒有眞正爲自己的生命去修行過一天。等到病苦來臨時想修也修不動了，到最後，一口氣不來就是「一失人身、萬劫難復」。懂得了人身暇滿難得的修行人會放下一切去修行，因爲無常隨時會降臨到每個人身上，病苦、死苦隨時都可能剝奪你修行解脫的機會。如果我們健康時不好好爲自己的解脫而努力，偏要去忙忙碌碌地管別人，其實那都是瞎忙。如果我們自己都還在六道裡輪迴，怎麼能幫助別人解脫痛苦呢？這是不可能的。「自覺方能覺他，自利方能利人。」一個人首先要爲自己的人生、爲自己的生命負責任，只有自己覺悟了，才能去覺悟他人；只有自己快樂了，才能夠幫助別人快樂。做爲大乘佛法的修行人，一定要爲幫助一切眾生解脫而發願成佛，但首先得要讓自己具備解脫的能力。

修行解脫要先從認識輪迴痛苦開始，首先要了解人生充滿痛苦，除了生老病死苦，還有求不得苦等等。古人云：「人生失意十八九，可與人言只二三。」人生得意的事少，失意的事占大多數，十件事情裡八九件都是失敗的，而且這些失敗的事情裡，很多痛苦都是說不出口的，只能苦在自己心裡。「可與人言只二三」，能跟別人訴說的只有一點點，很多都是難以啓齒、苦不堪言的。

人生就是這樣充滿種種痛苦。求不得苦，愛別離苦——任何你喜歡的人、喜歡的東西，總有一天要與你分離，因爲人生無常，不是生離就是死別，因緣和合就聚了，因緣了時就散了，無論你再怎麼執著也無能爲力。還有怨憎會苦、不欲臨苦——你不喜歡的人偏偏要和你在一起，所謂「冤家路窄、狹路相逢」，你不想要的東西卻偏偏強加於你，有時走起霉運，禍不單行。特別是這個末法時期，各種各樣的災難愈來愈多了，地震、海嘯、旱災、風災等等，這就是苦苦。

第二種苦是變苦。變苦也叫壞苦，看上去是快樂的，後來卻變了、壞了，成了痛苦。輪迴中的任何快樂都是無常的，只能快樂一段時間，不可能永遠快樂，樂著樂著就會變成痛苦。娑婆世界裡的快樂其實都不是眞正的快樂，都有副作用，都會變成痛苦。如果沒有仔細觀察，會誤以爲是快樂，但是仔細觀察的話就會明白，輪迴中所有的快樂都是一種痛苦。

舉個例子，我們今天享受美味佳餚，很快樂啊，多吃點。但是吃撐了肚子痛、吃壞了還生病、吃過量了又怕胖，享受美食的快樂到後面又變成痛苦了。這就是變苦。

又比如我們今天到花園去散步，也很快樂啊，多走走。但走多了以後腳就痠了、就痛苦了，這時如果有個凳子能坐下來就很快樂。但是讓你坐三個小時，馬上就感到坐在這裡是很痛苦的，站起來走走路是很快樂的。所以，這些所謂的快樂都是假象，娑婆世界所有的快樂其實本質就是痛苦。如果它的本質是快樂，那就應該時間愈長愈快樂才對，因爲快樂加快樂應該會更快樂。如果一分鐘是一份快樂，那麼兩分鐘就是兩份快樂、三分鐘就是三份快樂、一百分鐘就是一百份快樂才對，它不應該會變成痛苦。但問題是，我們坐二十分鐘覺得很舒服、坐三十分鐘腿就開始乏了、坐到一個小時就腰痠背痛、坐兩個小時就痛苦難耐了。這說明它本質上就不是快樂，其實都是一種變苦。爲什麼說輪迴的本質就是痛苦？你去觀察好了，任何事情都是這樣，所有的快樂都有它的對立面、都有它的副作用。有錢好不好？錢多了也會痛苦；有車好不好？塞車了、撞車了、油價漲了，你就痛苦了。所以，佛陀告訴我們，輪迴裡所謂的快樂不是眞正的快樂，而是一種痛苦，就叫變苦。

第三種是行苦。行苦就是一切的事物都是在不斷地遷變，一切都是無常變化的。《大般涅槃經》是這樣說的，「諸行無常，是生滅法。」所有的物質世界都有成、住、壞、空的過程，所有的生命都要走過生、老、病、死。宇宙間任何的情器世界，無論有情的還是無情的，沒有一樣東西不在無常和消逝中。這就說明，到最後一定是痛苦，因爲你總是要失去的，沒有一樣東西是永恆存在的，所以，最終結果一定是痛苦，這就叫行苦。

苦苦主要是在欲界，變苦主要是在色界，行苦主要是在無色界。三界對應於三苦。所以整個三界六道輪迴，它的本質除了痛苦沒有其他的東西，這就是苦諦。

痛苦是輪迴的結果，輪迴中每個人得到的結果，除了痛苦沒有其他。

眾生爲什麼會在輪迴中得到痛苦的結果呢？是有原因的，任何的果都有其因。佛法對於任何事物都有精確的分析，都可以通過邏輯推理來成立，是非常講道理的。而且，佛法還是非常積極的，不僅客觀地揭示問題，同時還告訴了我們解決問題的方法。

第二聖諦就是講輪迴痛苦的因，就是集諦，積集很多煩惱的意思。集諦的原因是什麼呢？就是迷惑。佛經裡告訴我們「因惑造業，因業受苦」。眾生因爲內心迷惑所以煩惱、所以會去造下惡業；因爲造下種種的惡業，所以感受痛苦。這就是輪迴的本源——「因惑造業，因業受苦。」由此可知，輪迴的眞正原因就是迷惑，在佛經裡有一個專門的術語稱作「無明」，詳細講的話就是「十二因緣」。

無明表現在哪裡呢？具體地來講表現在「我執」：誤認爲有個「我」，誤認爲有個「世界」，所以爲了「我」而造業，因爲造業而感受痛苦。這就是苦諦和集諦，就是輪迴的果和輪迴的因。

那麼如何消除痛苦呢？就是後面的兩諦：滅諦和道諦。佛陀是宇宙間徹悟一切的遍知者，不僅了知輪迴痛苦的原因是什麼，而且知道消除痛苦、解脫輪迴的方法。

首先，佛陀肯定地告訴我們，所有的煩惱和痛苦都是可以被徹底根除和消滅的，這就是滅諦。當我們滅除一切的痛苦時，當所有的痛苦全部止息，從此再也不會產生時，我們就獲得了解脫、獲得了涅槃。滅諦是一個結果，它的因是什麼？怎樣才能夠到達滅諦？就是要去修行道諦。

滅諦是解脫的果，道諦是解脫的因。「道」就是道路的意思，就是指我們通往涅槃的道路，一般來說是八正道，但亦可約可廣，約則歸納為戒定慧三無漏學，廣則演繹為三十七道品。

現在先說八正道。

道即道路、途徑、方法。不邪謂之正，通達無阻謂之道。正道者，可令眾生斷集離苦，達於涅槃的聖者境界。涅槃，用一句最簡單的話來描述就是：痛苦的止息。真正的涅槃，就是痛苦徹底地停止了，而不是暫時的停止。

如何達到涅槃呢？一共有八種方法和途徑，這就是八正道。八正道亦稱八聖道，此八聖道是：

一、正見：正確的知見。世間法的有漏正見，即是因果正見；出世間法的無漏正見，是苦集滅道四聖諦之理，知苦斷集，慕滅修道。

二、正思惟：正確的思惟。一般人的思惟，多由妄念而起，修道者既見四諦眞理，當以正智發動思惟，使眞智增長、斷除迷惑。正思惟就是按照四聖諦的眞理進行思惟。如果違背四聖諦的就不叫正思惟。修行佛法的人是不是什麼都不想？不是的。修行佛法的人也要思惟，但是不能亂思惟，不能妄想、亂想，要按佛法的正見去想、去除貪嗔癡。

三、正語：正直的言語。凡是符合佛陀的教導，遠離妄語、綺語、兩舌、惡口，並爲眾生宣講覺悟的眞理，這樣的語言就是正語。

四、正業：正確的行爲。就是符合佛陀教導的行爲，遠離十惡業，不染三毒，修十善業，並積極行持弘法利生的事業，謂之正業。

五、正命：正當的職業。「命」謂賴以活命的生計。正命就是以符合佛陀教導的正當方式而生活。出家人當離五邪命——詐現異相，自說功德，占相吉凶，高聲現威，說得供養。對在家居士而言，所從事的工作不能夠有負面的因，要以正當職業謀求生活，堅決不販賣人口、不販賣毒藥、不販賣武器、不販賣麻醉物（菸酒之類）及不飼養牲畜和販賣肉類。這五種屬於邪命或邪生計。還有凡是涉及殺生、偷盜、邪淫、妄語、飲酒類的行業，都不能從事。我們的工作離開這些不正當的行爲，就是正命。

六、正精進：正確的努力。精進，是非常努力的意思。正，則是朝著一個正確的方向努力。沒有智慧的精進不一定是件好事，如果朝著相反的方向精進，那就會墮落得很快。比如有些人搓麻將很精進，日以繼夜，廢寢忘食，這種人也是滿多的，他們也很精進，但是這個不叫正精進，因爲方向反了。正精進是朝著涅槃的方向努力修行，爲了煩惱的止息而努力修行；正精進是符合正見、在四聖諦的指導下的精進；正精進是精進地聞思修行佛法，並發願：已生惡法令斷，未生惡法令不起，未生善法令生，已生善法令增長。正精進即向出世之法、涅槃之道加緊前進。正精進還須注意的是：不從事徒苦身心的苦行及外道不究竟之法。

七、正念：即觀身、受、心、法四者或觀諸法的實相。念從心起，心不離道，惟念眞如實相或功德相好，稱爲正念。得正念，則與菩提相應。

八、正定：是正禪定。遠離不定、邪定及有漏禪定，以眞智入於無漏清淨禪定，謂之正定。「定」有三種：正定，邪定，不定。如果修習的禪定符合四聖諦的眞理就是正定，如果違背四聖諦的眞理所修習的定就叫邪定。很多外道禪定的功夫也是非常厲害的，可以入定很多天不吃不喝，但是他們沒有四聖諦來攝持，所以這個禪定沒有意義，不是說坐得時間久就一定能解脫，關鍵是要有正見。第三個是不定，不定就是一般的凡夫，心猿意馬，心定不下來。這三種定中我們要學習的就是正定，通過四聖諦的方法來修習禪定，最後斷除煩惱，獲得無漏涅槃的境界。

以上八正道又可歸納爲「戒、定、慧」三學：正語、正命和正業屬於戒學；正見、正思惟屬於慧學；正念、正定屬於定學。正精進一般都歸於定學，但是也有一種說法是把正精進歸於三學，也就是說戒、定、慧都需要精進才能成就。

四聖諦中道諦的仔細開展則爲三十七道品，是趨向解脫、獲得證悟的道路。簡單地說，三十七道品包括四念住、四正勤、四神足、五根、五力、七菩提分、八正道。

「領悟於聖諦」是我們徹底解脫痛苦、超越生死輪迴的根本方法，是我們在追求幸福吉祥的道路上一個最重要的里程碑。從「領悟於聖諦」開始，就正式踏上了解脫的大道；從「領悟於聖諦」開始，我們所擁有世間暫時的吉祥幸福將會變成出世間究竟的吉祥幸福，最終將獲得和佛陀一樣圓滿、永恆的安樂。

# 34 實證涅槃法

在南傳佛教中，「實證涅槃法」指的就是證得阿羅漢果。

通過「領悟於聖諦」，我們了解了「苦就是輪迴的果，集就是輪迴的因，滅就是解脫的果，道就是解脫的因」這四個眞諦。其實，一切的佛法都是在詮釋這四聖諦，四聖諦是所有佛法的核心，也是佛法與其他的宗教、外道、哲學及所有科學技術不同的地方。在這茫茫宇宙中，唯有佛法找到了這條究竟離苦得樂、徹底解脫輪迴、達至圓滿佛果的道路，所以，佛法是最殊勝、最圓滿、最究竟的法。

「領悟於聖諦」的目的是什麼？就是解脫，就是接下來第三十四個吉祥如意的祕訣「實證涅槃法」。如何達到滅諦、獲得涅槃？關鍵就是要了解道諦、實踐道諦。道諦就是獲得解脫的具體方法。

涅槃並非一般人認爲的死亡，而是指斷盡煩惱、遠離生死、覺悟萬法眞諦、安住於無爲寂滅的大樂境界。《涅槃經》說：「滅諸煩惱，名爲涅槃。離諸有者，乃爲涅槃。」《賢首心經略疏》曰：「涅槃，此云圓寂。謂德無不備稱圓，障無不盡名寂。」

通往涅槃的道路，就是四聖諦中的道諦。簡單來講，三個步驟就可以到達涅槃，這就是《慧燈之光》所說的「道諦包含了出離心、菩提心和空性（即證悟空性的智慧）」。

第一步就是生起出離心。

說起出離心，很多學佛的人都會說：「不就是看破放下嘛！」可是眞正面對輪迴世界中的種種境遇時，就怎麼也看不破、放不下了。如果內心沒有生起眞實而穩固的出離心的話，「看破放下」就成了一句空洞無力的口頭禪。

要生起眞實無僞的出離心，首先就要了解輪迴的眞相。輪迴中所有的一切都是無常的，所有一切事物的本質就是痛苦，這就是我們所生活的這個娑婆世界、這個輪迴的本質眞相。我們一定要明白，就算再幸福、再圓滿，也一定會結束的。位子再高也一定會下來，身體再好也一定會死亡，財富再豐足也一定會散盡，夫妻再恩愛也一定會離別。這世界的萬事萬物都在詠唱「無常的道歌」，生際必死，高際必墮，積際必盡，堆際必倒，合久必分，人們所執著的親怨、苦樂、賢劣等分別念也都是無常的。

在這世間，沒有一樣東西會讓你永恆地保有，再幸福、再圓滿也一定會結束，而且愈是幸福圓滿，結束的時候就愈是痛苦。比起兩袖清風、了無牽掛的人來說，擁有很多世間幸福的人更怕面對死亡。龐大的家產還沒享用完，可愛的妻兒更是難捨難分，但是無論你多麼放不下，都得兩手空空、形單影隻地踏上未知的前路。所以愈是擁有的多，放不下的就愈多，失去時就愈痛苦。人生啊，好事不一定是好事，壞事不一定是壞事，幸福圓滿不一定是好事，痛苦也不一定是壞事。

萬事萬物都有無窮潛在的可能性，好事可能變壞事，壞事可能變好事。我們的人生不論幸福也好、不幸福也好，其實並不重要，因爲都是無常的。幸福是無常的，它總是要過去的、總是要結束的；不幸福也是無常的，也是要過去的，也是要結束的。一句話：什麼事都會過去的。你的快樂會過去的，所以不需要得意忘形，往往樂極就會生悲；你的痛苦也會過去的，所以也不需要痛不欲生，往往苦盡就會甘來。對輪迴中所有這些虛無縹緲、變化無常的感受，尊卑也好、窮富也好、苦樂也好、賢劣也好……，我們都要看破它們無常的本質，根本不需要去執著。

對現世當中所有的快樂和痛苦都要有這樣一種觀念：一切都是無常的。所以任何東西都不能執著，因爲你執著了也沒用，它終歸會無常的。你的執著並不能改變它的無常，只能讓自己更痛苦，所以，你要接受一切都是無常的事實。只有我們內心當中看清了無常的眞相，才會非常平靜地去對待一切的快樂和痛苦。

有個非常經典的故事：日本有一個非常聰明的和尚叫一休，一休的師父是一位老和尚，他有一件非常珍貴的瓷器，鎖在櫃子裡，不讓弟子們看。

有天，師父出門去了，一休就和他的大師兄說：「師父這個寶貝到底是什麼？我們趁他不在時把這個寶貝拿出來看看吧！」

於是兩個人偷偷摸摸把這個瓷器拿出來看，沒想到大師兄一失手，把瓷器給打碎了，這下可糟了。大師兄嚇得嚎啕大哭，「完了，這下完了，師父回來肯定要懲罰我的。」

一休就說：「師兄別哭，這樣吧，中午飯你那個饅頭給我吃，這個瓷器就算是我打破的，怎麼樣？」

師兄說：「太好了，太好了，饅頭給你吃了，就算是你打破的，不要說是我打破的噢！」

一休就把這個饅頭吃了，坐在師父房裡，用一塊布把碎瓷器包起來，放在屁股後面，就開始打坐。

師父回來一看，嗯？一休怎麼在這兒打坐呢？

師父問：「一休，你在幹什麼？」

一休說：「我正在參禪。」

師父問：「你在參什麼？」

他說：「我正在參這個世界上有沒有人會永遠不死呢？」

師父就說：「你太愚癡了，佛陀告訴我們『諸行無常』。沒有一個人會不死的，每個人都要死的。」

「哦，知道了。」一休撓了撓頭又問，「師父，那這個世界上有沒有一樣東西是永遠不會壞的呢？」

師父說：「這也是不可能的，所有東西都一定會壞的，無常的因緣到了就會壞了。」

然後一休說：「師父，這裡有一件東西無常了……。」

一休的小聰明裡可是蘊含著大智慧啊！一切的事物都是因緣暫時聚合的產物，因滅緣散的時候就會消亡。如果我們有這樣因果的正念、無常的正念，就會對現世生活中的一切坦然接受；如果沒有因果和無常的正念，就很容易看不開、放不下，產生種種的痛苦，甚至陷入心理疾患中難以自拔。

無常的正念可以幫助我們消除痛苦，如果一個人能時時刻刻提起無常的正念，就會以平常心來看待所有的得失、是非。他知道一切皆有因緣、知道一切都會過去，所以對任何事都不會非常地執著，因此就不會有煩惱了。

人的痛苦來自哪裡？固執、執著。執著不放就是痛苦。如果我們知道一切諸法都是無常的，眞正地看到了所有事物的眞相都是無常，我們就能夠接受任何的事實。所以大家以後打破東西時知道該怎麼做了吧？學學一休的智慧。

出離心就是對輪迴當中所有的事情不執著、不貪戀，出離心來自於看破了輪迴的眞相。佛經中所闡釋的「人身難得，壽命無常，因果不虛，輪迴痛苦」等，都能幫助我們看清輪迴的眞相，從而生起眞實穩固的出離心。有了出離心，就會放下執著，就能消除很多的痛苦。

但是，很多人對出離心有誤解，認為出離心是消極可悲的，以為什麼都不要了，苦哈哈的就是出離心。其實，出離心不是讓我們厭棄金錢，而是讓我們放下對金錢的執著，只有對金錢不貪不著，金錢才不會令我們痛苦；出離心不是讓我們拋妻棄子，而是讓我們放下對親眷的貪戀。只有看清了因緣聚散、親怨無常的眞相，才能在聚會時更珍惜、分散時更釋然。

並不是說我們屏棄一切的健康、財富、親友、勢力，過成「一窮二白、孤家寡人」的才表示有出離心。出離心不在形式而在於內心，重要的是內心的不貪、不嗔、不執著。我們可以擁有財富，也可以甘守貧寒，只要內心看破財富的眞相而不起執著，就可以在任何富有和清貧中安然自得。今天有條件住在別墅裡，也可以安心享受，只要我們內心了知一切無常而不起貪著；明天破產了、地震了，要住在土房裡、帳篷裡了，也能夠坦然接受，因爲我們有無常的正念、因果的正念，知道輪迴本來就是痛苦。

所以，出離心的「看破放下」不是一種消極和悲觀，而是更高的積極和智慧。對輪迴的眞相了了分明，然後以正確的態度去面對它，就好像掌握了解題的方法，對輪迴中一切煩擾的難題都能解開，這就是出離心能消除痛苦的原因。而且出離心的「不貪不著」恰恰是能夠帶來富足的因，所以出離心又能帶來更多的吉祥。一個人有了出離心以後，大部分的煩惱都可以消除，可以感受到很多的自在和快樂。但是，這還不夠，還不是完全的、眞正的解脫，因爲他還是在輪迴裡。

眞正的出離心不僅要了知一切諸法無常，知道世間所有一切都不可靠，無論今天是幸福還是不幸，最後都要結束，所以享受幸福但不起貪戀的執著、感受不幸但不起痛苦的執著；同時我們還要了知輪迴裡所有一切都離不開虛幻的本質、痛苦的本質，而可以用來修行的人身又是那麼的難得、那麼的無常。所以我們一心渴望衝出輪迴的牢籠，到達解脫的彼岸，這就是出離心。對輪迴的一切毫無貪著，並且猛厲希求解脫輪迴的心，就是眞正的出離心。

出離心是我們趨向解脫、獲得涅槃的道諦中的第一個步驟。走出了這一步，就是眞正地踏上了解脫的大道，但並不是已經解脫了，因爲我們的「我執」還沒有破除。只要這個「我執」的迷惑還在，就會不停地種下輪迴的因，輪迴就沒有止境。所以我們必須還要繼續走完道諦的第二個步驟和第三個步驟。

第二個步驟是發起菩提心。

菩提心就是我們爲了一切眾生都能解脫成佛而發願解脫成佛。這裡面有兩層含義：第一，我們知道了輪迴的痛苦、佛果的圓滿而希望一切眾生都能解脫輪迴、成就佛果；第二，只有自己解脫成佛了，才能最好地幫助眾生，所以我們發願要解脫成佛。

有了眞實無僞的出離心，你就是在追求解脫了，但還是以自我爲中心地只是想著「我」要解脫。菩提心是要你把心量打開，把集中在自己身上的注意力焦點轉移到一切眾生身上，更多地爲他人著想，這樣，你的煩惱痛苦就會更少。因爲愈是以自我爲中心就愈是痛苦，如果我們能夠把心擴大，去想著更多的人，我們的痛苦就會大大減少。

寂天菩薩《入菩薩行論》中說：「盡世所有樂，悉從利他生，盡世所有苦，皆從自利起。」這個世界上所有的快樂都來自希望別人快樂，這個世界上所有的痛苦都來自只希望自己快樂。

有這樣一個故事，有個女孩子碰到煩惱的事情，非常痛苦，就去找她的師父訴說。師父沒有直接告訴她去除煩惱的方法，而是讓她拿一只碗到門口的湖裡去舀來一碗水，然後又讓她到廚房去抓了一把鹽來放在這碗水裡。然後，師父把這碗水遞給女孩說：「妳先喝一口。」

女孩喝了一口連連吐舌，「哇，又苦又鹹！」

這時，師父說：「妳現在再去抓一把鹽放在湖裡面，然後從湖裡舀一口水來喝。」女孩如是去做了，當然，一把鹽放在湖裡，哪裡會有什麼味道。女孩告訴師父說：「師父，我喝了，什麼味道都沒有。」

於是師父就引導她說：「妳現在知道該怎麼做了吧？就是要把心量擴大，妳不要成爲一碗水，而要變成一個湖。因爲妳的心量太小了，所以一點點痛苦就覺得受不了。如果妳把心量放大，一點點痛苦放在裡面，就根本不算什麼了。」

韓國電視連續劇《商道》裡也有類似的一個情節：灣商都房洪德柱的女兒美今小姐因爲失戀而痛苦抑鬱，洪德柱就讓女兒帶著大米等生活用品去慰問灣商出差在外雜工的家屬們。美今小姐走出自己的世界，去關心那些社會底層的普通家庭時，自己的心靈創傷也得到了治療。

心量愈大的人，痛苦愈小；心量愈小的人，痛苦愈大。我們為什麼要發菩提心？為什麼要「為往聖繼絕學、為萬世開太平」？為什麼要「先天下之憂而憂、後天下之樂而樂」？因為這就是快樂的根本。當我們把心量擴大到能包容一切眾生時，痛苦就沒有了，就像一把鹽撒到湖裡面，還會鹹嗎？

發起菩提心就是要消除以自我為中心，把心量放大、擴展到一切眾生身上。菩提心是希望一切眾生都能夠解脫成佛，而不是我一個人解脫成佛。生起出離心就好比一個人從輪迴迷夢中正在覺醒，覺知到整個輪迴就是一場痛苦不堪的噩夢而希望醒過來、解脫出來；而菩提心則是這個人同時還看到所有眾生都在噩夢中迷惑掙扎，而希望所有眾生都能覺醒、解脫，並且回歸原本清淨圓滿的佛性。

我不貪戀世間，我要解脫，這叫出離心。菩提心是希望一切眾生都解脫成佛，所以我要努力修行成佛，這是道諦的第二步。

生起眞實無僞的菩提心就能去除更多的痛苦、獲得更多的快樂。但還是不能徹底解脫，因為還沒有徹底破除「我執」、證到「無我」的空性，所以輪迴的根還沒有斷除。

第三步就是證悟空性。

當我們證悟人和法（一切事物）的本質都是空性時，那麼輪迴的根本——「我執」就會被徹底斷除。

我執有兩種：人我執，法我執。人我執就是認為有一個「我」的存在，法我執就是認為這世間宇宙萬物都是存在的。

相對應這兩種我執，所證悟的空性也有兩種：一種是人無我的空性，一種是法無我的空性。證悟了人無我的空性，就證得阿羅漢的果位，就不會再輪迴了；而徹底證得法無我空性時，就能夠成就無上菩提佛果。

證悟空性有兩種方法：一種是顯宗的方法，通過我們學習道理，慢慢地、不斷地修行，最快需要三大阿僧祇劫才能夠成佛。

阿僧祇是一個天文數字。《大乘無量壽經白話解》中說：「劫是多長的時間？每個邊都有四十裡的一塊大石頭，幾百年天人下來一次，用身披的輕紗，在石頭上輕輕拂一下，直到把這個石頭完全磨得沒有了就是一劫。」

《佛學常見辭彙》中如此解釋三大阿僧祇劫，「菩薩成佛的時間。阿僧祇劫，華譯無數長時。菩薩的階位，一共有五十位，十信十住十行十回向之四十位，為第一阿僧祇劫；十地之中，自初地至第七地，為第二阿僧祇劫；自八地至十地，為第三阿僧祇劫。第十地過後，即證佛果。劫有大中小三種，這裡所說的劫是指大劫，故曰三大阿僧祇劫。一個阿僧祇劫的年數，若以萬萬為億，萬億為一兆來計算，一阿僧祇劫等於一千萬萬萬萬萬萬萬萬萬兆大劫。」

按顯宗的方法成佛，最快需要三大阿僧祇劫的時間。

第二種是金剛乘的方法，金剛乘又叫密宗，是一種比較快速的方法。

《慧燈之光》中是這樣介紹顯密之差別的。

「顯宗的成佛，最快也要三個無數大劫，梵文稱之為阿僧祇劫，阿僧祇是一個天文數字，表示六十位數。六十位數是個什麼樣的概念，大家可以想想。劫是一個計量單位，如果用人間的年、月、日來計量，那是非常漫長的。至於三個無數大劫，那更是難以想像了，可見顯宗的成佛是很艱難、很遙遠的。密宗的成佛就很快了，因為密宗認為眾生本身就是佛。只是有了無明，才覆蓋了本有的佛性，所以感覺不到自己是佛。當把無明推翻以後，本來面目就會顯露出來，所以不需要很長的時間。在這一點上，密宗的確是給了我們很大的鼓舞、動力和勇氣。」

「在顯宗的經典中，認為成佛的道路極其遙遠，要經過三個阿僧祇劫，也就是三個無數大劫，那是超越常人的思維，是極爲漫長的時間。但密宗卻認爲，心的本性就是佛，我們與佛並沒有距離。只要進入那種狀態，佛與眾生當下融爲一體。所以，從密宗的角度而言，佛與眾生僅隔著一道窗簾，修習的方法也極爲方便迅捷，拉開窗簾，即可成佛。所以，成佛並不是遙不可及的事，而是近在眼前、指日可待的。這就是密宗，特別是大圓滿的殊勝之處。」

第一種顯宗的方法速度比較慢，如同爬樓梯，一層樓，兩層樓，三層樓，四層樓，一直到一百層樓，你要慢慢爬。

第二種密宗金剛乘的方法是什麼？就是坐電梯。

走樓梯，每個人眼睛都可以看得見，沒有什麼祕密的，一步步上去，這就是顯宗的方法。密宗就像坐電梯一樣。這個電梯什麼結構你知道嗎？不知道。這個電梯怎麼造出來的你知道嗎？不知道。但是你只要懂得用就可以了。我們大多數人都不知道電梯是怎麼造出來的，也不知道電梯的結構是什麼樣的，但是不妨礙我們乘電梯從一樓到一百樓。我們不需要知道電梯是怎麼造的，但是我們可以直接使用，直接去用它最後的結果就好了。密宗也是這樣，是直接得到結果的方法。

我們念「嗡嘛呢唄美吽」（觀音心咒）時，知道這句話什麼意思嗎？不知道，但是不知道也無妨。就像我們打電話一樣，你只要把電話號碼記住，然後撥打，電話就通了。現在科技發達，對密法的理解是很有幫助的。比如數位相機、手機都可以拍照片，我們不需要知道它們是怎麼造的，只要買來使用就可以了。密宗就是這樣，直接得到結果，中間過程全都省略了。

顯宗就像爬樓梯，最終也能爬到頂樓，但是你得始終睜大眼睛看清每一個臺階，還要有足夠的體力和努力，持之以恆地爬到底。修行顯宗就是有這樣的兩個要求：第一要有智慧，第二要勇猛精進。你要非常有智慧，才能理解裡面所有的道理，然後，還要努力不懈地一步步前進。從初發心到最後成佛需要三大阿僧祇劫，沒有勇猛精進肯定是堅持不下去的。

密宗金剛乘對智慧與精進的要求不高，但是，密宗卻有一個非常重要的關鍵，那就是信心。如同使用手機一樣，你根本不用自己製造，直接買來用就好了。電梯也是一樣，你只要走進去搭乘就好了。但是，你需要相信，相信它，你才會用它。然而，人最難的就是「相信」兩個字。

有一個笑話：有位從深山裡來的老爺爺，走到一個高樓大廈的電梯門口，人家都進去，他不敢進去，爲什麼呢？因爲他很害怕。他在外面看了又看、想了又想，覺得這個東西眞是太奇怪了，這麼小的一間房子，上面也沒有孔，下面也沒有孔，但所有人進去後，都會發生變化。你看這個小姑娘進去，出來一個老太太，老太太進去，出來一個小伙子。這麼一個小房子，就像變戲法一樣，自己進去以後還不知道會變成什麼，多可怕啊！堅決不能進去，於是這位老爺爺就轉去爬樓梯了。所以，坐電梯是需要有信心的，沒有信心也是不敢坐的。

密宗金剛乘也是這樣，看起來是很不可思議的，但是，如果我們有信心，成就速度是非常快的。因爲密宗是果乘，直接享用結果；而顯宗是因乘，要從因地一步步修上去。

又比如說你要去北京，也有兩種方法：一種是你自己把地圖搞清楚，然後拿個指南針慢慢循著路線走。把地圖搞清楚，一路上不迷路，需要有智慧，長途跋涉走到北京，還要勇猛精進，不精進你肯定走不到，這就是顯宗。顯宗就是要有智慧、要勇猛精進、要努力；另一種是密宗的方法——乘飛機。買一張到北京的機票，然後坐上飛機睡一覺，馬上就到了。

密宗金剛乘的特點就是速度快、效果好，但是有兩個關鍵要素必須具備：第一，要依靠信心；第二，要有很大的福報。

你要有信心，相信飛機這個現代化的交通工具能夠幫助你迅速到達目的地；還要有福報，你要有錢買機票。

福報非常重要，沒有福報你坐不上電梯、買不了手機、乘不起飛機，沒有福報你可能一輩子都沒聽說過什麼是電梯、手機、飛機。遇到金剛乘、修行金剛乘都是要有大福報的，沒有福報根本聽不到，沒有信心根本接受不了。如果你能夠聽得到，說明你有福報；聽了以後你能接受，說明你有信心。有福報、有信心的人，就是坐飛機的人，很快就可以到達目的地。

沒有福報的人根本沒辦法得到金剛乘、修行金剛乘，金剛乘對一個人的福報特別有要求。當然我們不能片面地把福報理解爲有錢，福報是一個人累積正面種子、清除負面種子的綜合指數。因此，斷惡行善的賢良人格不僅是獲得世間吉祥的根本，也是獲得出世間證悟的重要基礎。金剛乘中還有很多專門淨除罪障、積累福智資糧的修法，可以快速地增上修行人的福報，積集成佛的資糧。

修行金剛乘能快速成佛，甚至即身就能成就。對金剛乘的修行人最大的要求，不是智慧也不是努力，最重要的就是信心和福報，這就是金剛乘的特點。大家可以自己選擇，喜歡走樓梯的走樓梯，喜歡坐電梯的坐電梯。

因爲佛的境界非常深奧，做爲直接享用佛果的果乘——密宗金剛乘的理論與方法也非常深奧。在這裡只是做一些簡單的比喻，還不能夠完全把其中深奧的道理說得很明白，但是大家可以通過這些比喻慢慢來理解顯宗與密宗的區別。

一般人談到密宗，就認爲那主要是西藏的教法，似乎漢地除了唐密外，就沒有密宗的法門了。其實，藏傳佛教和漢傳佛教都具備顯宗和密宗教法。藏傳佛教在密宗教法方面很豐富，在顯宗方面的教法也很完備，各個寺院都有完備的顯宗課程。有些宗派甚至規定要在顯宗的修學有了相當的基礎，經過嚴格的考試合格後，才能開始學習密宗。而漢傳佛教方面，除了唐密外，密宗的很多見地與修法都已經被其他一些宗派所涵攝。比如漢地最有名的禪宗，無論從其見地或修法來看，都有著明顯的密宗的痕跡。況且禪宗極爲提倡一生中獲得「頓悟成佛」，這也顯示了禪宗成就的速度是非常快的，完全能和藏密修法相媲美，並不能算是純粹的顯宗。又比如天台宗，把整個佛法的見地判爲藏、通、別、圓四教，而其中圓教的見地和藏地流行的最高密法大手印、大圓滿等，幾乎是一樣的。而圓教的修法，也與大手印、大圓滿等有許多共同之處。日本天台宗開祖傳教大師最澄還很明確地提出了「圓（天台圓教）密（眞言密法）一致」的觀點。

所以，就見地、修法及成就的速度來看，漢地的很多教法如禪宗、天台宗、華嚴宗等，都不僅僅是顯宗的教法，也包含了密宗的內容。

這就是道諦——獲證涅槃的方法。總的過程就是出離心、菩提心與空性見。生起出離心、發起菩提心之後，一定要證悟「人無我」和「法無我」的空性才能最終成佛。獲得證悟的方法有兩種——顯宗和密宗。

大乘顯宗主要是通過學習經論，然後自己慢慢觀修，學一點修一點。經過三大阿僧祇劫，生生世世不斷地去修，到最後有一天突然開悟，就登初地了，一個阿僧祇劫就過去了；然後，初地到八地，又一個阿僧祇劫；八地到成佛，又一個阿僧祇劫。一共三大阿僧祇劫。

金剛乘則主要是靠他力——依靠善知識的加持證悟空性，而不是靠自己悟出空性。在金剛乘裡，當你真正對善知識具足信心時，善知識就可以通過加持力和竅訣，讓你在現世當中馬上就體悟到空性。

打個比喻，空性好比咖啡的味道一樣，顯宗就是慢慢想空性是什麼。就像一個人從來沒喝過咖啡，學著說明書上說的：這個咖啡有點苦、有點香、有點甜，然後就開始想像：怎麼個香法，怎麼個苦法，怎麼個甜法？不過再怎麼想也是難以想像的。這就好比是顯宗，要一個阿僧祇劫才能真正體悟到什麼是空性；密宗金剛乘就好比是善知識把咖啡煮好了，直接給你喝一口，那你馬上就明白了咖啡是什麼味道。所以，金剛乘是直接讓你體驗到空性，讓你現世中就獲得證悟，獲得解脫。

所以，金剛乘主要靠的是他力，而不僅僅是自己的努力。主要是靠諸佛菩薩、傳承祖師、具德善知識的加持力，這是非常重要的。

當然，金剛乘的動機也是非常重要的，沒有前面兩個步驟——生起出離心和發起菩提心，是不可能進入第三個步驟——證悟空性的。我們修行金剛乘的發心絕不是爲了自己的快樂，我們希求快速成佛也不是因爲怕苦、偷懶和討巧，而是爲了能更快地具足圓滿的智悲力，去幫助一切父母眾生解脫成佛！

「領悟於聖諦，實證涅槃法」，就是通過領悟四聖諦了解所有佛法的核心，然後力行八正道，並通過實踐道諦修行出離心、菩提心、空性見。最後徹底證悟空性、息滅所有煩惱時，就證得涅槃了。

「實證涅槃法，是爲最吉祥」。所有煩惱的根源全部地、徹底地根除了，當然這就是究竟的、圓滿的吉祥了。

# 35

# 八風不動心

**在阿羅漢的境界中，不再會為「利、衰、毀、譽、稱、譏、苦、樂」的世間八法所動搖，會保持平靜而不受任何世間無常變化現象的擺布，這是最吉祥的事情。**

前面佛陀為我們開示了四聖諦、八正道及獲得證悟、解脫成佛的方法，下面的四個吉祥祕訣「八風不動心」、「無憂」、「無污染」、「寧靜無煩惱」講的都是一個人徹底證悟、獲得涅槃後的狀態。證悟的境界猶如深秋萬里無云的天空，不會再有一絲煩惱，所以是最究竟的吉祥。但這種境界是凡夫可望而不可及的，只有通過實修實證，真正了達了空性的聖者，才能親身享受到這種快樂和吉祥。

我們先來看第三十五個吉祥「八風不動心」，在有些《吉祥經》的版本中，這句話又被譯為「雖觸諸世間，其心不動搖」，指的是雖然身涉世間法，但心依然清淨平和、不為之所動。

「八風」，又叫「世間八法」。佛在《增壹阿含經》、《思益梵天所問經》等多部經中有講，大成就者金厄瓦羅珠加參尊者在《開啓修心門扉》中也詳細剖析、呵斥了世間煽惑人心的這八件事：利、衰、毀、譽、稱、譏、苦、樂。

阿底峽尊者是印度最偉大的祖師之一，他教導弟子說：「有八件事情讓人軟弱。」指的也是這世間八法：希望得到利益，不希望受到衰損；希望聲名遠播，不希望沒沒無聞或臭名遠揚；希望受到稱頌讚美，不希望受到批評譏諷；希望快樂，不希望痛苦。這八種患得患失的心態，是我們極易落入的八種陷阱。

「八風」就是對我好的與對我不好的兩種境遇，總的來說，就是人生中的順境和逆境。順境分成四種：利、譽、稱、樂；逆境分成四種：衰、毀、譏、苦。無論在順境中或在逆境中，我們的心都應該如平靜的海面般如如不動，如果風一吹浪就打，那就免不了痛苦與不安。

但是，眞正要做到「八風不動心」，則必須要證悟空性。如果證悟了空性，八風就吹不動了，無論是面對得到或失去、美譽或譭謗、稱讚或譏諷、快樂或痛苦，我們都不會動心。

「八風不動心」是用以修心的準則，也是了達空性後自然就會出現的一種境界，是最寧靜、安樂、吉祥的狀態。

關於「八風不動心」，還有個有趣的故事。

傳說宋朝蘇東坡在瓜州任職時，與一江之隔的金山寺的住持佛印禪師交往篤深，他們常在一起談禪論道。

有一天，蘇東坡寫了一首詩，遣書僮送過江。「稽首天中天，毫光照大千。八風吹不動，端坐紫金蓮。」詩的意思是說：我的心已經不再受外在世界的誘惑了，人世間的稱、譏、毀、譽、利、衰、苦、樂八種境況已經動不了我的心，我就好比佛陀端坐在蓮花座上。蘇東坡自以為修行境界已經很高了，就想向佛印禪師展現一下。

佛印禪師看了詩後，笑而不語，信手批了兩個字，叫書僮帶回去。蘇東坡打開一看，上面批著「放屁」兩個大字，惱羞成怒，立馬乘船過江找禪師理論。

當他來到佛印禪師門口時，禪師早已鎖了門出遊了，只是在門上貼著一副對聯：八風吹不動，一屁打過江。蘇東坡此時才意識到原來自己早已被八風吹動了，看來都是口頭禪，不是眞功夫啊！

「八風不動心」不是那麼容易的，它是一種證悟後的聖者境界，要完全破除了我執、證悟了無我的空性才可以達成的。為什麼人家一說「放屁」你就生氣了，就是因為有個「我」，如果完全無我了，那人家說什麼都可以，說你是佛也好，說你是魔也好，都不會高興，也不會生氣了。所以，要眞正獲得「八風不動心」的吉祥，是要證悟空性才可以做到的。

# 36 無憂

無憂，是指心已經完全斷除了煩惱，當遭遇世間變化無常時，仍能保持不悲傷。

每個人都渴望幸福快樂，卻常常憂悲苦惱。世尊在這裡告訴我們的第三十六種吉祥「無憂」，應該是每個人都想要得到的。但要怎樣才能「無憂」呢？究竟地來講，只有了達了空性、證悟了「無我」，內心才會沒有憂愁和悲傷。這裡，「無憂」是指完全斷除了煩惱的心。

爲什麼我們可以做到完全斷除煩惱呢？就是因爲我們能夠了達無我空性的道理。既然沒有我，那麼誰在悲傷呢？如果我們眞正能夠證悟無我空性，就可以消除所有的憂愁和悲傷，做到快樂無憂。

禪宗四祖道信大師在他的著作《方寸論》中說：「快樂無憂，故名爲佛。」這篇《方寸論》是禪宗的精髓，字數很少，比《心經》還要短。但是它揭示了一切佛法的精髓。

道信大師是這樣說：

「夫百千法門，同歸方寸；河沙妙德，總在心源。一切戒門、定門、慧門，神通變化，悉自具足，不離汝心。一切煩惱業障，本來空寂；一切因果，皆如夢幻。無三界可出，無菩提可求。人與非人，性相平等。大道虛曠，絕思絕慮。

如是之法，汝今已得，更無闕少，與佛何殊？更無別法。汝但任心自在，莫作觀行，亦莫澄心，莫起貪嗔，莫懷愁慮，蕩蕩無礙，任意縱橫，不作諸善，不作諸惡，行住坐臥，觸目遇緣，總是佛之妙用。快樂無憂，故名爲佛。」

這一段非常精采，大家可以去領悟一下，特別是學過很多高深法門的道友，就會知道這一段講的就是密宗裡最殊勝的大手印、大圓滿的正行。在這裡就不解釋了，自己去好好讀一讀。如果你眞的明白了，那麼就眞的快樂無憂了。

雲門宗的創始人文偃禪師曾留下「日日是好日」的禪門公案，耐人尋味。我們看到日本很多禪宗的禪師，如果給別人題字，經常會題這一幅字——「日日是好日」。上次我們去日本臨濟宗妙心寺靈雲院，住持則竹秀南長老也送我一幅字，上面就寫著「日日是好日」。其實這也是快樂無憂的意思。

唐代高僧，禪門潙仰宗初祖潙山靈佑禪師也曾經有一段開示：

「一切時中，視聽尋常，更無委曲，亦不閉眼塞耳，但情不附物，即得。」、「譬如秋水澄澄，清淨無爲，澹濘無礙，喚他作道人，亦名無事之人。」

這段話非常殊勝，很好地解釋了這個「快樂無憂」。如果我們眞的能夠明白其中的道理，確確實實就會快樂無憂了。

當然，這裡面講的都是非常高深的證得聖者果位之後的境界，我們凡夫可能很難做得到這樣究竟的「快樂無憂」。在這裡，再教大家一個簡單的方法，就是念誦「南無無憂最勝吉祥如來」的名號。在《藥師琉璃光七佛本願功德經》裡講到了這位「無憂最勝吉祥如來」，這位佛陀非常殊勝，如果你念「南無無憂最勝吉祥如來」，就可以獲得無憂和吉祥。

在《藥師琉璃光七佛本願功德經》裡講到，無憂最勝吉祥如來曾經有四個發願。

「第一大願：願我來世得菩提時，若有眾生，常爲憂苦之所纏逼，若聞我名，至心稱念，由是力故，所有憂悲及諸苦惱悉皆消滅，長壽安穩，乃至菩提。」

如果你經常很憂愁，就多念念「南無無憂最勝吉祥如來」。

「第二大願：願我來世得菩提時，若有眾生造諸惡業，生在無間黑暗之處，大地獄中，受諸苦惱，由彼前身聞我名字，我於爾時身出光明照受苦者，由是力故，彼見光時，所有業障悉皆消滅，解脱眾苦，生人天中，隨意受樂，乃至菩提。」

哪怕在無間地獄當中，如果過去生中聽聞過無憂最勝吉祥如來的名號，無憂最勝吉祥如來就會來放光照射，你馬上就會從地獄裡面出來，享受人道和天道的快樂，「乃至菩提」，最後就能成佛。

「第三大願：願我來世得菩提時，若有眾生造諸惡業，殺盜邪淫，於其現身受刀杖苦，當墮惡趣，設得人身，短壽多病，生貧賤家，衣服飲食悉皆乏少，常受寒熱飢渴等苦，身無光色，所感眷屬皆不賢良，若聞我名，至心稱念，由是力故，隨所願求，飲食衣服悉皆充足，如彼諸天身光可愛，得善眷屬，乃至菩提。」

如果你有種種困難，遭受種種惡報，沒有很好的眷屬，你念「南無無憂最勝吉祥如來」，你都可以消除這些痛苦。

「第四大願：願我來世得菩提時，若有眾生，常爲藥叉諸惡鬼神之所嬈亂，奪其精氣受諸苦惱，若聞我名，至心稱念，由是力故，諸藥叉等悉皆消散，各起慈心，解脱眾苦，乃至菩提。」

碰到各種各樣的妖魔鬼怪來嬈亂你，你念「南無無憂最勝吉祥如來」，就可以消除這些問題。如果你念這個名號，那麼所有這些各種各樣的妖魔鬼怪就會對你產生慈悲心，痛苦馬上就消除了。

有一位道友說，他的母親非常痛苦，因爲相信一些巫婆神漢之類的，也有各種各樣的煩惱。如果有可能的話，可以念念「南無無憂最勝吉祥如來」或供奉藥師佛、念誦「南無藥師琉璃光如來」。因爲藥師琉璃光如來也曾發願，「願我來世得菩提時，令諸有情，出魔罥網，解脫一切外道纏縛，若墮種種惡見稠林，皆當引攝置於正見，漸令修習諸菩薩行，速證無上正等菩提。」而且在《藥師琉璃光如來本願功德經》說：「若諸有情，好喜乖離，更相鬥訟，惱亂自他，以身語意造作增長種種惡業，輾轉常爲不饒益事，互相謀害，告召山林樹塚等神，殺諸眾生取其血肉祭祀藥叉羅刹婆等，書怨人名作其形象，以惡咒術而咒詛之，厭魅蠱道，咒起屍鬼，令斷彼命及壞其身，是諸有情，若得聞此藥師琉璃光如來名號，彼諸惡事悉不能害，一切輾轉皆起慈心，利益安樂無損惱意及嫌恨心，各各歡悅，於自所受，生於喜足，不相侵淩，互爲饒益。」所以，當我們遇到這樣一些鬼神惱害、外道魔障時，我們可以念誦「南無無憂最勝吉祥如來」或「南無藥師琉璃光如來」。

佛陀在《吉祥經》中告訴我們三十八種吉祥如意的祕訣，愈到後面的愈是究竟圓滿。如果我們能夠證悟空性，獲得聖者的果位，那我們就能得到最究竟的吉祥了。在此之前，我們一方面好好修持這裡面的每一個吉祥祕訣、一方面好好祈禱諸佛菩薩的加持護祐。

在這裡，我也送給大家一首宋代高僧無門慧開禪師的詩，「春有百花秋有月，夏有涼風冬有雪，若無閒事掛心頭，便是人間好時節。」

祝願大家都能快樂無憂！

# 37 無污染

遠離了貪、嗔、癡的污染，所以稱為「無污染」。

內心中沒有貪、嗔、癡、慢、嫉這五毒，就不會有煩惱，沒有煩惱就是「無污染」，但這需要證悟空性才能眞正做到。凡夫眾生因爲「我執」的迷惑，爲了這個「假我」而生貪、生嗔、生出種種的邪見、傲慢和嫉妒，使本來清淨的心充滿了染污。佛教的修行就是要向內觀心去對治這些煩惱、去除這些染污，還我們自己一顆本來清淨光明的心。《妙法蓮華經》云：「持戒清潔，如淨明珠。」、「善修其心，能住安樂。」淨土宗九祖靈峰蕅益大師所作《淨社銘》亦云：「持戒爲本，觀心爲要。」持戒是對內心的保護，能夠防非止惡，避免種下負面的種子。觀心、修心從淺層來講就是保持對內心的覺照，並以少欲知足對治貪心，以慈悲對治嗔心，以聞思修行對治愚癡和邪見，以謙卑對治傲慢，以隨喜對治嫉妒，這樣才能抵制五毒對我們的傷害，讓我們的心得到暫時的安樂；而從深層來講，觀心、修心的終極目標則是證悟無我的空性、了達心的本性。

這樣我們才能究竟達至「能住安樂」的最高吉祥。

我們要知道，五毒的污染不是來自於外境，而是來自於我們無明的心。只要「我執」的迷惑沒有被徹底破除，只要我們還認爲有個「我」在，那麼五毒就不可能完全被清除，也就無法眞正達到漏盡者「無污染」的境界。

只有證悟了無我的空性，我們才不會爲了「我」而生起貪、嗔、癡、慢、嫉的染污，只有通過證悟空性，五毒煩惱才能被徹底地消除。所以，眞正要做到「無污染」就一定要了達空性。

## 38 寧靜無煩惱

阿羅漢聖者遠離了欲漏、有漏、見漏、無明漏等四種束縛，故而獲得「寧靜無煩惱」的最高吉祥。

佛陀爲四眾弟子開示的三十八種獲得吉祥的智慧方法，每一項都能實實在在地帶給我們殊勝的利益，而且最後的這幾個眞可謂是至高的吉祥，因爲已超越了輪迴，是聖者超凡入聖的境界，是永恆的大樂、究竟的吉祥。最後，就讓我們來看第三十八種吉祥——「寧靜無煩惱」。

「煩惱」在佛法中又被稱爲「漏」。在《中部．根本法門經》註中說：「有四種漏：欲漏、有漏、見漏、無明漏。這四種漏已被阿羅漢滅盡，舍斷，正斷，止息，不可能再生，已被智火燒盡，因此稱爲漏盡者。」漏盡者即阿羅漢聖者，因爲透過阿羅漢道完全地斷除了一切漏，故稱漏盡者。

「寧靜無煩惱」就是四法印「諸行無常，諸法無我，涅槃寂靜，有漏皆苦」中的「涅槃寂靜」。凡夫的心都是不寧靜的，因爲有「我」和「我所」、「我的痛苦」、「我的快樂」、「我的執著」，所以有很多煩惱、很多苦，根本無法眞正靜下來。只有徹底地證悟了空性，斷除了煩惱，獲得涅槃，心才能回歸究竟的寂靜、眞實的寧靜。所以，當我們能夠證得「涅槃寂靜」的境界時，就能獲得「寧靜無煩惱」的至高吉祥了。

如果完全證得了「無我」，心就再也不會動搖了，因爲「空」怎麼會動搖呢？所以，只有空性是徹底的寂靜，只有證悟空性才能眞正達到寧靜。

如果沒有了達空性，我們的靜都是相對的、都是有限的，所有的一切都在生滅裡面，都在無常之中，不可能獲得徹底的寂靜。《大般涅槃經》說：「諸行無常，是生滅法。生滅滅已，寂滅爲樂。」寂滅就是涅槃，當我們證悟空性的時候，生滅就沒有了，就像《般若波羅蜜多心經》中說：「不生不滅，不垢不淨，不增不減。」這就是寧靜無煩惱，就是最高的吉祥、究竟的吉祥。

小乘佛教中，「八風不動心，無憂無污染，寧靜無煩惱。」指的是阿羅漢的境界。因爲證悟了空性，斷除了一切有漏的煩惱，獲得了涅槃寂靜的大樂，所以無論世事如何變化無常，他的心都不會動搖。

我們在生活中不可避免地會遇到八種世間的變遷：盈利與損失，聲譽與惡名，褒揚與非難，快樂與痛苦。每個人生活中都一定會遭逢變化，每天都會遇到或喜或憂、或好或壞的各種境遇，這些就是世間法、就是無常的眞相。所以無論外境如何變化，我們的心不應隨之而動，必須保持安穩和平衡，如此便不會有哭泣、不會有悲傷，心中不會有雜染、不會有不安。

這樣美好的境界，這樣的一種能力並不是靠紙上談兵就能夠獲得的。面對紛繁複雜、痛苦難耐的輪迴，我們必須要走在正法的道路上，以聞思修行去實踐佛陀的教言，只有這樣，才能學會以平等心對待生命中的所有變遷，才會愈來愈感覺到安穩和寧靜。當一個人不被世間無常變化所動搖時，當一個人能夠抵禦這世間或好或壞的變化時，他就獲得了眞正的吉祥。當然，要完全達到這樣的境界，需要證悟空性才行。

其實，《吉祥經》後面的幾種方法都是同一個內容，就是要證悟空性。證悟人無我的空性，即小乘初果至四果，以四果阿羅漢爲究竟；證悟法無我的空性，即大乘初地至佛地，以佛地爲究竟。如果沒有證悟空性，所謂的吉祥都是有限的、暫時的，只有證悟空性，成就了佛果，才是最眞實、最究竟、最永恆、最圓滿的吉祥！

在這裡也給大家介紹一篇很短的大乘佛教經文，這篇經文很精要地介紹了空性智慧和究竟解脫的境界，這就是在佛教界最著名的經典之一《般若波羅蜜多心經》：

「觀自在菩薩．行深般若波羅蜜多時．照見五蘊皆空．度一切苦厄．舍利子．色不異空．空不異色．色即是空．空即是色．受想行識．亦復如是．舍利子．是諸法空相．不生不滅．不垢不淨．不增不減．是故空中無色．無受想行識．無眼耳鼻舌身意．無色聲香味觸法．無眼界．乃至無意識界．無無明．亦無無明盡．乃至無老死．亦無老死盡．無苦集滅道．無智亦無得．以無所得故．菩提薩埵．依般若波羅蜜多故．心無掛礙．無掛礙故．無有恐怖．遠離顛倒夢想．究竟涅槃．三世諸佛．依般若波羅蜜多故．得阿耨多羅三藐三菩提．故知般若波羅蜜多．是大神咒．是大明咒．是無上咒．是無等等咒．能除一切苦．眞實不虛．故說般若波羅蜜多咒．即說咒曰．揭諦揭諦．波羅揭諦．波羅僧揭諦．菩提薩婆訶．」

# 綜述

將三十八個吉祥的方法一一開示過後，慈悲偉大的佛陀以四句偈頌來總結《吉祥經》的全文，「依此行持者，無往而不勝，一切處得福，是爲最吉祥。」

佛陀告訴我們，能夠按照這三十八種吉祥如意的方法去做的人，必定無往而不勝，必定心想事成，必定會擁有幸福圓滿的人生。只要實踐這三十八種方法，就一定能消除所有痛苦的因、種下所有快樂的因，結果當然只會得到快樂的果，想要痛苦都不可能。所以，掌握了這三十八種吉祥的祕訣，就掌握了成功，不論去哪裡，都會吉祥如意，吉慶安寧，福報圓滿。

當然，佛陀也曾說過，「吾爲汝說解脫之方便，當知解脫依賴於自己。」吉祥的道路就在腳下，每個人都有選擇自己命運的自由，要不要去實踐力行就看自己了。

《金剛經》云：「如來是眞語者，實語者，如語者，不誑語者，不異語者。」《藥師琉璃光如來本願功德經》亦云：「此日月輪可令墮落，妙高山王可使傾動，諸佛所言無有異也。」佛陀所開示的眞理，不僅理論依據無懈可擊、修行方法切實可行，而且千百年來都有無數的實踐者、成就者證明著佛法的眞實可靠。

在這部《吉祥經》中，慈悲的佛陀已經毫無保留地給我們傳授了吉祥如意的三十八個祕訣。我們今天無論身處高位或低位，無論是在順境或逆境，只要內心了達了這些智慧，行爲也如法去行持，就必定會無往而不勝，未來一定是從黑暗走向光明、從光明走向更廣闊的光明！誰能去學習、實踐、力行這三十八種吉祥如意的方法，他的人生就必定會得到暫時與究竟的安樂與吉祥，最後一定能夠解脫成佛，獲得最究竟圓滿的吉祥。

佛陀的教法無一不是甘露妙藥，教學的對象不只是出家眾，也包括在家眾。佛陀在世的時代，就有很多的在家居士到佛陀面前學習正法。有次，一群居士來請教佛陀，「世尊，我們並不準備出家爲僧，我們必須面對世俗的生活，那麼正法也適用於在家人嗎？也能獲得解脫嗎？」佛陀回答說：「當然，解脫之法是一個適合所有人的修行方法。」

在家居士不能避免對家人、親友和社會的各種責任，但佛陀所開示的解脫教法仍然適合他們。並且，佛陀還專門爲在家居士開示了很多在家教法，指出了一條在家居士的修行之道。《吉祥經》就是這樣一篇適合在家居士修行的教言，這三十八種吉祥的方法涵蓋了在家居士生活、工作，直至解脫等世出世間的方方面面。同時，也涵蓋了中華優秀傳統文化智慧的許多精華。《吉祥經》中前八段偈頌主要是對居家生活的指導，關於這部分可以在儒家、道家等聖賢教言裡找到相同或相似的內容。當然，《吉祥經》第九至第十段偈頌關於出世間證悟解脫的內容更爲殊勝，在儒家、道家裡就沒有詳細的相關內容了。

《吉祥經》是一部無比珍貴的經典、是一部締造幸福與吉祥的經典，如果三十八條都能做到，就一定會吉祥如意，不可能會有失敗和痛苦發生。對於這篇《吉祥經》，不僅僅要聽聞，不僅僅要讀誦，而且一定要把這些道理領會了，一條一條地去做到。這部經是用來力行、修持的，經文裡提及吉祥的智慧與方法應該融入我們的生命之中，讓我們所要的吉祥都一一實現。

大家要將學到的這三十八個方法，好好地去對照我們的行爲，看看是否相符。三十八種方法只要落實一條，快樂就會增加一分，如果三十八種全做到了，那就是百分之百的快樂、百分之百的覺悟和解脫。雖然這篇經文很短，但其中蘊含的智慧是非常深奧和廣大的。希望大家好好背誦、好好理解、好好實踐。祝願大家都能吉祥如意、幸福圓滿，早日達到佛陀無盡吉祥的境界，像佛陀和傳承祖師一樣去幫助無量無邊的眾生！

二〇一一年五月五日　四明智廣修改於童話王國丹麥首都哥本哈根

二〇一五年九月二十四日　四明智廣第二次修改於日本聖地比叡山延曆寺

二〇一六年七月四日　四明智廣第三次修改於日本京都清隱軒

若有意見或建議請電郵聯繫：423840171@qq.com

【附錄一】

# 《法句譬喻經・吉祥品》

西晉沙門法炬共法立　譯

昔佛在羅閱祇耆闍崛山中，爲天人龍鬼轉三乘法輪。

時山南恆水岸邊有尼乾梵志，先出耆舊博達多智，德向五通明識古今。所養門徒有五百人，教化指授，皆悉通達天文地理星宿人情，無不瞻察觀略內外，吉凶福禍豐儉傾沒，皆包知之。

梵志弟子先佛所行應當得道。欻自相將至水岸邊，屛坐論語自共相問，世間諸國人民所行，以何等事爲世吉祥。門徒不了，往到師所爲師作禮，叉手白言：弟子等學久所學已達，不聞諸國以何爲吉祥。

尼乾告曰：善哉問也！閻浮利地有十六大國、八萬四千小國，諸國各有吉祥。或金或銀，水精琉璃明月神珠，象馬乘輿玉女珊瑚，珂貝妓樂，鳳凰孔雀；或以日月星辰寶瓶四輩，梵志道士，此是諸國之所好吉祥瑞應。若當見是稱善無量，此是瑞應國之吉祥。

諸弟子曰：寧可更有殊特吉祥，於身有益終生天上。尼乾答曰：先師以來未有過此，書籍不載。諸弟子曰：近聞釋種出家爲道，端坐六年降魔得佛，三達無礙，試共往問，所知博采何如大師。

師徒弟子五百餘人，經涉山路往到佛所，爲佛作禮坐梵志位，叉手長跪，白世尊曰：諸國吉祥所好如此，不審更有勝是者不也。佛告梵志：如卿所論，世間之事，順則吉祥反則凶禍，不能令人濟神度苦。如我所聞吉祥之法，行者得福永離三界，自致泥洹。

於是世尊而作頌曰：

佛尊過諸天　如來常現義　有梵志道士　來問何吉祥

於是佛愍傷　爲説眞有要　已信樂正法　是爲最吉祥

亦不從天人　希望求僥倖　亦不禱祠神　是爲最吉祥

友賢擇善居　常先爲福德　整身承眞正　是爲最吉祥

去惡從就善　避酒知自節　不淫於女色　是爲最吉祥

多聞如行戒　法律精進學　修已無所爭　是爲最吉祥

居孝事父母　治家養妻子　不爲空之行　是爲最吉祥

不慢不自大　知足念反覆　以時誦習經　是爲最吉祥

所聞多以忍　樂欲見沙門　每講輒聽受　是爲最吉祥

持齋修梵行　常欲見賢聖　依附明智者　是爲最吉祥
已信有道德　正意向無疑　欲脱三惡道　是爲最吉祥
等心行布施　奉諸得道者　亦敬諸天人　是爲最吉祥
常欲離貪淫　愚癡嗔恚意　能習成道見　是爲最吉祥
若以棄非務　能勤修道用　常事於可事　是爲最吉祥
一切爲天下　建立大慈意　修仁安衆生　是爲最吉祥
智者居世間　常習吉祥行　自致成慧見　是爲最吉祥
梵志聞佛教　心中大歡喜　即時禮佛足　歸命佛法衆

梵志師徒聞佛説偈，欣然意解，甚大歡喜，前白佛言：甚妙世尊，世所稀有，由來迷惑未及窺明，唯願世尊，矜湣濟度，願身自歸佛法三尊，得作沙門冀在下行。佛言：大哉！善來比丘。即成沙門，內思安般，逮得應眞，聽者無數皆得法眼。

資料來源：《乾隆大藏經》第一〇八册五三四頁

【附錄二】

# 《大方廣佛華嚴經・淨行品》

東晉天竺三藏佛陀跋陀羅等　譯

爾時智首菩薩。問文殊師利言。佛子。云何菩薩不染身口意業。不害身口意業。不癡身口意業。不退轉身口意業。不動身口意業。應讚歎身口意業。清淨身口意業。離煩惱身口意業。隨智慧身口意業。云何菩薩生處成就。姓成就。家成就。色相成就。念成就。智慧成就。趣成就。無畏成就。覺悟成就。云何菩薩第一智慧。最上智慧。勝智慧。最勝智慧。不可量智慧。不可數智慧。不可思議智慧。不可稱智慧。不可說智慧。云何菩薩因力具足。意力具足。方便力具足。緣力具足。境界力具足。根力具足。止觀力具足。定力具足。云何菩薩善知陰界入。善知緣起法。善知欲色無色界。善知過去未來現在。云何菩薩修七覺意。修空無相無作。云何菩薩滿足檀波羅蜜。屍波羅蜜。羼提波羅蜜。毗梨耶波羅蜜。禪波羅蜜。般若波羅蜜。慈悲喜捨。云何菩薩得是處非處智力。過未未來現在業報智力。種種諸根智力。種種性智力。種種欲智力。一切至處道智力。禪定解脫三昧垢淨智力。宿命無礙智力。天眼無礙智力。斷一切煩惱習氣智力。云何菩薩常爲諸天王守護。恭敬供養。龍王。鬼神王。乾闥婆王。阿修羅王。迦樓羅王。緊那羅王。摩睺羅伽王。人王。梵天王等守護。恭敬供養。云何菩薩爲眾生捨。爲救。爲歸。爲趣。爲炬。爲明。爲燈。爲導。爲無上導。云何菩薩於一切眾生。爲第一。爲大。爲勝。爲上。爲無上。爲無等。爲無等等。

爾時文殊師利。答智首菩薩曰。善哉善哉。佛子。多所饒益。多所安隱（**隱：通「穩」**）。哀湣世間。惠利一切。安樂天人。問如是義。佛子。菩薩成就身口意業。能得一切勝妙功德。於佛正法。心無掛礙。去來今佛所轉法輪。能隨順轉不舍眾生。明達實相。斷一切惡。具足眾善。色像第一。悉如普賢大菩薩等。成就如來一切種智。於一切法悉得自在。而爲眾生第一尊導。佛子。何等身口意業。能得一切勝妙功德。

菩薩在家　當願眾生　捨離家難　入空法中

孝事父母　當願眾生　一切護養　永得大安

妻子集會　當願眾生　令出愛獄　無戀慕心

若得五欲　當願眾生　捨離貪惑　功德具足

若在妓樂　當願眾生　悉得法樂　見法如幻
若在房室　當願眾生　入賢聖地　永離欲穢
著寶瓔珞　當願眾生　捨去重擔　度有無岸
若上樓閣　當願眾生　升佛法堂　得微妙法
布施所珍　當願眾生　悉捨一切　心無貪著
若在聚會　當願眾生　究竟解脫　到如來會
若在危難　當願眾生　隨意自在　無所掛礙
以信舍家　當願眾生　棄捨世業　心無所著
若入僧坊　當願眾生　一切和合　心無限礙
詣大小師　當願眾生　開方便門　入深法要
求出家法　當願眾生　得不退轉　心無障礙
脫去俗服　當願眾生　解道修德　無復懈怠
除剃鬚髮　當願眾生　斷除煩惱　究竟寂滅
受著袈裟　當願眾生　捨離三毒　心得歡喜

受出家法　當願眾生　如佛出家　開導一切
自歸於佛　當願眾生　體解大道　發無上意
自歸於法　當願眾生　深入經藏　智慧如海
自歸於僧　當願眾生　統理大眾　一切無礙
受持淨戒　當願眾生　具足修習　學一切戒
受行道禁　當願眾生　具足道戒　修如實業
始請和尚　當願眾生　得無生智　到於彼岸
受具足戒　當願眾生　得勝妙法　成就方便
若入房舍　當願眾生　升無上堂　得不退法
若敷床座　當願眾生　敷善法座　見眞實相
正身端坐　當願眾生　坐佛道樹　心無所倚
結跏趺坐　當願眾生　善根堅固　得不動地
三昧正受　當願眾生　向三昧門　得究竟定
觀察諸法　當願眾生　見法眞實　無所掛礙

舍跏趺坐　當願眾生　知諸行性　悉歸散滅
下床安足　當願眾生　履踐聖跡　不動解脫
始舉足時　當願眾生　越度生死　善法滿足
被著衣裳　當願眾生　服諸善根　每知慚愧
整服結帶　當願眾生　自*撿修道　不壞善法
次著上衣　當願眾生　得上善根　究竟勝法
著僧伽梨　當願眾生　大慈覆護　得不動法
手執楊枝　當願眾生　心得正法　自然清淨
晨嚼楊枝　當願眾生　得調伏牙　噬諸煩惱
左右便利　當願眾生　蠲除污穢　無淫怒癡
已而就水　當願眾生　向無上道　得出世法
以水滌穢　當願眾生　具足淨忍　畢竟無垢
以水盥掌　當願眾生　得上妙手　受持佛法
澡漱口齒　當願眾生　向淨法門　究竟解脫

*撿：古通「檢」

手執錫杖　當願眾生　設淨施會　見道如實
擎持應器　當願眾生　成就法器　受天人供
發趾向道　當願眾生　趣佛菩提　究竟解脫
若已在道　當願眾生　成就佛道　無餘所求
涉路而行　當願眾生　履淨法界　心無障礙
見趣高路　當願眾生　升無上道　超出三界
見趣下路　當願眾生　謙下柔軟　入佛深法
若見險路　當願眾生　棄捐惡道　滅除邪見
若見直路　當願眾生　得中正意　身口無曲
見道揚塵　當願眾生　永離塵穢　畢竟清淨
見道無塵　當願眾生　大悲所熏　心意柔潤
見深坑澗　當願眾生　向正法界　滅除諸難
見聽誦堂　當願眾生　說甚深法　一切和合
若見大樹　當願眾生　離我諍心　無有忿恨

若見叢林　當願眾生　一切敬禮　天人師仰
若見高山　當願眾生　得無上善　莫能見頂
若見刺棘　當願眾生　拔三毒刺　無賊害心
見樹茂葉　當願眾生　以道自蔭　入禪三昧
見樹好華　當願眾生　開淨如華　相好滿具
見樹豐果　當願眾生　起道樹行　成無上果
見諸流水　當願眾生　得正法流　入佛智海
若見陂水　當願眾生　悉得諸佛　不壞正法
若見浴池　當願眾生　入佛海音　問答無窮
見人汲井　當願眾生　得如來辯　不可窮盡
若見泉水　當願眾生　善根無盡　境界無上
見山澗水　當願眾生　洗濯塵垢　意解清淨
若見橋梁　當願眾生　興造法橋　度人不休
見修園圃　當願眾生　芸除穢惡　不生欲根

見無憂林　當願眾生　心得歡喜　永除憂惱
見好園池　當願眾生　勤修眾善　具足菩提
見嚴飾人　當願眾生　三十二相　而自莊嚴
見素服人　當願眾生　究竟得到　頭陀彼岸
見志樂人　當願眾生　清淨法樂　以道自娛
見愁憂人　當願眾生　於有爲法　心生厭離
見歡樂人　當願眾生　得無上樂　憺怕無患
見苦惱人　當願眾生　滅除眾苦　得佛智慧
見強健人　當願眾生　得金剛身　無有衰耗
見疾病人　當願眾生　知身空寂　解脫眾苦
見端正人　當願眾生　歡喜恭敬　諸佛菩薩
見醜陋人　當願眾生　遠離鄙惡　以善自嚴
見報恩人　當願眾生　常念諸佛　菩薩恩德
見背恩人　當願眾生　常見賢聖　不作眾惡

若見沙門　當願眾生　寂靜調伏　究竟無餘
見婆羅門　當願眾生　得眞清淨　離一切惡
若見仙人　當願眾生　向正眞道　究竟解脫
見苦行人　當願眾生　堅固精勤　不退佛道
見著甲冑　當願眾生　誓服法鎧　得無師法
見無鎧仗　當願眾生　遠離眾惡　親近善法
見論議人　當願眾生　得無上辯　摧伏外道
見正命人　當願眾生　得清淨命　威儀不異
若見帝王　當願眾生　逮淨法王　轉無礙輪
見帝王子　當願眾生　履佛子行　化生法中
若見長者　當願眾生　永離愛欲　深解佛法
若見大臣　當願眾生　常得正念　修行眾善
若見城郭　當願眾生　得金剛身　心不可沮
若見王都　當願眾生　明達遠照　功德自在

若見妙色　當願眾生　得上妙色　天人讚歎
入裡乞食　當願眾生　入深法界　心無障礙
到人門戶　當願眾生　入總持門　見諸佛法
入人堂室　當願眾生　入一佛乘　明達三世
遇難持戒　當願眾生　不舍眾善　永度彼岸
見舍戒人　當願眾生　超出眾難　度三惡道
若見空鉢　當願眾生　其心清淨　空無煩惱
若見滿鉢　當願眾生　具足成滿　一切善法
若得食時　當願眾生　爲法供養　志在佛道
若不得食　當願眾生　遠離一切　諸不善行
見慚愧人　當願眾生　慚愧正行　調伏諸根
見無慚愧　當願眾生　離無慚愧　普行大慈
得香美食　當願眾生　知節少欲　情無所著
得不美食　當願眾生　具足成滿　無願三昧

得柔軟食　當願眾生　大悲所熏　心意柔軟
得粗澀食　當願眾生　永得遠離　世間愛味
若咽食時　當願眾生　禪悅爲食　法喜充滿
所食雜味　當願眾生　得佛上味　化成甘露
飯食已訖　當願眾生　德行充盈　成十種力
若說法時　當願眾生　得無盡辯　深達佛法
退坐出堂　當願眾生　深入佛智　永出三界
若入水時　當願眾生　深入佛道　等達三世
澡浴身體　當願眾生　身心無垢　光明無量
盛暑炎熾　當願眾生　離煩惱熱　得清涼定
隆寒冰結　當願眾生　究竟解脫　無上清涼
諷誦經典　當願眾生　得總持門　攝一切法
若見如來　當願眾生　悉得佛眼　見諸最勝
諦觀如來　當願眾生　悉睹十方　端正如佛

見佛塔廟　當願眾生　尊重如塔　受天人敬
敬心觀塔　當願眾生　尊重如佛　天人宗仰
頂禮佛塔　當願眾生　得道如佛　無能見頂
右繞塔廟　當願眾生　履行正路　究暢道意
繞塔三匝　當願眾生　得一向意　勤求佛道
讚詠如來　當願眾生　度功德岸　歎無窮盡
讚佛相好　當願眾生　光明神德　如佛法身
若洗足時　當願眾生　得四神足　究竟解脫
昏夜寢息　當願眾生　休息諸行　心淨無穢
晨朝覺寤　當願眾生　一切知覺　不捨十方

佛子。是爲菩薩身口意業。能得一切勝妙功德。諸天。魔。梵。沙門。婆羅門。人及非人。聲聞。緣覺。所不能動。

資料來源：《乾隆大藏經》第〇二四冊九六頁

# 橡樹林文化 ❖❖ 善知識系列 ❖❖ 書目

| | | | |
|---|---|---|---|
| JB0001 | 狂喜之後 | 傑克・康菲爾德◎著 | 380 元 |
| JB0002 | 抉擇未來 | 達賴喇嘛◎著 | 250 元 |
| JB0003 | 佛性的遊戲 | 舒亞・達斯喇嘛◎著 | 300 元 |
| JB0004 | 東方大日 | 邱陽・創巴仁波切◎著 | 300 元 |
| JB0005 | 幸福的修煉 | 達賴喇嘛◎著 | 230 元 |
| JB0006 | 與生命相約 | 一行禪師◎著 | 240 元 |
| JB0007 | 森林中的法語 | 阿姜查◎著 | 320 元 |
| JB0008 | 重讀釋迦牟尼 | 陳兵◎著 | 320 元 |
| JB0009 | 你可以不生氣 | 一行禪師◎著 | 230 元 |
| JB0010 | 禪修地圖 | 達賴喇嘛◎著 | 280 元 |
| JB0011 | 你可以不怕死 | 一行禪師◎著 | 250 元 |
| JB0012 | 平靜的第一堂課——觀呼吸 | 德寶法師 ◎著 | 260 元 |
| JB0013X | 正念的奇蹟 | 一行禪師◎著 | 220 元 |
| JB0014X | 觀照的奇蹟 | 一行禪師◎著 | 220 元 |
| JB0015 | 阿姜查的禪修世界——戒 | 阿姜查◎著 | 220 元 |
| JB0016 | 阿姜查的禪修世界——定 | 阿姜查◎著 | 250 元 |
| JB0017 | 阿姜查的禪修世界——慧 | 阿姜查◎著 | 230 元 |
| JB0018X | 遠離四種執著 | 究給・企千仁波切◎著 | 280 元 |
| JB0019X | 禪者的初心 | 鈴木俊隆◎著 | 220 元 |
| JB0020X | 心的導引 | 薩姜・米龐仁波切◎著 | 240 元 |
| JB0021X | 佛陀的聖弟子傳 1 | 向智長老◎著 | 240 元 |
| JB0022 | 佛陀的聖弟子傳 2 | 向智長老◎著 | 200 元 |
| JB0023 | 佛陀的聖弟子傳 3 | 向智長老◎著 | 200 元 |
| JB0024 | 佛陀的聖弟子傳 4 | 向智長老◎著 | 260 元 |
| JB0025 | 正念的四個練習 | 喜戒禪師◎著 | 260 元 |
| JB0026 | 遇見藥師佛 | 堪千創古仁波切◎著 | 270 元 |
| JB0027 | 見佛殺佛 | 一行禪師◎著 | 220 元 |
| JB0028 | 無常 | 阿姜查◎著 | 220 元 |
| JB0029 | 覺悟勇士 | 邱陽・創巴仁波切◎著 | 230 元 |
| JB0030 | 正念之道 | 向智長老◎著 | 280 元 |

| | | | |
|---|---|---|---|
| JB0031 | 師父——與阿姜查共處的歲月 | 保羅・布里特◎著 | 260 元 |
| JB0032 | 統御你的世界 | 薩姜・米龐仁波切◎著 | 240 元 |
| JB0033 | 親近釋迦牟尼佛 | 髻智比丘◎著 | 430 元 |
| JB0034 | 藏傳佛教的第一堂課 | 卡盧仁波切◎著 | 300 元 |
| JB0035 | 拙火之樂 | 圖敦・耶喜喇嘛◎著 | 280 元 |
| JB0036 | 心與科學的交會 | 亞瑟・札炯克◎著 | 330 元 |
| JB0037 | 你可以，愛 | 一行禪師◎著 | 220 元 |
| JB0038 | 專注力 | B・艾倫・華勒士◎著 | 250 元 |
| JB0039X | 輪迴的故事 | 堪欽慈誠羅珠◎著 | 270 元 |
| JB0040 | 成佛的藍圖 | 堪千創古仁波切◎著 | 270 元 |
| JB0041 | 事情並非總是如此 | 鈴木俊隆禪師◎著 | 240 元 |
| JB0042 | 祈禱的力量 | 一行禪師◎著 | 250 元 |
| JB0043 | 培養慈悲心 | 圖丹・卻准◎著 | 320 元 |
| JB0044 | 當光亮照破黑暗 | 達賴喇嘛◎著 | 300 元 |
| JB0045 | 覺照在當下 | 優婆夷　紀・那那蓉◎著 | 300 元 |
| JB0046 | 大手印暨觀音儀軌修法 | 卡盧仁波切◎著 | 340 元 |
| JB0047X | 蔣貢康楚閉關手冊 | 蔣貢康楚羅卓泰耶◎著 | 260 元 |
| JB0048 | 開始學習禪修 | 凱薩琳・麥唐諾◎著 | 300 元 |
| JB0049 | 我可以這樣改變人生 | 堪布慈囊仁波切◎著 | 250 元 |
| JB0050 | 不生氣的生活 | W. 伐札梅諦◎著 | 250 元 |
| JB0051 | 智慧明光：《心經》 | 堪布慈囊仁波切◎著 | 250 元 |
| JB0052 | 一心走路 | 一行禪師◎著 | 280 元 |
| JB0054 | 觀世音菩薩妙明教示 | 堪布慈囊仁波切◎著 | 350 元 |
| JB0055 | 世界心精華寶 | 貝瑪仁增仁波切◎著 | 280 元 |
| JB0056 | 到達心靈的彼岸 | 堪千・阿貝仁波切◎著 | 220 元 |
| JB0057 | 慈心禪 | 慈濟瓦法師◎著 | 230 元 |
| JB0058 | 慈悲與智見 | 達賴喇嘛◎著 | 320 元 |
| JB0059 | 親愛的喇嘛梭巴 | 喇嘛梭巴仁波切◎著 | 320 元 |
| JB0060 | 轉心 | 蔣康祖古仁波切◎著 | 260 元 |
| JB0061 | 遇見上師之後 | 詹杜固仁波切◎著 | 320 元 |
| JB0062 | 白話《菩提道次第廣論》 | 宗喀巴大師◎著 | 500 元 |
| JB0063 | 離死之心 | 竹慶本樂仁波切◎著 | 400 元 |
| JB0064 | 生命真正的力量 | 一行禪師◎著 | 280 元 |

| | | | |
|---|---|---|---|
| JB0065 | 夢瑜伽與自然光的修習 | 南開諾布仁波切◎著 | 280元 |
| JB0066 | 實證佛教導論 | 呂真觀◎著 | 500元 |
| JB0067 | 最勇敢的女性菩薩——綠度母 | 堪布慈囊仁波切◎著 | 350元 |
| JB0068 | 建設淨土——《阿彌陀經》禪解 | 一行禪師◎著 | 240元 |
| JB0069 | 接觸大地一與佛陀的親密對話 | 一行禪師◎著 | 220元 |
| JB0070 | 安住於清淨自性中 | 達賴喇嘛◎著 | 480元 |
| JB0071/72 | 菩薩行的祕密【上下冊】 | 佛子希瓦拉◎著 | 799元 |
| JB0073 | 穿越六道輪迴之旅 | 德洛達娃多瑪◎著 | 280元 |
| JB0074 | 突破修道上的唯物 | 邱陽·創巴仁波切◎著 | 320元 |
| JB0075 | 生死的幻覺 | 白瑪格桑仁波切◎著 | 380元 |
| JB0076 | 如何修觀音 | 堪布慈囊仁波切◎著 | 260元 |
| JB0077 | 死亡的藝術 | 波卡仁波切◎著 | 250元 |
| JB0078 | 見之道 | 根松仁波切◎著 | 330元 |
| JB0079 | 彩虹丹青 | 祖古·烏金仁波切◎著 | 340元 |
| JB0080 | 我的極樂大願 | 卓千拉貢仁波切◎著 | 260元 |
| JB0081 | 再捻佛語妙花 | 祖古·烏金仁波切◎著 | 250元 |
| JB0082 | 進入禪定的第一堂課 | 德寶法師◎著 | 300元 |
| JB0083 | 藏傳密續的真相 | 圖敦·耶喜喇嘛◎著 | 300元 |
| JB0084 | 鮮活的覺性 | 堪千創古仁波切◎著 | 350元 |
| JB0085 | 本智光照 | 遍智　吉美林巴◎著 | 380元 |
| JB0086 | 普賢王如來祈願文 | 竹慶本樂仁波切◎著 | 320元 |
| JB0087 | 禪林風雨 | 果煜法師◎著 | 360元 |
| JB0088 | 不依執修之佛果 | 敦珠林巴◎著 | 320元 |
| JB0089 | 本智光照一功德寶藏論　密宗分講記 | 遍智　吉美林巴◎著 | 340元 |
| JB0090 | 三主要道論 | 堪布慈囊仁波切◎講解 | 280元 |
| JB0091 | 千手千眼觀音齋戒一紐涅的修持法 | 汪遷仁波切◎著 | 400元 |
| JB0092 | 回到家，我看見真心 | 一行禪師◎著 | 220元 |
| JB0093 | 愛對了 | 一行禪師◎著 | 260元 |
| JB0094 | 追求幸福的開始：薩迦法王教你如何修行 | 尊勝的薩迦法王◎著 | 300元 |
| JB0095 | 次第花開 | 希阿榮博堪布◎著 | 350元 |
| JB0096 | 楞嚴貫心 | 果煜法師◎著 | 380元 |
| JB0097 | 心安了，路就開了：<br>讓《佛說四十二章經》成為你人生的指引 | 釋悟因◎著 | 320元 |

| | | | |
|---|---|---|---|
| JB0098 | 修行不入迷宮 | 札丘傑仁波切◎著 | 320 元 |
| JB0099 | 看自己的心，比看電影精彩 | 圖敦・耶喜喇嘛◎著 | 280 元 |
| JB0100 | 自性光明——法界寶庫論 | 大遍智　龍欽巴尊者◎著 | 480 元 |
| JB0101 | 穿透《心經》：原來，你以為的只是假象 | 柳道成法師◎著 | 380 元 |
| JB0102 | 直顯心之奧秘：大圓滿無二性的殊勝口訣 | 祖古貝瑪・里沙仁波切◎著 | 500 元 |
| JB0103 | 一行禪師講《金剛經》 | 一行禪師◎著 | 320 元 |
| JB0104 | 金錢與權力能帶給你甚麼？<br>一行禪師談生命真正的快樂 | 一行禪師◎著 | 300 元 |
| JB0105 | 一行禪師談正念工作的奇蹟 | 一行禪師◎著 | 280 元 |
| JB0106 | 大圓滿如幻休息論 | 大遍智　龍欽巴尊者◎著 | 320 元 |
| JB0107 | 覺悟者的臨終贈言：《定日百法》 | 帕當巴桑傑大師◎著<br>堪布慈囊仁波切◎講述 | 300 元 |
| JB0108 | 放過自己：揭開我執的騙局，找回心的自在 | 圖敦・耶喜喇嘛◎著 | 280 元 |
| JB0109 | 快樂來自心 | 喇嘛梭巴仁波切◎著 | 280 元 |
| JB0110 | 正覺之道・佛子行廣釋 | 根讓仁波切◎著 | 550 元 |
| JB0111 | 中觀勝義諦 | 果煜法師◎著 | 500 元 |
| JB0112 | 觀修藥師佛——祈請藥師佛，能解決你的困頓不安，感受身心療癒的奇蹟 | 堪千創古仁波切◎著 | 450 元 |
| JB0113 | 與阿姜查共處的歲月 | 保羅・布里特◎著 | 300 元 |
| JB0114 | 正念的四個練習 | 喜戒禪師◎著 | 300 元 |
| JB0115 | 揭開身心的奧秘：阿毗達摩怎麼說？ | 善戒禪師◎著 | 420 元 |
| JB0116 | 一行禪師講《阿彌陀經》 | 一行禪師◎著 | 260 元 |

# 橡樹林文化 ❖❖ 衆生系列 ❖❖ 書目

| | | | |
|---|---|---|---|
| JP0001 | 大寶法王傳奇 | 何謹◎著 | 200元 |
| JP0002X | 當和尚遇到鑽石（增訂版） | 麥可・羅區格西◎著 | 360元 |
| JP0003X | 尋找上師 | 陳念萱◎著 | 200元 |
| JP0004 | 祈福 DIY | 蔡春娉◎著 | 250元 |
| JP0006 | 遇見巴伽活佛 | 溫普林◎著 | 280元 |
| JP0009 | 當吉他手遇見禪 | 菲利浦・利夫・須藤◎著 | 220元 |
| JP0010 | 當牛仔褲遇見佛陀 | 蘇密・隆敦◎著 | 250元 |
| JP0011 | 心念的賽局 | 約瑟夫・帕蘭特◎著 | 250元 |
| JP0012 | 佛陀的女兒 | 艾美・史密特◎著 | 220元 |
| JP0013 | 師父笑呵呵 | 麻生佳花◎著 | 220元 |
| JP0014 | 菜鳥沙彌變高僧 | 盛宗永興◎著 | 220元 |
| JP0015 | 不要綁架自己 | 雪倫・薩爾茲堡◎著 | 240元 |
| JP0016 | 佛法帶著走 | 佛朗茲・梅蓋弗◎著 | 220元 |
| JP0018C | 西藏心瑜伽 | 麥可・羅區格西◎著 | 250元 |
| JP0019 | 五智喇嘛彌伴傳奇 | 亞歷珊卓・大衛－尼爾◎著 | 280元 |
| JP0020 | 禪　兩刃相交 | 林谷芳◎著 | 260元 |
| JP0021 | 正念瑜伽 | 法蘭克・裘德・巴奇歐◎著 | 399元 |
| JP0022 | 原諒的禪修 | 傑克・康菲爾德◎著 | 250元 |
| JP0023 | 佛經語言初探 | 竺家寧◎著 | 280元 |
| JP0024 | 達賴喇嘛禪思 365 | 達賴喇嘛◎著 | 330元 |
| JP0025 | 佛教一本通 | 蓋瑞・賈許◎著 | 499元 |
| JP0026 | 星際大戰・佛部曲 | 馬修・波特林◎著 | 250元 |
| JP0027 | 全然接受這樣的我 | 塔拉・布萊克◎著 | 330元 |
| JP0028 | 寫給媽媽的佛法書 | 莎拉・娜塔莉◎著 | 300元 |
| JP0029 | 史上最大佛教護法－阿育王傳 | 德千汪莫◎著 | 230元 |
| JP0030 | 我想知道什麼是佛法 | 圖丹・卻淮◎著 | 280元 |
| JP0031 | 優雅的離去 | 蘇希拉・布萊克曼◎著 | 240元 |
| JP0032 | 另一種關係 | 滿亞法師◎著 | 250元 |
| JP0033 | 當禪師變成企業主 | 馬可・雷瑟◎著 | 320元 |
| JP0034 | 智慧 81 | 偉恩・戴爾博士◎著 | 380元 |
| JP0035 | 覺悟之眼看起落人生 | 金菩提禪師◎著 | 260元 |
| JP0036 | 貓咪塔羅算自己 | 陳念萱◎著 | 520元 |
| JP0037 | 聲音的治療力量 | 詹姆斯・唐傑婁◎著 | 280元 |

| | | | |
|---|---|---|---|
| JP0038 | 手術刀與靈魂 | 艾倫・翰彌頓◎著 | 320 元 |
| JP0039 | 作為上師的妻子 | 黛安娜・J・木克坡◎著 | 450 元 |
| JP0040 | 狐狸與白兔道晚安之處 | 庫特・約斯特勒◎著 | 280 元 |
| JP0041 | 從心靈到細胞的療癒 | 喬思・慧麗・赫克◎著 | 260 元 |
| JP0042 | 27% 的獲利奇蹟 | 蓋瑞・賀許伯格◎著 | 320 元 |
| JP0043 | 你用對專注力了嗎？ | 萊斯・斐米博士◎著 | 280 元 |
| JP0044 | 我心是金佛 | 大行大禪師◎著 | 280 元 |
| JP0045 | 當和尚遇到鑽石 2 | 麥可・羅區格西◎等著 | 280 元 |
| JP0046 | 雪域求法記 | 邢肅芝（洛桑珍珠）◎口述 | 420 元 |
| JP0047 | 你的心是否也住著一隻黑狗？ | 馬修・約翰史東◎著 | 260 元 |
| JP0048 | 西藏禪修書 | 克莉絲蒂・麥娜麗喇嘛◎著 | 300 元 |
| JP0049 | 西藏心瑜伽 2 | 克莉絲蒂・麥娜麗喇嘛◎等著 | 300 元 |
| JP0050 | 創作，是心靈療癒的旅程 | 茱莉亞・卡麥隆◎著 | 350 元 |
| JP0051 | 擁抱黑狗 | 馬修・約翰史東◎著 | 280 元 |
| JP0052 | 還在找藉口嗎？ | 偉恩・戴爾博士◎著 | 320 元 |
| JP0053 | 愛情的吸引力法則 | 艾莉兒・福特◎著 | 280 元 |
| JP0054 | 幸福的雪域宅男 | 原人◎著 | 350 元 |
| JP0055 | 貓馬麻 | 阿義◎著 | 350 元 |
| JP0056 | 看不見的人 | 中沢新一◎著 | 300 元 |
| JP0057 | 內觀瑜伽 | 莎拉・鮑爾斯◎著 | 380 元 |
| JP0058 | 29 個禮物 | 卡蜜・沃克◎著 | 300 元 |
| JP0059 | 花仙療癒占卜卡 | 張元貞◎著 | 799 元 |
| JP0060 | 與靈共存 | 詹姆斯・范普拉◎著 | 300 元 |
| JP0061 | 我的巧克力人生 | 吳佩容◎著 | 300 元 |
| JP0062 | 這樣玩，讓孩子更專注、更靈性 | 蘇珊・凱瑟・葛凌蘭◎著 | 350 元 |
| JP0063 | 達賴喇嘛送給父母的幸福教養書 | 安娜・芭蓓蔻爾・史蒂文・李斯◎著 | 280 元 |
| JP0064 | 我還沒準備說再見 | 布蕾克・諾爾&帕蜜拉・D・布萊爾◎著 | 380 元 |
| JP0065 | 記憶人人 hold 得住 | 喬許・佛爾◎著 | 360 元 |
| JP0066 | 菩曼仁波切 | 林建成◎著 | 320 元 |
| JP0067 | 下面那裡怎麼了？ | 莉莎・瑞金◎著 | 400 元 |
| JP0068 | 極密聖境・仰桑貝瑪貴 | 邱常梵◎著 | 450 元 |
| JP0069 | 停心 | 釋心道◎著 | 380 元 |
| JP0070 | 聞盡 | 釋心道◎著 | 380 元 |
| JP0071 | 如果你對現況感到倦怠…… | 威廉・懷克羅◎著 | 300 元 |
| JP0072 | 希望之翼：<br>倖存的奇蹟，以及雨林與我的故事 | 茱莉安・柯普科◎著 | 380 元 |

| | | | |
|---|---|---|---|
| JP0073 | 我的人生療癒旅程 | 鄧嚴◎著 | 260 元 |
| JP0074 | 因果，怎麼一回事？ | 釋見介◎著 | 240 元 |
| JP0075 | 皮克斯動畫師之紙上動畫《羅摩衍那》 | 桑傑．帕特爾◎著 | 720 元 |
| JP0076 | 寫，就對了！ | 茱莉亞．卡麥隆◎著 | 380 元 |
| JP0077 | 願力的財富 | 釋心道◎著 | 380 元 |
| JP0078 | 當佛陀走進酒吧 | 羅卓．林茲勒◎著 | 350 元 |
| JP0079 | 人聲，奇蹟的治癒力 | 伊凡．德．布奧恩◎著 | 380 元 |
| JP0080 | 當和尚遇到鑽石 3 | 麥可．羅區格西◎著 | 400 元 |
| JP0081 | AKASH 阿喀許靜心 100 | AKASH 阿喀許◎著 | 400 元 |
| JP0082 | 世上是不是有神仙：生命與疾病的真相 | 樊馨蔓◎著 | 300 元 |
| JP0083 | 生命不僅僅如此一辟穀記（上） | 樊馨蔓◎著 | 320 元 |
| JP0084 | 生命可以如此一辟穀記（下） | 樊馨蔓◎著 | 420 元 |
| JP0085 | 讓情緒自由 | 茱迪斯．歐洛芙◎著 | 420 元 |
| JP0086 | 別癌無恙 | 李九如◎著 | 360 元 |
| JP0087 | 甚麼樣的業力輪迴，造就現在的你 | 芭芭拉．馬丁＆狄米崔．莫瑞提斯◎著 | 420 元 |
| JP0088 | 我也有聰明數學腦：15 堂課激發被隱藏的競爭力 | 盧采嫻◎著 | 280 元 |
| JP0089 | 與動物朋友心傳心 | 羅西娜．瑪利亞．阿爾克蒂◎著 | 320 元 |
| JP0090 | 法國清新舒壓著色畫 50：繽紛花園 | 伊莎貝爾．熱志－梅納＆紀絲蘭．史朶哈＆克萊兒．摩荷爾－法帝歐◎著 | 350 元 |
| JP0091 | 法國清新舒壓著色畫 50：療癒曼陀羅 | 伊莎貝爾．熱志－梅納＆紀絲蘭．史朶哈＆克萊兒．摩荷爾－法帝歐◎著 | 350 元 |
| JP0092 | 風是我的母親 | 熊心、茉莉．拉肯◎著 | 350 元 |
| JP0093 | 法國清新舒壓著色畫 50：幸福懷舊 | 伊莎貝爾．熱志－梅納＆紀絲蘭．史朶哈＆克萊兒．摩荷爾－法帝歐◎著 | 350 元 |
| JP0094 | 走過倉央嘉措的傳奇：尋訪六世達賴喇嘛的童年和晚年，解開情詩活佛的生死之謎 | 邱常梵◎著 | 450 元 |
| JP0095 | 【當和尚遇到鑽石 4】愛的業力法則：西藏的古老智慧，讓愛情心想事成 | 麥可．羅區格西◎著 | 450 元 |
| JP0096 | 媽媽的公主病：活在母親陰影中的女兒，如何走出自我？ | 凱莉爾．麥克布萊德博士◎著 | 380 元 |
| JP0097 | 法國清新舒壓著色畫 50：璀璨伊斯蘭 | 伊莎貝爾．熱志－梅納＆紀絲蘭．史朶哈＆克萊兒．摩荷爾－法帝歐◎著 | 350 元 |
| JP0098 | 最美好的都在此刻：53 個創意、幽默、找回微笑生活的正念練習 | 珍．邱禪．貝斯醫生◎著 | 350 元 |
| JP0099 | 愛，從呼吸開始吧！回到當下、讓心輕安的禪修之道 | 釋果峻◎著 | 300 元 |

| | | | |
|---|---|---|---|
| JP0100 | 能量曼陀羅：彩繪內在寧靜小宇宙 | 保羅・霍伊斯坦、狄蒂・羅恩◎著 | 380 元 |
| JP0101 | 爸媽何必太正經！<br>幽默溝通，讓孩子正向、積極、有力量 | 南琦◎著 | 300 元 |
| JP0102 | 舍利子，是甚麼？ | 洪宏◎著 | 320 元 |
| JP0103 | 我隨上師轉山：蓮師聖地溯源朝聖 | 邱常梵◎著 | 460 元 |
| JP0104 | 光之手：人體能量場療癒全書 | 芭芭拉・安・布藍能◎著 | 899 元 |
| JP0105 | 在悲傷中還有光：<br>失去珍愛的人事物，找回重新聯結的希望 | 尾角光美◎著 | 300 元 |
| JP0106 | 法國清新舒壓著色畫 45：海底嘉年華 | 小姐們◎著 | 360 元 |
| JP0108 | 用「自主學習」來翻轉教育！<br>沒有課表、沒有分數的瑟谷學校 | 丹尼爾・格林伯格◎著 | 300 元 |
| JP0109 | Soppy 愛賴在一起 | 菲莉帕・賴斯◎著 | 300 元 |
| JP0110 | 我嫁到不丹的幸福生活：一段愛與冒險的故事 | 琳達・黎明◎著 | 350 元 |
| JP0111 | TTouch® 神奇的毛小孩按摩術——狗狗篇 | 琳達・泰林頓瓊斯博士◎著 | 320 元 |
| JP0112 | 戀瑜伽・愛素食：覺醒，從愛與不傷害開始 | 莎朗・嘉儂◎著 | 320 元 |
| JP0113 | TTouch® 神奇的毛小孩按摩術——貓貓篇 | 琳達・泰林頓瓊斯博士◎著 | 320 元 |
| JP0114 | 給禪修者與久坐者的痠痛舒緩瑜伽 | 琴恩・厄爾邦◎著 | 380 元 |
| JP0115 | 純植物・全食物：超過百道零壓力蔬食食譜，<br>找回美好食物真滋味，心情、氣色閃亮亮 | 安潔拉・立頓◎著 | 680 元 |
| JP0116 | 一碗粥的修行：<br>從禪宗的飲食精神，體悟生命智慧的豐盛美好 | 吉村昇洋◎著 | 300 元 |
| JP0117 | 綻放如花——巴哈花精靈性成長的教導 | 史岱方・波爾◎著 | 380 元 |
| JP0118 | 貓星人的華麗狂想 | 馬喬・莎娜◎著 | 350 元 |
| JP0119 | 直面生死的告白——<br>一位曹洞宗禪師的出家緣由與說法 | 南直哉◎著 | 350 元 |
| JP0120 | OPEN MIND！房樹人繪畫心理學 | 一沙◎著 | 300 元 |
| JP0121 | 不安的智慧 | 艾倫・W・沃茨◎著 | 280 元 |
| JP0122 | 寫給媽媽的佛法書：<br>不煩不憂照顧好自己與孩子 | 莎拉・娜塔莉◎著 | 320 元 |
| JP0123 | 當和尚遇到鑽石 5：修行者的祕密花園 | 麥可・羅區格西◎著 | 320 元 |
| JP0124 | 貓熊好療癒：這些年我們一起追的圓仔 ~~<br>頭號「圓粉」私密日記大公開！ | 周咪咪◎著 | 340 元 |
| JP0125 | 用血清素與眼淚消解壓力 | 有田秀穗◎著 | 300 元 |
| JP0126 | 當勵志不再有效 | 金木水◎著 | 320 元 |

善知識系列　JB0117

# 一生吉祥的三十八個祕訣

作　　　者／四明智廣
特 約 編 輯／林俶萍
協 力 編 輯／丁品方
業　　　務／顏宏紋

總　編　輯／張嘉芳
出　　　版／橡樹林文化
　　　　　　城邦文化事業股份有限公司
　　　　　　104 台北市民生東路二段 141 號 5 樓
　　　　　　電話：(02)2500-7696　傳眞：(02)2500-1951
發　　　行／英屬蓋曼群島商家庭傳媒股份有限公司城邦分公司
　　　　　　104 台北市中山區民生東路二段 141 號 2 樓
　　　　　　客服服務專線：(02)25007718；25001991
　　　　　　24 小時傳眞專線：(02)25001990；25001991
　　　　　　服務時間：週一至週五上午 09:30 ～ 12:00；下午 13:30 ～ 17:00
　　　　　　劃撥帳號：19863813　戶名：書虫股份有限公司
　　　　　　讀者服務信箱：service@readingclub.com.tw
香港發行所／城邦（香港）出版集團有限公司
　　　　　　香港灣仔駱克道 193 號東超商業中心 1 樓
　　　　　　電話：(852)25086231　傳眞：(852)25789337
　　　　　　Email: hkcite@biznetvigator.com
馬新發行所／城邦（馬新）出版集團【Cité (M) Sdn.Bhd. (458372 U)】
　　　　　　41, Jalan Radin Anum, Bandar Baru Sri Petaling,
　　　　　　57000 Kuala Lumpur, Malaysia.
　　　　　　電話：(603) 90578822　傳眞：(603) 90576622
　　　　　　Email：cite@cite.com.my

封面設計／兩棵酸梅
內文排版／歐陽碧智
印　　刷／中原造像股份有限公司

初版一刷／ 2017 年 6 月
初版三刷／ 2020 年 12 月
ISBN ／ 978-986-5613-49-5
定價／ 350 元

城邦讀書花園
www.cite.com.tw



國家圖書館出版品預行編目（CIP）資料

一生吉祥的三十八個祕訣 / 四明智廣作. -- 初版. --
臺北市：橡樹林文化，城邦文化出版：家庭傳媒城邦分公司發行，2017.06
面；　公分. --（善知識系列；JB0117）
ISBN 978-986-5613-49-5（平裝）

1. 佛教修持　2. 生活指導

225.87　　　106009494

廣　告　回　函
北區郵政管理局登記證
北 台 字 第 10158 號

郵資已付　免貼郵票

104 台北市中山區民生東路二段 141 號 5 樓

城邦文化事業股份有限公司

# 橡樹林出版事業部　收

請沿虛線剪下對折裝訂寄回，謝謝！

|橡|樹|林|

書名：一生吉祥的三十八個祕訣　書號：JB0117

橡樹林文化

# 讀者回函卡

感謝您對橡樹林出版社之支持，請將您的建議提供給我們參考與改進；請別忘了給我們一些鼓勵，我們會更加努力，出版好書與您結緣。

姓名：＿＿＿＿＿＿＿＿＿＿ □女 □男 生日：西元＿＿＿＿＿年

Email：＿＿＿＿＿＿＿＿＿＿＿＿＿＿＿＿＿＿＿＿

●您從何處知道此書？

□書店 □書訊 □書評 □報紙 □廣播 □網路 □廣告 DM □親友介紹

□橡樹林電子報 □其他＿＿＿＿＿＿＿

●您以何種方式購買本書？

□誠品書店 □誠品網路書店 □金石堂書店 □金石堂網路書店

□博客來網路書店 □其他＿＿＿＿＿＿＿

●您希望我們未來出版哪一種主題的書？（可複選）

□佛法生活應用 □教理 □實修法門介紹 □大師開示 □大師傳記

□佛教圖解百科 □其他＿＿＿＿＿＿＿

●您對本書的建議：

＿＿＿＿＿＿＿＿＿＿＿＿＿＿＿＿＿＿＿＿

＿＿＿＿＿＿＿＿＿＿＿＿＿＿＿＿＿＿＿＿

＿＿＿＿＿＿＿＿＿＿＿＿＿＿＿＿＿＿＿＿

＿＿＿＿＿＿＿＿＿＿＿＿＿＿＿＿＿＿＿＿

＿＿＿＿＿＿＿＿＿＿＿＿＿＿＿＿＿＿＿＿

非常感謝您提供基本資料，基於行銷及客戶管理或其他合於營業登記項目或章程所定業務需要之目的，家庭傳媒集團（即英屬蓋曼群商家庭傳媒股份有限公司城邦分公司、城邦文化事業股分有限公司、書虫股分有限公司、墨刻出版股分有限公司、城邦原創股分有限公司）於本集團之營運期間及地區內，將不定期以 MAIL 訊息發送方式，利用您的個人資料於提供讀者產品相關之消費與活動訊息，如您有依照個資法第三條或其他需服務之業務，得致電本公司客服。

我已經完全瞭解左述內容，並同意本人資料依上述範圍內使用。

＿＿＿＿＿＿＿＿＿＿＿＿（簽名）

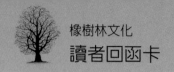

# 處理佛書的方式

佛書內含佛陀的法教，能令我們免於投生惡道，並且爲我們指出解脫之道。因此，我們應當對佛書恭敬，不將它放置於地上、座位或是走道上，也不應跨過。搬運佛書時，要妥善地包好、保護好。放置佛書時，應放在乾淨的高處，與其他一般的物品區分開來。

若是需要處理掉不用的佛書，就必須小心謹愼地將它們燒掉，而不是丟棄在垃圾堆當中。焚燒佛書前，最好先唸一段祈願文或是咒語，例如唵（OM）、啊（AH）、吽（HUNG），然後觀想被焚燒的佛書中的文字融入「啊」字，接著「啊」字融入你自身，之後才開始焚燒。

這些處理方式也同樣適用於佛教藝術品，以及其他宗教教法的文字記錄與藝術品。

ཡི་གེ་ཉི་ཤུ་རྩ་དྲུག་པ་འདི་དཔེ་ཆའི་ནང་དུ་བཞག་ན་དཔེ་ཆ་དེ་ཅི་འདྲར་
བགོམས་ཀྱང་ཉེས་པ་མི་འབྱུང་བར་འཇམ་དཔལ་རྩ་རྒྱུད་ལས་གསུངས་སོ། །

此咒置經書中　可滅誤跨之罪